L'AFRIQUE
NOUVELLE

PARIS. — IMP. SIMON RAÇON ET COMP., RUE D'ERFURTH, 1.

ALFRED JACOBS

L'AFRIQUE
NOUVELLE

RÉCENTS VOYAGES
ÉTAT MORAL, INTELLECTUEL ET SOCIAL
DANS LE CONTINENT NOIR

PARIS
LIBRAIRIE ACADÉMIQUE
DIDIER ET Cie, LIBRAIRES-ÉDITEURS
35, QUAI DES AUGUSTINS, 35
—
1862

Tous droits réservés.

PRÉFACE

Depuis soixante ans, l'Afrique a été le théâtre d'un grand nombre de voyages qui, à toutes les extrémités et dans l'intérieur de ce continent, ont amené d'importantes découvertes. La page blanche où si longtemps les géographes écrivirent : *terre inconnue*, se peuple de villes et de nations nouvelles. Des cours d'eau s'y dessinent, de grands lacs s'y révèlent, des montagnes y apparaissent avec leurs pics chargés de neiges jusque sous l'équateur. Enfin c'est un monde entier qui s'ajoute aux conquêtes de la géographie, et qui s'entr'ouvre à l'industrieuse activité, aux influences civilisatrices des nations européennes.

Cependant avec ses populations misérables, peu intelligentes et peu laborieuses, l'Afrique sortira-t-elle jamais de sa longue enfance? Verra-t-on un jour ses peuples se dégager du chaos où, depuis tant de siècles, ils sont plongés, s'associer à la vie intellectuelle, à l'activité, à la régulière ordonnance de nos sociétés, et compter enfin au nombre des nations civilisées? Cette question ne pourra être pleinement résolue que lorsque nos missionnaires et nos voyageurs, répandus sur la surface de cette grande terre, auront partout soulevé le voile mystérieux dont elle s'enveloppe encore. L'étude du territoire africain, malgré de notables et récents progrès, est loin d'être terminée; mais chaque pas fait dans la voie ouverte en ce moment par d'intrépides voyageurs nous rapproche de l'époque où des notions certaines et complètes sur l'Afrique auront pu être recueillies et classées par la science européenne.

Jusqu'à la fin du dix-huitième siècle, l'Afrique intérieure resta à peu près inexplorée. Les anciens ne connurent guère du continent africain que l'Égypte, les régions vaguement désignées sous le nom d'Éthiopie et le littoral méditerranéen. Le moyen âge accumula les révolutions sur les rivages septentrionaux de l'Afrique sans rien ajouter à nos connaissances géographiques. Enfin les heureuses expéditions de Barthélemy Diaz et de Vasco de Gama vinrent compléter des notions lentement recueillies sur le rivage africain, et les nations maritimes ne tardèrent pas à couvrir de leurs comptoirs l'immense littoral. L'intérieur du continent devait-il seul échapper aux investigations des voyageurs, et ne pouvait-on acquérir enfin des connaissances précises sur ces nations, sur ces villes, sur ces fleuves dont les noms ne parvenaient à l'Europe qu'environnés de fables et de mystères? Résoudre, en indiquant les sources du Nil, un problème aussi vieux que le monde, descendre jusqu'à son embouchure le grand fleuve de la Nigritie, marquer la position de Tombouctou, visiter dans le Soudan un grand lac dont l'existence était vaguement signalée, tels furent les premiers vœux de la géographie. Le sentiment de curiosité qui venait de naître, encouragé par les espérances du commerce et secondé par l'esprit d'aventures qui caractérise les peuples de l'Europe occidentale, donna la première impulsion à ce grand mouvement d'explorations et de voyages qui a fait tant de nobles victimes, mais dont nous voyons le développement extrême, et dont les prochaines générations seront sans doute appelées à recueillir les fruits.

Au prix de quelles souffrances s'accomplirent ces conquêtes de la géographie en Afrique, le sort de la plupart des voyageurs l'a assez fait connaître, et ce n'est jamais sans une émotion profonde que l'esprit se reporte à ces aventureuses entreprises auxquelles Houghton, Mungo-Park, Hornemann, Oudney, Clapperton, Laing, Caillié, Lander et tant d'autres ont attaché leurs noms tristes et glorieux. On a trop de fois redit ce qu'il fallut à ces nobles voyageurs de dévouement et de courage opiniâtre pour qu'il soit nécessaire de le rappeler ici. Nous nous proposons simplement de retracer les résultats des dernières explorations dont l'Afrique a été le théâtre.

Si ce continent a si longtemps échappé à nos investigations, c'est son étrange conformation topographique qu'il faut surtout en accuser. On comprend quels obstacles une masse compacte, qui n'est découpée par aucune mer extérieure, doit opposer à l'exploration. Ainsi, lorsque les étrangers ont voulu pénétrer au sein de cette terre que la nature semblait s'être plu à rendre inaccessible, leur a-t-il fallu, plus que partout ailleurs, se grouper autour des lacs et suivre le cours des fleuves, chemins longs et périlleux, mais les seuls qui pussent ouvrir devant eux de vastes espaces. Les expéditions européennes se sont partagé l'Afrique comme par bassins. L'expédition anglo-germaine de Richardson, Overweg, Barth et Vogel a sillonné en tous sens les régions qu'arrosent le lac Tchad, le Niger et la Tchadda, pendant que MM. Livingston, Galton, Andersson s'appliquaient, dans leurs aventureuses excursions à travers l'Afrique australe, à relever la vallée du Chobé (Zambèze supérieur) et à reconnaître le lac N'gami et ses affluents. Les voyageurs Speke et Burton pénétraient à peu de distance, au-dessous de l'équateur, dans une région arrosée par des grands lacs, en même temps un Américain, d'origine française, M. de Chaillu, consacrait plusieurs années à l'exploration des régions de l'équateur même, et en rapportait une des plus riches moissons qu'ait jamais recueillies, dans ces terres inconnues, l'histoire naturelle. Le haut Nil a vu, de son côté, nombre d'expéditions qui toutes se proposaient d'éclaircir le mystère de son origine, et qui semblent toucher à leur terme. Arrêtons-nous à ce dernier ordre de problèmes. Les difficultés opposées aux explorateurs du Nil, et qui nous amèneront à parler des derniers résultats obtenus dans l'Afrique équatoriale, suffiront pour montrer dans toute leur diversité les conditions imposées aux voyageurs européens en Afrique.

Je crois utile de donner ici, comme je l'ai fait pour mon précédent volume, *l'Océanie nouvelle,* la liste des ouvrages à l'aide desquels j'ai rédigé celui-ci :

Bulletin de la Société de Géographie de Paris, 1850-1862.
Nouvelles Annales des Voyages, par M. V. A. Malte-Brun, 1850-1862.
Journal of the royal geographical Society of London, and Procedings,
   1850-1862.
Church missionary Intelligencer, 1858-1862.
Mittheilungen aus Justus Petermann, 1855-1862.
Zeitschrift for Allgemeine Erdkunde, 1855-1862.

Le Nil et le Soudan, 1 vol. in-8°, par M. Brun-Rollet. 1857.

Lake N'gami or Explorations and Discoveries durig four years wandering in the wilds of South-Wester African, by C. Andersson. 1 vol. in-8°, Lond., 1856.

Okavango river, par le même. In-8°, 1861.

Narrative of an exploring Voyage up the rivers Kwora and Binue (Niger and Tchadda), by doct. Baikie. 1855.

Five years of a Hunter's life in the far interior of South Africa, by Gordon Cumming.

Travels and Discoveries in North and Central Africa, 1849-1855, by H. Barth. 6 vol., Lond., 1857.

Le Désert et le Soudan, par M. d'Escayrac de Lauture. In-8°, Paris, 1853.

Three Visits to Madagascar during the years, 1853-1856, by W. Ellis. Lond., 1858.

The Lake regions of Central Africa, by R. Burton. 2 vol. in-8°, Lond., 1860.

The Gorilla country Explorations in parts of Equatorial Africa, by du Chaillu. in-8°, Lond., 1861.

Egypte, Soudan and Central Africa on the White Nile, by Petherick. Lond., 1860.

L'AFRIQUE
NOUVELLE

CHAPITRE PREMIER

LE NIL BLEU

Bruce et le Nil Bleu. — Khartoum. — Expéditions de Méhémet-Ali. — Le Sennaar. — Le voyageur français Cailliaud. — Le Fazogl. — Hospitalité sennâarienne. — La rivière Toumat. — Les voyageurs Kovalewski, Rochet d'Héricourt, Th. Lefebvre. — L'Abyssinie. — Les Gallas. — Les derniers explorateurs allemands.

Un des hommes qui, dans la seconde moitié du dernier siècle, se sont le plus passionnés pour les voyages et les découvertes géographiques, avait dès son enfance résolu de consacrer sa vie à la recherche des sources du Nil. Il ne se laissa rebuter par aucune difficulté; il remonta le fleuve égyptien plus haut qu'on ne l'avait fait avant lui; puis il se dirigea avec une caravane à travers des régions inconnues, des tribus barbares. Il pénétra au sein de l'Abyssinie, vaste contrée que dix explorateurs célèbres ont vue de nos jours, mais que de pauvres jésuites portugais avaient seuls encore visitée. Enfin, après bien des peines et des fatigues, l'Anglais Bruce put croire qu'il avait touché le but de ses recherches. L'Europe proclama qu'il avait trouvé les sources mystérieuses, et lui-même se crut le droit d'écrire : « Enfin je suis parvenu à ce lieu qui a défié le génie, l'intelligence et le courage de tous les peuples anciens et modernes pendant plus de trente siècles. Des rois à la tête de leurs armées essayèrent de le découvrir, et tous échouèrent. Renommée, richesses, honneurs, ils avaient tout promis à celui de leurs sujets qui atteindrait ce but envié, et pas un n'a pu l'atteindre. »

Quatre-vingt-cinq ans se sont écoulés depuis que Bruce célébrait ainsi sa gloire et son triomphe, et les sources du Nil, qu'il croyait avoir trouvées, nous les cherchons encore. Bruce avait vu les sources du Nil Bleu[1], et ce fleuve n'est que l'affluent du vrai Nil.

Au midi du lieu où le voyageur français Frédéric Cailliaud retrouva, en 1821, l'emplacement de l'antique Méroë, sous le 15ᵉ degré de latitude nord, le Nil, qui n'a encore reçu qu'un seul affluent, l'Atbara, sur sa rive droite,

---

[1] Bruce n'était pas le premier Européen qui eût visité les sources du Nil Bleu. Un voyageur anglais a démontré que l'honneur de cette découverte appartient aux jésuites portugais Pierre Paës et Jérôme Lobo. *Dissertations* de Ch. Beke dans le *Bull. de la Soc. de Géogr. de Paris*, mars, avril, mai 1848.

se divise en deux larges branches. L'une, la plus orientale, porte le nom de *Bahr-el-Azrak;* elle coule en général sur un fond de roche, et sa limpidité lui a fait donner le nom de Nil Bleu. L'autre, *Barh-el-Abiad*, roule ses eaux dans un lit argileux qui leur communique une couleur laiteuse : c'est le Nil Blanc.

Le Nil Bleu traverse le lac Dembea ou Tsana, contourne les montagnes de l'Abyssinie, arrose cette contrée dans sa partie méridionale et traverse le Fazogl et le Sennâr. Au confluent des deux fleuves s'élève la ville de Khartoum, que le vice-roi d'Égypte Méhémet-Ali fit bâtir vers 1824 pour assurer sa domination sur les régions situées entre les deux Nils. En 1829, Khartoum ne se composait encore que d'une trentaine de huttes en bois et en terre, mais cette ville a récemment pris une grande extension, et un voyageur anglais qui la visita il y a six ou sept ans, sir George Melly, ne lui donne pas moins de trente mille habitants, tous musulmans, moins une douzaine de juifs et une centaine de chrétiens attachés à la mission catholique que l'Autriche y entretient, et qui se compose de trois prêtres. « Ces missionnaires, dit le voyageur, ont une jolie petite chapelle, une école composée d'une vingtaine d'enfants dont les visages offrent toutes les nuances, du blanc rosé au noir d'ébène; presque tous savent lire et écrire, et parlent le français et l'italien. » Vue de la rivière, Khartoum apparaît comme une longue muraille de terre surmontée de quelques constructions; la résidence du gouverneur, l'ancien bâtiment de l'État, la chapelle et la mission catholique sont les plus apparentes. Autour des habitations s'étendent de vastes jardins plantés d'orangers, de grenadiers, de figuiers, de bananiers, de cannes à sucre. Le bazar est approvisionné de marchandises de Manchester. Au-dessous de Khartoum, à la distance d'un degré environ, se trouve la ville de Sennaar, où fut assassiné, en 1705, le Français du Roule, qui se rendait en Abyssinie comme ambassadeur de Louis XIV. Cette ville, autrefois la plus importante de toute la région, avait encore neuf mille habitants lorsque Cailliaud la visita; sa population a diminué depuis de plus de moitié par suite des ravages et des massacres de l'expédition égyptienne ainsi que par la fondation de Khartoum. Beaucoup de maisons détruites il y a une trentaine d'années n'ont été remplacées que par des huttes en terre et des cabanes de paille.

L'un des derniers explorateurs du Nil Bleu a été Méhémet-Ali. Le vice-roi, séduit par l'espérance de trouver de riches mines d'or au Fazogl et au Bertât (ce pays est situé entre les deux Nils au sud du Sennaar), dirigea en personne une première expédition sur l'Azrak en 1839. Ses recherches demeurèrent sans résultats, et il dut reconnaître que l'or, qui forme en effet au Fazogl un objet de commerce important, provient de contrées plus lointaines. Toutefois, si le vice-roi n'atteignit pas le but qu'il s'était proposé, son expédition ne fut pas stérile : la géographie lui dut de nouveaux et précieux détails sur l'aspect des régions que le Nil Bleu parcourt.

Entre Khartoum et le Sennâr, le fleuve, bien que souvent intercepté par des bancs de sable, est navigable pour les petits bâtiments égyptiens. Le paysage devient plus agreste à mesure que l'on s'enfonce dans les contrées plus méridionales. Des tamarins, des acacias, des arbres particuliers aux régions du tropique, bordent les rives. De loin en loin, quelques habitants du Sennaar mènent au fleuve leurs brebis et leurs dromadaires, et plus fréquemment aussi des zèbres et des chamois descendent ou bondissent en troupes sur la rive du Nil Bleu. Le long des îles et sur les rochers, des crocodiles chauffent au soleil leur corps informe, et attendent patiemment une proie, ou plongent avec rapidité au bruit que font les barques en passant. Le bourg de Kamlin, au sud de Khartoum, possède le seul établissement manufacturier de ces régions : c'est une fabrique de sucre, de rhum et de savon. Ouad-Medina, vers l'embouchure d'une rivière appelée Ragat, renferme une population de quatre mille âmes, chiffre assez considérable pour une ville du Sennaar.

Au delà de ce lieu, l'expédition de Méhémet-Ali vit d'innombrables bandes de grues qui passaient à tire-d'aile au-dessus des bateaux, et se dirigeaient du sud vers le nord. Cette émigration fuyait la chaleur et les pluies diluviennes. Des pintades et du menu gibier s'échappaient à chaque instant des buissons qui garnissaient les rives ; les branches des arbres étaient chargées d'oiseaux au plumage éclatant, tandis qu'au-dessous grimaçaient, en gambadant de mille manières, une foule de singes. Ces animaux s'apprivoisent facilement, et forment un objet de commerce assez considérable. Pour les prendre vivants, voici le procédé singulier dont les habitants font usage. Sous un arbre fréquenté par les singes, ils disposent une cruche en bois pleine d'une sorte de bière à laquelle est mélangé du miel. Les quadrumanes boivent à longs traits cette liqueur qui les enivre; alors apparaît le preneur de singes, qui s'empare de tous ceux que l'ivresse a couchés à terre. Les bords du Nil Bleu sont fréquentés par des lions, des éléphants, des hyènes, par des serpents et des scorpions; enfin par toutes les bêtes venimeuses que produisent en abondance ces régions tropicales.

A une distance de trois journées au sud de Sennaar s'élève Roseros, ville qui compte trois mille habitants, en partie noirs, et qui est bâtie dans un site pittoresque, près du Nil Bleu, dont un épais fourré de palmiers la sépare. La végétation équatoriale s'y développe dans toute sa splendeur. Vers l'horizon, du côté du sud, s'étend une chaîne de montagnes voilées par une brume bleuâtre. Une cataracte interrompt en cet endroit la navigation du Nil Bleu, et, à une distance de quelques journées de marche vers le sud, le Sennaar fait place au Fazogl.

Les habitants du Sennaar ne forment pas un peuple distinct : on retrouve en eux le mélange des Nubiens, des Arabes, des Égyptiens, avec les nègres indigènes; de là une grande diversité de nuances dans le sang et la couleur des habitants de toute cette région, et aussi une variété de physionomie résultant de ce que le nez est plus ou moins épaté, les lèvres plus ou moins saillantes, le front déprimé, les cheveux laineux. Il y a beaucoup de grands et beaux hommes, et la plupart des femmes sont admirablement bien faites. Le costume des deux sexes consiste dans une pièce de toile blanche attachée en ceinture à l'une de ses extrémités, puis ramenée et drapée sur tout le corps. Dans l'intérieur du logis, les femmes se contentent de porter un morceau de coton formant une sorte de jupe qui leur tombe sur les genoux. Les hommes ne sont pas mieux vêtus; c'est seulement pour sortir que les uns et les autres s'enveloppent dans leur toile. La plupart des pauvres gens n'en ont qu'une seule, et ne la quittent pour une autre que lorsqu'elle tombe en lambeaux. Des sandales en cuir, à bouts arrondis et quelquefois pointus, sont la chaussure usuelle, et comme la pièce de toile dont les Sennaariens s'enveloppent le corps, comme leur coiffure, comme le visage de la plupart d'entre eux, cette partie du costume n'a pas changé depuis trois ou quatre mille ans. Elle est telle encore qu'on la trouve dessinée sur les obélisques et les hypogées de Méroë et de la Nubie. Les cheveux sont réunis en une infinité de petites tresses avec lesquelles on en forme de plus grosses qui sont rassemblées sur le sommet de la tête. Pour objets de parure, les Sennaariennes portent de la verroterie de Venise et des bracelets d'argent, de fer ou d'ivoire. Les jeunes filles ont pour tout vêtement une ceinture appelée *rahadh*, de laquelle pendent des lanières de cuir en guise de franges, et qui est ornée de petites coquilles univalves vulgairement connues sous le nom de *cauris*, ou monnaie de Guinée, et d'un gros coquillage dit *peau de tigre*, qui est le symbole de leur virginité. Dès qu'elles deviennent nubiles, elles y ajoutent une touffe rouge en peau ou en soie.

La lance, le sabre à deux tranchants, le bouclier long de peau de crocodile ou de rhinocéros, sont les armes qu'emploient les Sennaariens. Toutefois un certain nombre d'entre eux commencent à posséder des fusils. Pour ces hommes, comme pour la plupart des autres peuples sauvages, le courage est la première des vertus. A l'époque où les Égyptiens exercèrent contre les habitants du Sennaar les plus cruelles représailles pour les punir de leur révolte, on vit un grand nombre d'entre eux déployer au milieu des tortures la même énergie que les Indiens de l'Amérique au temps de Pizarre et de Cortez. Beaucoup moururent sous le bâton ou sur le pal sans qu'on pût leur arracher une plainte. M. Cailliaud[1] raconte qu'il eut un jour le courage de vaincre sa profonde répugnance et d'assister aux tortures des Sennaariens empalés. Il s'agissait de deux chefs rebelles. L'un d'eux eut un moment de faiblesse, il demanda à avoir la tête

[1] *Voyage à Méroé, au fleuve Bleu et au Fazogl*, 4 vol. in-8°, 1826. Ce voyageur accompagna le fils de Méhémet-Ali, Ismaïl-Pacha, chargé par son père de soumettre ces régions. Ismaïl périt à Chendi dans un soulèvement que son oppression avait excité. Il eut pour successeur son beau-frère, Defterdar, qui fut renommé, même en Afrique, pour ses extravagantes cruautés.

tranchée; mais sur un mot de son compagnon il se tut et demeura impassible. Cependant les exécuteurs leur avaient lié les mains, puis les avaient jetés à plat ventre et leur avaient passé le cou entre deux gros piquets fichés en terre qui servent de point d'appui pour les épaules. Deux exécuteurs saisirent chacun des patients par un pied en tirant fortement à eux, pendant que d'autres introduisaient dans le fondement un pieu en bois et l'enfonçaient à coups de massue. Cet instrument n'est aiguisé qu'à ses extrémités; dans tout le reste de la longueur, il est plus gros que le bras. Lorsqu'il est arrivé dans la région du cou, les exécuteurs le dressent et le plantent comme un mât. L'un des deux malheureux au supplice desquels M. Cailliaud assistait donna des signes de vie, en remuant la tête et les bras, plus de dix minutes après son exécution; l'autre sembla mourir immédiatement : quelque organe vital avait dû être lésé. Pendant toute la durée du supplice, aucun des deux ne proféra un cri, ne dit un mot.

Les superstitions sont nombreuses au Sennaar. Si quelqu'un dans une famille meurt subitement sans être tombé victime d'une vengeance ostensible, c'est qu'il a été tué par le *sahar*. Le sahar est un sorcier qui peut, à sa fantaisie, revêtir la forme humaine la plus séduisante ou se transformer en crocodile et en hyène; il se nourrit de sang humain, et, pour faire mourir une personne, il lui dévore intérieurement le cœur, le foie ou les entrailles. Par bonheur, il y a des *fakih* ou *angari* qui connaissent à des marques certaines ces hommes-démons, et qui les désignent à la vengeance publique. Le Sennaarien dont la femme est enceinte doit bien se garder de tuer un animal, car son enfant périrait dans le sein de sa mère. L'une des plus remarquables singularités de ce peuple lointain, c'est qu'on retrouve chez lui, dans certaines circonstances, une sorte de jugement de Dieu analogue à celui que les Germains introduisirent autrefois dans la Gaule. Avant l'invasion égyptienne, quand une femme en accusait publiquement une autre de se prostituer, celle-ci pouvait demander l'épreuve du feu. Trois fers de hache étaient jetés dans un brasier ardent, et chacune à son tour les tirait du feu. Celle que la souffrance faisait défaillir était jugée coupable, mise aussitôt à mort et enterrée sans pompe; l'autre au contraire recevait de nombreux présents.

Verser des larmes est au Sennaar et aussi dans toute la Nubie la plus digne manière d'honorer les morts. Bien longtemps après les funérailles, les parents pleurent celui des leurs qui n'est plus, et à des intervalles qui reviennent régulièrement ils font retentir de cris et de gémissements leur demeure, en frappant en même temps avec des bâtons sur des calebasses renversées dans des vases pleins d'eau, conviant par cet appel funèbre leurs amis à venir partager leur douleur. Les circonstances heureuses et surtout les mariages, dont les fêtes durent sept jours, se célèbrent par des festins dans lesquels figurent, avec le *merisse* et le *bilbil*, liqueurs tirées des graines que le sol produit, des quartiers de mouton, de bœuf et de chameau. Les viscères de ces animaux en sont jugés les parties les plus délicates et les plus nobles. On les mange crus ou assaisonnés de *chetetah*, poivre rouge d'une âcreté intolérable pour des palais européens.

On appelle du nom de Fazogl toute la région montagneuse comprise entre le Nil Bleu et le Toumat, l'un de ses affluents de la rive gauche. Ce pays n'est habité que par des nègres aux cheveux crépus, aux grosses lèvres, aux pommettes saillantes. La ville, ou pour mieux dire le village capital du Fazogl, s'appelait anciennement Kery; depuis 1849 il s'appelle Méhémet ou Mohammed-Ali-Polis. Le vice-roi, voulant laisser un souvenir de son passage dans ce lieu qui marquait le terme de son expédition, lui donna son nom.

En 1848, Méhémet-Ali, renouvelant ses tentatives pour découvrir des mines d'or, chargea un officier russe, M. Kovalewski, de remonter non-seulement le fleuve Bleu, mais encore le Toumat, son affluent occidental. L'officier russe était accompagné d'un jeune Français, M. Trémaux[1]. Jusqu'à Kery, les voyageurs ne s'écartèrent pas de l'itinéraire suivi par la précédente expédition. M. Kovalewski raconte une anecdote qui peut servir à peindre

---

[1] Ce voyageur s'est fait connaître par divers travaux sur la géographie du Soudan, et il a pris une part notable à la discussion qui s'est engagée, au sujet des Niams-Niams ou hommes à queue dont il nie l'existence. M. Trémaux publie le résultat de ses observations personnelles sous le titre de *Voyage au Soudan oriental*.

les mœurs de ce pays. En passant à Sennaar (à son retour), le voyageur fut invité par le cheikh à faire visite à sa femme la princesse Nasr, souveraine de la contrée avant l'occupation égyptienne. L'ancienne reine du Sennaar avait su se concilier la bienveillance du terrible gouverneur de son pays, le gendre de Méhémet-Ali, que ses cruautés ont rendu fameux. Elle conservait une certaine influence, et la plupart des voyageurs égyptiens avaient coutume de venir lui demander l'hospitalité, certains de trouver à discrétion chez elle des boissons fortes et des femmes. La demeure où l'officier fut reçue, et qui était décorée du titre de palais, était composée de plusieurs maisonnettes réunies. Après un souper passable, et lorsque l'heure de la retraite fut venue, un officier de la princesse conduisit l'étranger dans un pavillon disposé pour le recevoir. Grande fut la surprise de celui-ci, en pénétrant dans sa chambre à coucher, d'y voir debout, adossées à la muraille, un essaim de beautés africaines dans la plus complète nudité ; à côté, sur un escabeau, se trouvait un vase exhalant l'odeur des parfums. Tous ces apprêts étaient destinés à faire honneur à l'étranger, qui étonna et scandalisa peut-être ses hôtesses en refusant de se laisser parfumer d'huile de rose et en leur signifiant son intention de dormir seul. Les Turcs qui l'accompagnaient n'imitèrent pas sa discrétion, car ils firent toute la nuit un tel bruit qu'à peine put-il reposer.

Au delà de Kery, point extrême où Méhémet-Ali s'était

arrêté, M. Kovalewski rencontra un hameau dont les masures grisâtres sont suspendues au sommet de rochers escarpés : c'est le village d'Akaro, qui jouit du privilége de percevoir une taxe à son profit sur toutes les caravanes marchandes. Les chameaux chargés payent quatre piastres, et les ânes en payent deux. Tout le pays qui entoure les hameaux du Fazogl est montagneux, boisé et pittoresque ; les hyènes, les zèbres, les girafes, les éléphants, se plaisent au milieu de ses bois épineux et sur les bords de ses cours d'eau. Cailliaud a raconté qu'Ismaïl-Pacha eut un jour la fantaisie d'envoyer ses soldats à la chasse de trois de ces derniers animaux, qui traversaient paisiblement une clairière à portée de carabine. Les Égyptiens, confiants dans la sûreté de leur tir, s'approchèrent et firent feu tous ensemble ; les éléphants, seulement blessés et rendus furieux par cette agression, coururent à leurs ennemis ; ils en écrasèrent cinq ; trois autres, saisis avec les trompes, furent broyés et jetés par-dessus les arbres. Ceux qui eurent le bonheur d'échapper n'eurent rien de mieux à faire que de se cacher, et les éléphants, pour achever de passer leur rage, mirent les arbres en pièces et bouleversèrent toute cette partie de la forêt.

Sur les deux rives du Toumat s'étendent de vastes ombrages formés par des palmiers, des acacias, des nebkas et d'autres arbres particuliers à cette contrée. Bien que le Toumat ait un cours assez considérable, son lit se trouve presque entièrement à sec avant la saison des pluies périodiques ; l'eau filtre sous la couche de sable extérieure, et ce n'est qu'après les pluies tropicales que cette rivière verse ostensiblement dans le Nil Bleu un volume d'eau considérable. Les bords du Toumat et les monts Kassan, qui dominent cette rivière, récompensèrent d'un plein succès les recherches de M. Kovalewski : des mines d'or d'une grande richesse furent découvertes sur le versant de la montagne. Après l'installation des ateliers, tandis qu'une exploitation régulière fonctionnait sur le Toumat, l'officier poursuivit ses explorations géographiques aux sources de cette rivière. Accompagné d'une escorte de *meleks* ou chefs des montagnes avoisinantes et d'un millier de soldats noirs armés de fusils, il pénétra au sein des montagnes. Les rivières se trouvaient à sec, et, pour obtenir une eau à peu près potable, les soldats étaient obligés de creuser le lit des torrents.

Après quelques jours de marche, les voyageurs atteignirent un groupe de hautes montagnes qui portent le nom de Beni-Chankoul, et dont la population, forte de dix mille âmes environ, est répartie en un grand nombre de villages suspendus au sommet des monts. Chacun d'eux est indépendant de son voisin, et de fréquentes divisions intestines ensanglantent le pays. Les Arabes y sont mélangés aux nègres, et les uns et les autres habitent dans des *toulkouls*, cabanes exhaussées pour la plupart au-dessus du sol au moyen de pieux qui les garantissent des inondations causées par les pluies périodiques, et surmontées d'une toiture élevée de forme conique, très-propre à braver les déluges de cette région. Les nègres, hommes et femmes, vivent dans un état de nudité complète; par exception, quelques individus portent autour des reins une sorte de ceinture en peau frangée. Malgré cette absence de vêtements, les femmes n'en recherchent pas moins la parure, qui, pour elles, consiste en une multitude de bracelets et d'anneaux passés dans les oreilles, les lèvres et le nez. Leur coiffure est aussi tellement compliquée, que pour dormir ces femmes ont soin, dit M. Kovalewski, de passer leur cou dans une planche à échancrure dont l'objet est de maintenir la tête isolée et de ménager le vaste appareil que forme la coiffure. Parmi les Arabes, les plus riches revêtent un morceau de toile blanche qu'ils nomment *ferezé*, et dans lequel ils se drapent avec une certaine élégance. Un mélange d'islamisme et d'idolâtrie compose la religion de toute cette contrée, qui, malgré son éloignement de l'Égypte, consentit à reconnaître la suzeraineté du vice-roi.

La vallée du Toumat, à mesure qu'on la remonte, est de plus en plus encombrée d'énormes blocs de pierre qui rendent difficile l'accès de la rivière. D'ailleurs elle est couverte d'une luxuriante végétation : les citronniers de Nigritie s'y mêlent aux lauriers; les fleurs d'une espèce de jasmin emplissent l'air de leurs suaves émanations; des plantes de toute espèce croissent pêle-mêle sans culture, et les baobabs couvrent le sol de leurs gigantesques ombrages. En cheminant dans le lit même de la rivière, l'expédition de 1848 rencontra un grand nombre d'ouvertures circulaires en partie remplies d'eau. Ces ouvertures sont pratiquées par des nègres qui arrivent de fort loin dans cette contrée pour y exercer l'industrie du lavage des sables aurifères et aussi pour y capturer des crocodiles, ordinairement cachés, pendant cette saison, à une profondeur où le sable continue à être humide. Les mouvements de l'animal sont gênés par le sable où il est blotti, et les nègres s'en emparent sans beaucoup de danger pour en manger la chair.

Les voyageurs remontèrent le Toumat jusqu'à l'endroit où cette rivière se réduit aux proportions d'un simple ruisseau qui se perd dans la direction du sud, vers le 10ᵉ pavillon nord, et un peu à l'occident de Fadassy, ville située sur les confins de l'Abyssinie et du pays des Gallas. Fadassy est le principal marché des régions situées entre les deux Nils; il s'y fait un commerce considérable de chevaux, de bestiaux, de lances, de casse-têtes, de haches, de froment, de café, de miel, de légumes, de toiles de l'Inde, d'or en poudre et en grains, de sel, de verroteries de Venise, etc. Quant à la ville, elle est formée d'un ensemble de huttes et de cabanes en terre et en bois dispersées sur les bords de l'Iabouss, affluent du Nil Bleu, et derrière des hauteurs qui sont elles-mêmes dominées par la masse sévère des grandes montagnes de l'Abyssinie. Le plateau que franchit M. Kovalewski pour pénétrer jusqu'à Fadassy avait été récemment dépeuplé par une incursion des Gallas; les hommes en avaient disparu, et les éléphants s'étaient emparés de ces lieux devenus déserts. Ces animaux erraient en troupes immenses. On dit que pour se procurer de l'eau dans la saison sèche ces éléphants vont se coucher dans le lit desséché du Toumat. Peu à peu le poids de leur corps déprime les couches supérieures du sable et forme un creux; l'eau remplit bientôt ce bassin, et l'animal se désaltère à l'aise.

M. Kovalewski, jugeant que toute cette région n'avait pas une dénomination assez précise, lui donna, par patriotisme, le nom russe de *Nicolaeskaïa*; mais la géographie n'a pas ratifié cette décision, et elle continue à appeler Quamamyl le pays qui environne Fadassy du côté de l'ouest. C'est la partie la plus orientale de Dâr-Bertât[1], situé lui-même au sud de Fazogl, entre les deux Nils.

C'est entre les régions où M. Kovalewski vient de nous conduire et le golfe arabique que s'étend l'Abyssinie; ses limites extrêmes, du nord au sud, sont le 17e et le 8e parallèle nord environ. Cette contrée, qui semble destinée, par sa situation géographique et par l'intelligence de ses habitants, à obtenir une grande importance dans l'avenir commercial de l'Afrique, doit un climat tempéré à ses montagnes et à l'élévation de ses plateaux. La végétation, moins puissante que dans les autres régions de la zone tropicale, y est cependant encore d'une incomparable richesse. Les peuples d'Abyssinie comptent de longs siècles d'existence; leurs traditions historiques et religieuses racontent que la fameuse reine

---

[1] *Dâr* signifie pays.

de Saba, qui dix siècles avant Jésus-Christ s'en alla dans Jérusalem rendre hommage à la gloire de Salomon, n'était autre que Makada, l'une de leurs souveraines. Couverte de colonies grecques au temps des Ptolémées, convertie plus tard au christianisme par le Grec d'Alexandrie Frumentius, qu'une tempête avait jeté sur ses rivages, l'Abyssinie connut de la sorte les deux éléments les plus actifs de la civilisation. Par malheur de longues discordes et les querelles religieuses l'empêchèrent de les mettre suffisamment en œuvre, et sa population intelligente et laborieuse, bien que fort avancée dans la civilisation, si on la compare au reste des peuples africains, n'en est pas moins très-arriérée et très-barbare encore aux yeux des Européens. L'Angleterre et la France ont également jeté les yeux sur ce point de la côte d'Afrique, si avantageusement situé pour le commerce de la mer des Indes, et ce motif, joint aux recherches dont le but était de découvrir les sources du Nil, a fait de l'Abyssinie le théâtre de nombreux voyages. Ses diverses contrées, le Semiène, le Tigré, l'Amhara, le Choa, ont été, de 1839 à 1853, explorées par MM. Combes et Tamisier, Feret et Galinier, Rochet d'Héricourt, d'Abbadie, et par un grand nombre de missionnaires et d'officiers anglais[1]. Le moins connu de ces voyages est celui des frères d'Ab-

---

[1] Parmi ceux-ci nous mentionnerons M. Burton, lieutenant au service de la compagnie des Indes, qui, le premier entre les Européens, a pénétré dans la ville d'Hurur ou Harar, sur les limites des régions abyssines et gallas, après être parti de Zeyla, sur le golfe d'Aden.

badie. M. Lefèvre a eu à lutter contre les difficultés les plus terribles d'un voyage en Afrique. M. Rochet a recueilli d'intéressants détails sur les peuples gallas. Après avoir dit un mot de leurs recherches, nous aurons surtout à nous occuper des travaux de MM. d'Abbadie, qui forment la transition naturelle des expéditions du Nil Bleu à celles du Nil Blanc.

M. Théophile Lefebvre, lieutenant de vaisseau, reçut du gouvernement français, en 1839, la mission d'étudier les mœurs, les usages, les institutions civiles et religieuses de l'Abyssinie, et de rechercher les moyens d'ouvrir quelques relations à notre commerce dans ce pays. On lui adjoignit MM. Petit, médecin et zoologiste, Dillon, naturaliste, et Vignaud, dessinateur. Les résultats de cette expédition ont été publiés en 1846, sous les auspices du ministère de la marine[1]; à la lecture de ce curieux et savant ouvrage, on est plein d'admiration pour le zèle opiniâtre et pour le courage de ces quatre jeunes gens qui avaient mis toute leur ambition dans l'accomplissement de leur devoir, devoir si pénible qu'il coûta la vie à trois d'entre eux. M. Lefebvre vit périr un à un tous ses compagnons de voyage; Dillon succomba aux fièvres mortelles de ce climat; Petit fut emporté sous ses yeux par un crocodile; Vignaud regagnait la France, il mourut en chemin. M. Lefebvre revint seul en

[1] *Voyage en Abyssinie* exécuté pendant les années 1839, 1840, 1841, 1842, 1843, par une commission composée de MM. Lefebvre, Petit, Dillon et Vignaud, publié par Th. Lefebvre, 5 vol. in-8°.

Europe. Aujourd'hui l'intrépide voyageur parcourt encore l'Abyssinie; il y est retourné en 1854 pour développer dans ce pays, s'il est possible, quelques éléments de colonisation française.

On doit à M. Rochet, avons-nous dit, de curieux détails sur les Gallas. C'est dans la partie méridionale de l'Abyssinie, du 8ᵉ degré de latitude nord à l'équateur et peut-être même au delà, que sont répandues les peuplades belliqueuses des nègres gallas. Les individus de cette race sont des hommes grands et bien faits; leur peau est d'un brun olivâtre foncé; ils ont les cheveux crépus, mais non laineux comme les nègres à face déprimée du Sennaar. Par l'ouverture de leur angle facial, la vivacité de leur regard et les principaux caractères de la physionomie, ils ressemblent aux Abyssins. Leur culte est un paganisme mêlé de fétichisme; leurs mœurs sont plus violentes, plus rudes que celles de leurs voisins chrétiens; cultivateurs et guerriers, ils ont au plus haut degré la passion des armes et du pillage. Ils sont un objet de continuelle terreur pour leurs voisins, et sans les dissensions qui travaillent leurs innombrables tribus, ils auraient pu conquérir une grande portion de l'Afrique. Leur origine est sans aucun doute étrangère : le sang asiatique s'est mélangé chez eux au sang noir; de confuses traditions, qui vivent encore, disent qu'ils vinrent de l'autre côté des mers, et qu'un chef de leurs tribus, du nom d'Oullabou, contemporain de Mahomet, les conduisit en Afrique. *Galla*, dans leur langue, signifie envahisseur. Les musulmans donnent une autre origine à leur nom : suivant eux, Mahomet envoya un messager à Oullabou pour l'engager à s'associer à son œuvre; Oullabou refusa. « Il a répondu : non, *ga la*, dit le messager au prophète. — Qu'il soit donc maudit, répondit Mahomet, et que ces mots *ga la* soient désormais le nom de la race qui n'a pas voulu croire aux révélations de l'ange Gabriel. »

Dans leurs guerres, les Gallas dévastent les pays par lesquels ils passent, emmènent comme prisonniers et esclaves tous ceux qu'ils surprennent sans défense, égorgeant ceux qui résistent, afin de se procurer le trophée qui, à leurs yeux comme à ceux des Abyssins, est la plus grande preuve de la bravoure militaire. Ce signe de victoire, c'est l'organe de la virilité, et le nombre de ces hideuses dépouilles, conservées avec soin, témoigne de la valeur d'un guerrier et lui mérite des récompenses. Cette fureur est poussée si loin, que l'on voit parfois les Abyssins tuer leurs compatriotes pour se procurer frauduleusement le signe des exploits guerriers. Envers les ennemis, peu importe l'âge; le vieillard et même l'enfant dans les bras de sa mère ne sont pas épargnés.

Les armes des Gallas sont la lance et le couteau de chasse. Ils commençaient, il y a une dizaine d'années, à connaître les armes à feu, mais ils n'en savaient pas encore tirer un bon parti. Habiles à manier la lance et à parer les coups avec le bouclier, ils considèrent comme un jeu le combat à l'arme blanche. Dans leurs guerres, ils se divisent en plusieurs corps et cherchent à envelopper l'ennemi; leur attaque est impétueuse, mais, une fois repoussés, ils ne savent pas se rallier et s'enfuient en désordre. Le roi de Choa (partie de l'Abyssinie qui confine aux pays gallas), Sahlé-Sallassi, auprès duquel M. Rochet fit, dans trois voyages consécutifs[1], un séjour de quelque durée, était constamment en guerre avec eux ; son but était de les assujettir à une redevance et de les convertir au christianisme. Ce roi, favorisé par les divisions de ses adversaires, a remporté de nombreuses victoires, sans cependant atteindre de grands résultats : les tribus vaincues se retirent devant lui et s'enfoncent plus profondément dans les vastes régions inexplorées qui, de l'Adel, de la côte d'Ajan et de Zanguebar, s'étendent jusqu'à la rive droite du Nil Blanc.

Depuis ces voyageurs français, quelques autres encore ont visité la Nubie et l'Abyssinie. En 1857, un officier allemand, le comte de Thüreïm, s'est rendu de Suez à Massoua dans le dessein d'explorer le Tigré; mais la guerre civile qui désolait en ce moment l'Abyssinie le força à limiter ses recherches à la partie septentrionale de cette région. Il gagna Khartoum et de là pénétra dans l'Amhara. Il visita Mensa et Keren, localités principales des tribus bogos. La seconde est le siège d'une mission catholique qui paraît assez prospère. La population du district de Wasinta est moitié catholique et moitié mu-

---

[1] M. Rochet est mort en 1854 consul de France à Djeddah.

sulmane. L'agriculture y est très-florissante; les habitants des plaines de Barka sont au contraire nomades. Le district d'Algaden est malsain; il se compose d'une succession de vallées et de larges plateaux couverts de forêts et de hautes broussailles qui servent de repaire à nombre de bêtes fauves.

Un autre voyageur allemand, M. Werner Munzinger, a exploré de même en Abyssinie les pays des Schohos et des Bedouas. Ces contrées présentent de singuliers contrastes dans une assez courte étendue : la chaleur des tropiques, et le climat froid d'un sol alpestre; des déserts incultes et les pentes fertiles d'une chaîne qui s'abaisse dans la direction du Sennaar. Ce contraste est dû à des montagnes qui séparent en deux régions physiques le pays des Schohos, et donnent naissance à des séries de zones ayant chacune son caractère propre. Ainsi, à des plaines arides dont le sol est imprégné de sel et dépourvu d'eau, à d'autres plaines où ne croissent en été que quelques arbustes épineux, succèdent des vallées fertiles, puis d'étroits défilés creusés par les torrents des montagnes qui après les pluies entraînent arbres et rochers. Enfin, au sommet des montagnes règne une température toujours fraîche. elles ne sont jamais couvertes de neige, et se revêtent d'un constant manteau de verdure. Dans ces régions vivent le lion, le léopard, plus redoutable, car il attaque l'homme, la panthère, petite, mais très-agressive; les sangliers, le chacal, les singes en troupes innombrables, les hyènes, les gazelles, les éléphants. L'auturche, activement poursuivie pour ses plumes, tend à disparaître. Les sources minérales abondent.

Les Schohos sont des pasteurs; ils portent pour vêtement des manteaux d'une laine grossière qu'ils tissent eux-mêmes. Leur chevelure est abondante et crépue. Leur teint varie du brun au noir, mais ils n'ont pas le type nègre. Ils sont bien faits, leurs femmes ne manquent pas de beauté; il est vraisemblable qu'ils sont, comme tant d'autres populations de cette côte, le produit d'un mélange avec des Arabes venus d'Asie. Ils sont rudes et redoutables; leur langue est gutturale, et ils sont assez enclins au vol.

Les Bedouas, leurs voisins, qui habitent plus particulièrement la région des plaines, dénotent de même un mélange sémitique. Ils sont agriculteurs; leur idiome est beaucoup plus doux; la plupart sont musulmans, mais pratiquant un islamisme dénaturé par beaucoup de superstitions.

CHAPITRE II

LE NIL BLANC

Les frères d'Abbadie. — Expéditions de Selim-Bimbachi, de M. d'Arnaud. — Les Berry, les Bary, et les autres peuplades riveraines du Nil. — Les affluents du haut Nil. — Derniers explorateurs : le docteur Peney, M. Lejean. — Tentatives du vice-consul anglais Petherick.

Pour reconnaître et fixer les sources d'un fleuve, il y a un procédé simple et direct qui consiste à en remonter le cours ou à en suivre les bords jusqu'au lieu où il prend naissance; mais lorsque ce fleuve, semé d'écueils et encombré de bancs de sable, se déroule à travers des contrées marécageuses, insalubres ou inhospitalières, alors le voyageur et le géographe s'efforcent de discerner, au moyen d'une étude attentive de la topographie, l'endroit où les sources peuvent être cachées, et d'aborder le fleuve par sa partie supérieure. C'est de la sorte que les sources et tout le haut cours du Niger ont été livrés à la géographie bien avant qu'on sût dans quel golfe, dans quelle mer ce fleuve avait son embouchure. Cependant ce procédé indirect est sujet à l'erreur, il peut donner des résultats faux, bien qu'appuyés sur des inductions spécieuses. Ainsi il est aujourd'hui constaté que MM. d'Abbadie, qui avaient tenté de l'appliquer à leurs recherches sur les sources du Nil, ont commis une erreur en prenant pour le cours supérieur de ce fleuve la rivière du pays galla qui porte les noms de Uma, Umi, Umo. Ajoutons toutefois que si de plus récentes explorations ont renversé l'hypothèse de ces voyageurs, c'est sans rien ôter au mérite de leurs recherches et de leurs persévérants efforts.

MM. Antoine et Arnaud d'Abbadie quittèrent la France le 1er octobre 1837, avec le dessein d'explorer l'Abyssinie et de rechercher si, dans les nombreux cours d'eau qui descendent de cette région montagneuse, ils ne trouveraient pas les sources du Nil Blanc. Ils abordèrent par la mer Rouge au port abyssin de Massoah, d'où ils gagnèrent Gondar, la plus grande ville d'Abyssinie. Cette capitale fut leur véritable point de départ : l'un des frères retourna en France pour rassembler tout ce qui pouvait être nécessaire à leur grande entreprise, et pendant ce temps M. Arnaud, celui qui demeurait en Abyssinie, se livra à l'étude de la langue et des intérêts du pays. Par ses talents militaires et sa bravoure, il se concilia l'amitié d'un chef du Godjam, province méridionale de la contrée, et au milieu des expéditions guerrières auxquelles il prit part, il recueillit des renseignements précieux pour la géographie. Les deux frères se réunirent de nouveau à Massoah en mars 1840; une année entière ils furent retenus sur les bords de la mer Rouge par la mauvaise volonté d'un chef abyssin, puis par un accident cruel, qui priva M. Antoine d'un œil et le rendit longtemps malade. Les courageux voyageurs ne se laissèrent pas détourner de leur dessein par ces pénibles obstacles; ils mirent à profit leur séjour forcé dans le nord de l'Abyssinie pour relever avec la plus grande exactitude les cours d'eau, établir les latitudes, réunir un ensemble de routes et de directions, recueillir des généalogies de tribus et un vocabulaire de leur langue. En 1842, M. Arnaud parvint à gagner le plateau abyssin; mais son frère n'échappa qu'avec peine à la mort, au milieu des populations insurgées contre le chef qui le protégeait. Il chercha un refuge dans l'église cophte de Saint-Sauveur, à Adawa, et gagna Gondar, d'où il fit plusieurs excursions au lac Dembéa ou Tsaña et aux sources de l'Athara ou Tackazé, premier affluent de la rive droite du Nil. Deux années s'écoulèrent encore, pendant lesquelles les deux frères se trouvèrent mêlés aux querelles des petits souverains de la contrée; mais au milieu même de cette distraction involontaire ils ne cessèrent pas un instant de poursuivre opiniâtrément leur but, cherchant partout des informations, et discutant les renseignements qui leur parvenaient sur les divers cours d'eau qui contribuent à former le Nil. Après les plus sérieuses investigations, ils pensèrent que le Godjab, rivière qui tourne autour de la province méridionale de Kaffa en formant une espèce de spirale, devait, réuni à l'Umo, être le principal affluent du Nil Blanc. Dès lors ils résolurent, malgré les difficultés et les dangers qui les menaçaient, de faire un voyage dans le pays d'Inarya, que baignent ces deux cours d'eau, et de déterminer positivement ces fameuses sources qu'ils comptaient enfin reconnaître. Les préparatifs de cette nouvelle expédition remplirent plusieurs mois, après lesquels MM. d'Abbadie quittèrent Gondar le 18 février 1843. Des dissensions agitaient toute l'Abyssinie; une armée nombreuse était chargée de châtier les rebelles. Les deux frères se joignirent à cette multitude tumultueuse et guerrière, et la suivirent dans ses divers campements, profitant de toutes les occasions pour compléter leurs informations. Ils recueillirent de la bouche des indigènes tous les renseignements qu'il leur fut possible de se procurer, et, après bien des recherches, ils finirent par reconnaître dans le Gibé d'Inarya, dont la source se trouve dans la forêt de Babya, le tributaire principal de l'Umo; cette rivière, étant la plus considérable de tout ce bassin, leur parut aussi devoir être regardée comme le principal des affluents qui dessinent, à son origine, le cours du Nil Blanc. S'appuyant sur la croyance antique au dieu du fleuve, les voyageurs prétextèrent d'un sacrifice à cette source vénérée pour y porter quelques instruments afin d'en déterminer la position, et ce fut le 19 janvier 1846 qu'ils purent enfin saluer ce but constant de leurs recherches.

Il est possible que l'Umo, continuant son immense

circuit, remonte du sud-est au nord-ouest et forme un des forts affluents ou peut-être même dessine le cours supérieur du Nil Bleu, dont les sources visitées par Bruce ne seraient plus qu'un cours d'eau tributaire; peut-être aussi, poursuivant sa direction de l'est à l'ouest, se perd-il au milieu des marécages qui bordent le Nil Blanc dans une grande partie de son cours. Quant au fleuve Blanc lui-même, on va voir qu'il en faut chercher les sources, non plus en Abyssinie, non pas à l'ouest, comme l'avaient supposé grand nombre de géographes, notamment d'Anville, mais bien loin vers le sud au delà de l'équateur.

Quinze ans après avoir élevé au confluent des deux Nils la ville de Khartoum pour remplacer l'ancienne capitale du Sennaar et fortifier sa domination dans les régions du Nil supérieur, Méhémet-Ali, qui prenait un vif intérêt à la solution des questions géographiques, décida qu'une expédition partirait de cette ville et remonterait le fleuve Blanc. Quatre cents Égyptiens, sous la conduite d'un officier, accomplirent en 1840 et 1841 deux voyages qui durèrent chacun de quatre à cinq mois. Le journal du chef de l'expédition, Sélim-Bimbachi, a été publié par les soins du savant géographe M. Jomard. De précieux renseignements s'y trouvent consignés sur les populations qui habitent les bords du fleuve Blanc jusqu'au 6ᵉ degré de latitude nord.

Les Bakharas et les Dinkas, tribus belliqueuses, et dont la principale occupation consiste dans la chasse aux hippopotames et aux crocodiles; les Chelouks, dont les femmes vêtues de fourrures noires portent à la cheville un anneau de fer, et chez lesquels existe, comme chez beaucoup de peuplades de cette partie de l'Afrique, la singulière coutume de s'arracher quatre dents sur le devant de la bouche; les Novers ou Nuvirs, remarquables par la chevelure longue et rouge qui les distingue des autres noirs de cette région, virent successivement passer les barques égyptiennes. L'expédition continua à remonter le fleuve en traversant le territoire des Kyks, tribu la plus considérable et la plus puissante des bords du Nil Blanc, puis des Bunderlehyals et des Heliabs. En cet endroit, le Nil a une largeur de trois milles; il coule sur un fond de vase et de sable, et les îlots qui ralentissent son cours sont peuplés de crocodiles. Sur la rive droite se trouvent des bois en assez grande abondance; la rive gauche est couverte de joncs et de broussailles. Un peu plus loin, le fleuve se partage en deux bras; celui qui court à l'orient est de beaucoup le plus large et le plus considérable; il n'était cependant pas assez profond pour les bâtiments égyptiens, et Sélim fut obligé de redescendre après être parvenu entre les 5° et 6° degrés.

Cet intéressant voyage ne fut que le prélude d'une expédition plus considérable que Méhémet-Ali confia, en 1841, à un ingénieur français, M. d'Arnaud, qui, ainsi que beaucoup d'autres de nos compatriotes, se trouvait au service du vice-roi d'Égypte. Cet officier remonta le fleuve usqu'au 4° 42' de latitude nord. A la nomenclature des tribus précédemment reconnues il ajouta celle des Behrs ou Bary, peuplade considérable et belliqueuse qui habite une bande de territoire resserrée entre le fleuve et une longue chaîne de montagnes. Des maisons en chaume sont le seul refuge que les Bary aient imaginé de se construire contre les pluies diluviennes de l'équateur. Hommes et femmes vont également nus, des anneaux de fer et d'ivoire composent toute leur parure. Les femmes cependant portent sur les reins, dans les grandes occasions, une peau tannée, et en dessous un pagne en fil de coton frotté d'une ocre rouge dont les guerriers ont la coutume de s'enduire tout le corps. Les jeunes filles, dit M. d'Arnaud, portent seules un vêtement qui consiste dans un pagne si souple, qu'il dessine toutes les formes de leur corps. Quelques morceaux de drap rouge, des verroteries de toutes couleurs et une grosse cloche, dont les tintements semblaient une musique délicieuse aux oreilles de ces barbares, furent offerts par notre voyageur au chef de la tribu, et ces présents le comblèrent de joie.

Après M. d'Arnaud, un savant religieux, dom Ignace Knoblecher, chef de la propagande autrichienne à Khartoum et sur le Nil Blanc, est parvenu, en 1848, à un demi-degré plus avant, et il a constaté que le Nil quittait en cet endroit la direction de l'est pour reprendre celle du sud; de plus les Bary lui ont affirmé que le lit du fleuve se prolongeait bien loin au delà de leur pays du côté de l'équateur. Enfin M. Brun, Européen d'origine sarde, qui a fixé son existence dans les régions lointaines de la haute Nubie, a remonté en 1844 et 1851 le Nil. Dans sa seconde excursion, il a de beaucoup dépassé le point atteint par dom Knoblecher. De Bélénia, capitale des Bary, résidence du chef de cette peuplade et séjour d'un missionnaire de la propagande autrichienne sur le Nil Blanc, il parvint jusqu'au troisième degré de latitude nord, et obtint de précieux renseignements sur les tribus qui habitent les deux rives du fleuve jusque sous l'équateur. Entre deux excursions sur le Nil Blanc, M. Brun a voulu soumettre ses travaux à la Société de géographie de Paris, dont il est membre, et à laquelle il avait adressé, dans le cours des années précédentes, plusieurs rapports. Voici un court résumé des résultats de son voyage. A l'est et à l'ouest du Nil coulent parallèlement, à quelques journées du fleuve, le Saubat et le Modj. Sur le Saubat, affluent de la rive droite, se trouvent dissiminées, vers le 5e degré de latitude nord, les habitations des Berry, qui sont, au dire du voyageur, les nègres les plus intelligents de cette région. Ils voyagent volontiers et montent vers le nord pour échanger eux-mêmes à Fadassy, qui est le principal marché des populations riveraines des deux Nils, leur ivoire contre du fer, des toiles et des verroteries. Ils n'ont pas la coutume de s'arracher les incisives de la mâchoire inférieure, mais ils se percent la lèvre au-dessus du menton, et dans cette ouverture ils font entrer un morceau de cristal cylindrique, long d'un pouce et demi à peu près. Leurs femmes se percent aussi les oreilles, qu'elles garnissent de grains de verroterie. Le vêtement que portent les Berry est composé de deux lisières perpendiculaires ; l'une, large de cinq pouces, leur couvre la tête et retombe sur les tempes ; l'autre descend jusqu'aux jarrets. Cette étoffe, tissue en cheveux, est garnie de verroteries. « Les Berry, dit M. Brun, sont si fiers de cet ornement, qui les distingue des autres races, que pour en avoir un il m'a fallu m'adresser à leur roi, qui me l'a envoyé accompagné d'un cadeau de sept dents d'éléphant. »

Après cette excursion chez les Saubats et chez les Berry, M. Brun retourna chez les Behrs ou Bary, et fit à Bélénia, en 1851, un assez long séjour ; il acheta une propriété près de cette ville sauvage, et lia amitié avec Niguello, frère du roi de la principale tribu des Bary. Les détails que M. Brun recueillit en 1851 sur les mœurs et le caractère des Bary font bien connaître les peuplades riveraines de cette partie du fleuve Blanc. Leur religion se compose de croyances et de superstitions dont quelques-unes offrent beaucoup de ressemblance avec celles du Sennâr. C'est ainsi qu'on y trouve, sous le nom de *kodjours*, des jongleurs qui s'attribuent le pouvoir de donner ou d'ôter les maléfices, d'empêcher ou d'amener la pluie. Les chefs de ces peuplades sont forcément kodjours ; ils doivent à cette puissance surnaturelle plus d'autorité, mais aussi leur responsabilité est grande : si la pluie ne vient pas et qu'une sécheresse prolongée mette en danger les récoltes, ils font un sacrifice de deux têtes de gros bétail; puis, si le ciel ne semble pas accepter cette offrande et n'envoie pas l'orage, il arrive quelquefois qu'eux-mêmes servent de victimes expiatoires. Ainsi, en 1850, le chef d'Hyapour, pays situé entre Bélénia et un lieu appelé Féréchat, eut le ventre fendu, parce que les prières et tous les sacrifices avaient paru insuffisants. La mission catholique de Khartoum, qui entretenait à Bélénia une succursale dirigée par le religieux dom Angelo Vinco, obtint peu de succès, parce que ses prières demeurèrent inefficaces dans un moment où le ciel gardait une inclémente sérénité. Dom Angelo accompagnait le roi Choba pour demander la pluie; par malheur le temps resta sec. Les habitants recoururent alors à leur kodjour. Celui-ci mit un peu d'eau dans une clochette, et, la répandant devant l'assemblée, il prédit l'orage pour le lendemain. Par un singulier hasard, la prédiction se trouva juste.

Les troupeaux sont la grande richesse des Bary, qui font usage de lait plutôt que de viande. L'homme qui n'a pas assez de vaches pour nourrir une famille ne peut se marier ni prendre la parole dans les assemblées. Les délibérations et les jugements ont habituellement lieu devant les villages, à l'ombre de quelques arbres. Tout le monde y peut assister et donner sa voix, mais la discussion n'est permise qu'aux chefs et aux gens riches, appelés *moniés*, gens dont la dignité est reconnaissable au bâton fourchu qu'ils portent. Le vol est puni de la peine capitale, mais les exécutions n'ont lieu que sur la route ou dans les forêts, et jamais dans les villages, car la vue du sang rendrait les femmes stériles. Les assassins sont punis moins sévèrement que les voleurs, ils peuvent se racheter au moyen d'une rançon : on les livre aux parents du mort, qui en exigent autant de vaches qu'ils ont de doigts aux pieds et aux mains. Chaque homme prend autant de femmes qu'il en peut nourrir; elles coûtent de dix à cinquante vaches, selon leur beauté et leur rang; elles deviennent une propriété dont les fils héritent et peuvent jouir à la mort de leur père, leur mère exceptée toutefois. Le nombre des femmes, comme celui des têtes de bétail, constitue la richesse; on n'est pas *monié* sans en avoir au moins deux ou trois. Il ne paraît pas qu'elles soient jalouses, mais elles ne sont pas non plus fidèles. Les accords faits, la cérémonie du mariage consiste tout simplement à tuer et à manger quelques bœufs. Une partie de la dot apportée par le mari est distribuée aux parents de la femme. Jusqu'à ses premières couches, celle-ci reste dans la maison paternelle L'homme qui séduit une fille doit l'épouser; s'il ne peut pas fournir la dot à laquelle le père estime alors sa fille, il est livré à la vengeance de celui-ci, qui a le droit de le tuer. Le Bary qui meurt est enterré accroupi dans un trou creusé devant la porte de sa demeure. Ses parents viennent ensuite fouler et durcir sous leurs pieds la terre qui le recouvre, en répétant sur un ton lamentable le monosyllabe *dio, dio*. Quand la terre est bien durcie, on tue quelques bœufs, on les mange, et tout est fini; chacun se retire. Chez les Kyks et chez les Éliabs, peuplades adonnées à la pêche, les morts sont enveloppés dans des nattes de jonc et jetés dans le fleuve.

La condition des femmes est moins dure chez les nègres idolâtres que chez les musulmans ; elles ne sont pas chargées exclusivement des travaux de la terre ; les hommes les y aident, bien que l'oisiveté soit chère à tous ces peuples africains. Ils ne trouvent d'activité que pour la danse, passion commune à tous les noirs, d'une extrémité à l'autre de l'Afrique. Ils sautent et gambadent au son d'une espèce de tambour, et outre leurs danses journalières, ils ont des fêtes générales, appelées *héri*, où ils se réunissent quelquefois au nombre de sept ou huit mille. Ces fêtes sont annoncées dans tous les villages voisins ; ce sont de vraies saturnales durant trois jours, pendant lesquels les deux sexes jouissent de la plus complète liberté. Elles se renouvellent plusieurs fois dans l'année, aux premières pluies, lorsque les vaches reviennent au village après avoir consommé les pâturages.

Il y a parmi les Bary des forgerons assez habiles qui fabriquent les lances, les flèches et les grossiers instruments de labour. Il y a aussi des charpentiers qui font des espèces de siéges, taillent des pièces de bois et sculptent des statuettes servant de fétiches ; mais ces artisans sont peu estimés, on les appelle *toumouit*, et un propriétaire de vaches, un orgueilleux *monié*, considérerait ce nom, s'il lui était appliqué, comme une grave injure.

Au delà de Bélénia, les rives du Nil continuent à être accidentées et couvertes de forêts de tamariniers, d'ébéniers et des plus belles variétés d'acacias. Ces arbres, toujours verts, entremêlés de lauriers-roses, forment des jardins naturels qui répandent la fraîcheur de leurs ombrages sur un sol fertile. Les villages des peuples riverains apparaissent tantôt étagés sur les hauteurs, tantôt groupés ou dispersés au milieu des admirables forêts de ces régions. Les Bary et quelques-uns de leurs voisins, privilégiés entre tous les habitants des bords du Nil, possèdent des salines. Il est vrai qu'ils les exploitent peu.

Sur la rive gauche, environ sous le 9e degré et sous le 7e degré de latitude nord, le Nil reçoit deux énormes affluents, dont MM. d'Arnaud et Brun ont reconnu les embouchures; M. d'Arnaud remonta même le cours de l'un de ces affluents pendant quelques jours, mais, craignant pour lui et ses compagnons les pernicieuses influences des marécages au milieu desquels ces rivières se perdent, il redescendit vers le Nil. Deux Français qui parcourent le Soudan oriental, MM. Vayssières et de Malzac, ont recueilli quelques notions sur ces affluents dans la partie inférieure de leur cours; ils coulent de l'ouest à l'est et roulent un volume d'eau si considérable, qu'ils tripleraient le Nil, s'ils ne se perdaient en grande partie dans les vastes marécages de leurs embouchures. Le premier s'appelle Bahr-Keilak ou Miselad, et semble identique à la rivière que les cartes d'Afrique indiquaient d'une manière incertaine sous le nom de Bahr-el-Ghazal. Le second porte le nom de Niébor et se jette dans le Nil par quatre bouches, à travers des marécages considérables, sous le 7ᵉ parallèle 1/2 nord environ. Reconnaître ces immenses tributaires du fleuve Blanc, en faire les grands chemins du Soudan central, tel est le problème qui se présentera lorsque celui des sources du Nil aura été complétement résolu [1].

En continuant à remonter le cours du fleuve au delà de Bélénia, on arrive à des cataractes et à une région semée d'écueils, où les barques les plus légères touchent à chaque instant. Le fleuve Blanc fait ensuite un coude de douze heures à l'ouest-sud-ouest. Sur la rive droite sont les derniers villages des Bary, et sur la rive gauche ceux des Ouanguarah. L'un des compagnons de M. Brun, M. Ulivi, fit une partie de cette route sur un bateau conduit par huit rameurs. Arrivé au village de Garbo, dont les maisons sont bâties en terre et couvertes de chaume, il fut arrêté par une cataracte qu'il ne put franchir. Cette cataracte est formée par une lisière de rochers entre lesquels le Nil s'échappe en écumant. Quelques-uns de ces rochers forment des îlots couverts de joncs ; ils sont dominés par une haute

---

[1] M. Brun est reparti pour l'Afrique, muni des instructions du gouvernement sarde, dans l'intention de se vouer à ces nouvelles explorations sur les affluents occidentaux du Nil. Le voyageur, avant de quitter l'Europe, a publié le résultat de ses longues recherches dans un ouvrage intitulé : *le Nil et le Soudan*.

montagne boisée d'où l'œil peut suivre les sinuosités du Nil à travers le pays accidenté et souvent pittoresque qui s'ouvre à l'horizon. Tantôt on le voit disparaître derrière une montagne au pied de laquelle il serpente, tantôt il se dessine comme un ruban bleu entre les villages et les forêts échelonnés sur ses rives. M. Brun pense que cette cataracte, située sous le 3° degré de latitude, pourrait être franchie à l'époque des crues; mais on serait alors obligé, à cause des vents du sud, de remorquer les barques, et l'on aurait à craindre les hostilités des peuplades riveraines et les terribles ouragans de cette saison.

A partir de cette cataracte, le Nil coule au sud-est. Sur ses deux rives sont répandus les nombreux villages des Makedo. Du pays des Makedo aux montagnes de Kombirat, situées à quelques lieues du sud de l'équateur, et qui sont le point extrême sur lequel M. Brun ait obtenu des renseignements, il y a douze journées de route, de dix heures chacune, en suivant les contours que fait le fleuve. De nombreuses tribus, dont quelques-unes semblent appartenir à cette famille guerrière des Gallas, qui erre au sein des vastes régions comprises entre l'Abyssinie méridionale et la côte de Zanguebar, sont répandues sur les deux rives du Nil. Chez les Lougoufi et les Modi, à quatre journées des Makedo, le fleuve se resserre au point qu'on le traverse sur un tronc d'arbre jeté d'une rive à l'autre. Les indigènes font mention de hautes montagnes situées à l'est du fleuve, et d'où coulent plusieurs torrents au-dessus du confluent desquels le Nil n'est plus qu'un mince filet d'eau descendant lui-même de montagnes très-éloignées. Ils ont ajouté que du côté de l'ouest se trouvent de grands lacs d'où s'échappent des rivières inconnues ; mais ces données ne sont pas assez précises pour que la géographie puisse les adopter encore.

Ainsi les explorations de M. Brun, de dom Knoblecher et des missionnaires de Khartoum nous ont conduits presque sous l'équateur. A cette lointaine distance, le Nil n'est plus le majestueux cours d'eau de l'Égypte et de la Nubie, il ne se présente plus que resserré dans un lit étroit, encombré de roches et de bancs de sable ; mais il existe encore et continue à dérober à notre curiosité ses sources mystérieuses. Le vice-roi d'Égypte organisa, en 1857, une expédition placée sous la direction de M. d'Escayrac de Lauture, déjà connu par une longue exploration du Soudan. L'expédition, composée d'une cinquantaine d'hommes, était munie d'abondantes ressources. Malheureusement elle a échoué par suite du mauvais vouloir de quelques-uns de ses membres. Quelques voyageurs et des géographes avaient pensé que ce n'était pas encore sous l'équateur, mais 10 ou 15 degrés plus au sud, sous les latitudes du Mozambique, vers ce lac Maravi ou Nyassi, longtemps problématique lui-même quant à sa position, qu'il fallait chercher l'origine du roi des fleuves. Nous allons rechercher ce qu'il y a d'admissible dans cette hypothèse à l'aide des travaux de deux missionnaires anglais qui nous ont apporté des notions tout à fait neuves sur la topographie de l'Afrique centrale. Dans ce continent, les montagnes s'abaissent, les plaines s'exhaussent ; partout la géographie reconnaît et secoue ses vieux préjugés, et marche de surprise en surprise. Ce désert du Sahara, que l'on croyait déprimé, est un immense plateau bien plus élevé que le Soudan. Le Soudan, dans la partie orientale duquel on plaçait naguère encore les fantastiques montagnes de la Lune, dut être le lit d'une mer ou d'un lac immense dont le Tchad, le Tubori, le Fittri, toutes les lagunes temporaires, sans compter les immenses marécages du Nil, sont les derniers vestiges. Enfin, sous l'équateur, les voyageurs Krapf et Rebmann ont découvert d'immenses montagnes du pied desquelles descendent, suivant toute vraisemblance, les ruisseaux qui forment le Nil à sa naissance. Telle est du moins l'opinion de l'un des voyageurs que nous venons de nommer, et dont les travaux doivent être retracés comme complément des explorations du Nil.

CHAPITRE III

LES MONTAGNES NEIGEUSES DE L'ÉQUATEUR

La côte de Zanzibar. — Stations du culte évangélique. — Les montagnes du Tagga. — Le Kilimandjaro. — Le Kénia. — Le roi d'Ousambara. — Dernières explorations. — Le docteur Peney. — M. G. Lejean.

De l'Abyssinie méridionale à l'île et à la côte de Zanzibar s'étend, dans un espace de quinze degrés environ, une vaste région que coupe en deux l'équateur. Les Portugais, ses premiers explorateurs et longtemps ses maîtres, en ont relevé les contours, et sur les rivages qu'ils avaient conquis ils élevèrent quelques comptoirs; mais ils ne paraissent pas avoir poussé plus loin que la lisière maritime leur faible et tyrannique domination, et d'ailleurs, s'ils ont pénétré plus avant, si quelques-uns d'entre eux, guidés par l'ambition des conquêtes ou par la curiosité européenne, se sont avancés dans l'intérieur des terres, il n'en est pas résulté de profit pour la science, puisque les Portugais avaient adopté le système de ne publier aucune relation, afin, disaient-ils, de ne pas éveiller la convoitise des nations rivales. Plus tard, lorsque ces tristes dominateurs eurent été chassés par les Arabes, anciens maîtres de la contrée, de rares voyageurs visitèrent ce littoral sans ajouter beaucoup de renseignements aux vagues notions que nous possédions déjà. Des noms peu précis de peuplades arabes ou nègres, des villes maritimes relativement importantes : Magadoxo, Brava, Jubo, Melinde, Mombas, des cours d'eau qui, au delà de leur embouchure, ne se dessinaient plus qu'en lignes indécises, voilà tout ce que nous connaissons de cette contrée. La grande carte d'Afrique de d'Anville, vieille aujourd'hui d'un peu plus de cent ans, constate d'une manière générale l'existence de peuplades musulmanes ; elle indique quelques tribus, dessine trois ou quatre embouchures, puis laisse un espace blanc ouvert à toutes les hypothèses. Dans ses cartes, qui datent de vingt ans environ, M. Lapie fait sur ce point un pas en arrière de d'Anville, puisqu'il ne donne aucune indication du lac Maravi ou Nyassi, autour duquel s'accomplissent en ce moment des découvertes considérables ; mais, par une heureuse conjecture, il dessine des montagnes là même où depuis on a reconnu des pics chargés de neige. Toutefois la portion de l'Afrique orientale qui est située sous l'équateur était, il n'y a que quelques années, vierge de toute exploration européenne. Pour y poser les premiers jalons d'une vaste reconnaissance et inaugurer les grandes découvertes qui s'y poursuivent, il ne fallait rien moins que cet esprit d'investigation et de recherches que les Anglais portent avec eux dans leurs missions lointaines.

Plusieurs stations religieuses, Rabai, Rabai Mpia, Kisuludini, sont établies sur la côte de Zanguebar, aux environs de Mombas et de Melinde, en vue de propager parmi les indigènes les notions du culte évangélique. Ce fut à Rabai Mpia que les révérends Krapf et Rebmann vinrent s'établir il y a une quinzaine d'années. Pendant longtemps, les missionnaires se livrèrent exclusivement à l'exercice de leurs fonctions religieuses ; mais vers 1848 leur curiosité se trouva stimulée par les notions qu'ils recueillirent sur les particularités géographiques du pays jusqu'alors inexploré de Tagga, qui s'étend dans la direction nord-ouest de Mombas. Dans les derniers jours d'avril 1849, le docteur Rebmann entreprit avec neuf hommes, Arabes et nègres, une expédition dans cette direction pour éclaircir ses doutes sur l'existence de hautes montagnes encore inconnues. Il traversa d'abord un pays que l'on appelle Taïta, où il reconnut la chaîne des monts Boora, qui se dirigent du nord au sud. Il fallut à l'expédition trois jours pour franchir cette contrée pittoresque et pleine de magnificence. Le sol était couvert de bananiers et de cannes à sucre, l'air était pur, le paysage varié. Cette contrée élevée, où les chaleurs de l'équateur cessent d'être insupportables, parut à M. Rebmann l'une des plus délicieuses qu'il fût possible de rencontrer.

Arrivé en un lieu appelé Musagnombe, le voyageur se

concilia par des présents la bienveillance de plusieurs chefs, et obtint d'eux des renseignements sur la contrée au sein de laquelle il allait s'engager. Là encore il entendit parler d'une montagne excessivement haute et située dans le Tagga, à cinq journées à l'ouest du Taïta. Son guide refusa de l'accompagner à une si grande distance, et il se borna à lui montrer le mont Tare, à dix-huit lieues au sud, et le mont Ugono, à vingt lieues au sud-ouest. Au pied de cette dernière montagne s'étend un grand lac qui porte le nom d'Ibé. Malgré le mauvais vouloir du guide, la petite caravane continua à s'avancer vers le pays de Tagga, à travers une région montagneuse et boisée, couverte d'inextricables buissons et traversée par des rivières. La nuit, on entendait le cri des hyènes et des autres animaux féroces, et, durant la marche, le jour, on voyait de grands troupeaux de zèbres, de girafes et de rhinocéros. Ce dernier animal est celui que les naturels redoutent le plus ; ils prennent la fuite à son aspect, et cherchent le plus souvent un refuge dans les branches d'un arbre, hors de la portée de sa vue. Loin d'être inoffensif comme l'éléphant ou l'hippopotame, dont on n'a rien à craindre si on ne les attaque pas, le rhinocéros se jette sur les hommes ou les animaux qu'il rencontre, les déchire, les foule aux pieds, et s'acharne sur sa proie jusqu'à ce qu'il soit certain qu'elle ait cessé de vivre.

Au nord-est de la route que suivait M. Rebmann, se dessinait le mont Angolia, au pied duquel s'étendent les contrées habitées par les Ouâkamba, à la limite du pays des Gallaa et de celui des Taïtas. De ce lieu, le missionnaire aperçut les montagnes du Tagga se dressant en amphithéâtre et s'élevant par degrés à des hauteurs immenses.

Le 11 mai 1849, quinze jours après le départ de l'expédition, il distingua au sommet de la plus haute montagne une sorte de nuage blanc; il demanda à son guide l'explication de ce phénomène, et celui-ci, renouvelant le récit de fables accréditées dans toute cette partie de l'Afrique, lui répondit que c'était un sommet d'argent, mais qu'il était inaccessible à cause des mauvais esprits qui en défendent l'approche. Bien des gens, ajoutait cet homme, avaient voulu le gravir pour s'emparer de ses richesses; mais tous étaient morts avant d'y parvenir.

Ce dôme d'argent étincelant au soleil, cet inaccessible trésor gardé par des génies, c'est une couche de neige qui, à quelques degrés de l'équateur, couvre éternellement le Kilimandjaro. Tel est le nom que les naturels donnent à la montagne que le missionnaire Rebmann venait de découvrir. Les guides du voyageur anglais lui racontèrent que, quelques années auparavant, un souverain de Mandjanie, pays situé dans l'est du Tagga, résolut d'envoyer une sorte d'ambassade au Kilimandjaro pour examiner cet objet, si étrange pour des Africains, qui couronne le sommet de la montagne; tous périrent, hors un seul homme qui revint les pieds et les mains gelés. Le Kilimandjaro a la tête ordinairement enveloppée dans les nuages.

M. Rebmann s'avança au delà de cette montagne, digne rivale des plus hauts sommets du nouveau monde.

Les monts du Taïta ont de quatre à six mille pieds d'élévation, leur pic culminant est appelé Verdiga. De ce point les montagnes s'abaissent par degrés en allant vers l'ouest pour se relever ensuite brusquement et former la chaîne glacée du pays de Tagga. Au delà du Kilimandjaro coulent les rivières Laomi et Gôna, qui paraissent rejoindre le Loffith, ce grand cours d'eau qui se jette dans l'Océan à la côte de Zanguebar, et dont jusqu'ici on n'a guère connu que l'embouchure. Toutes les eaux qui arrosent les contrées visitées par M. Rebmann sont alimentées par les neiges de la montagne, et par conséquent très-froides.

La domination portugaise, circonscrite aujourd'hui à quelques points du rivage, pénétra jadis jusque dans cette partie de l'Afrique, et le voyageur a retrouvé, non loin du Kilimandjaro, plus à l'ouest, les ruines d'un fort, des débris de canon, et une inscription en langue portugaise.

Les habitants du Tagga pourvoient par la chasse aux principaux besoins de leur existence, et laissent leurs femmes cultiver la terre. Ils récoltent du riz, recueillent la séve du palmier pour en faire du vin, et quelques-uns d'entre eux exploitent les minerais de fer qui sont la grande richesse de leurs montagnes. De Mombas au Kilimandjaro, la distance est de soixante-quinze lieues en ligne droite.

Quelques semaines après cette première excursion, dont la durée fut d'un mois et demi environ, le docteur Krapf partit à son tour, en juillet 1849, pour l'Ousambara, vaste pays montagneux autour duquel le Loffith paraît circuler. Ce voyageur se dirigea sur Madjamé, qui est le point le plus occidental du Tagga; il suivit de profondes vallées au fond desquelles coulent, même dans la saison sèche, des torrents perpétuels entretenus par la fonte des neiges, et après une marche de plusieurs journées il put vérifier la belle découverte de son compagnon. Le Kilimandjaro, selon les observations de ce nouvel explorateur, se partage en deux sommités, distantes de dix ou douze milles. Celle de l'est est la moins élevée, et se termine par plusieurs pics. Celle de l'ouest est considérable et se termine par un dôme immense; elle est constamment chargée de neiges.

Dans ce même voyage, M. Krapf, remontant vers le nord, a fait la découverte d'une seconde montagne qui, dit-il, est plus étendue et plus élevée encore que le Kilimandjaro. On l'appelle Kenia ou Kignea, suivant une orthographe plus récente. Les rivières Dana et Sabaki, qui se jettent dans l'océan Indien, y prennent naissance, et c'est de là aussi que découlent peut-être bien les sources qui forment le Nil à sa partie supérieure. Les habitants de la contrée au sein de laquelle s'élève cette montagne ont affirmé à M. Krapf que dans l'ouest et à une distance assez rapprochée du Kenia, il existe un volcan allumé. Au nord, c'est-à-dire très-près de l'équateur, se trouve un lac. Les difficultés de toute nature que M. Krapf rencontra dans cette expédition, qu'il accomplit au moment où les Gallas et les Ouâkuafi étaient en guerre, l'empêchèrent de s'engager plus avant dans l'intérieur du pays. Il s'efforça de recueillir quelques notions sur les régions où il ne pouvait pas pénétrer, et apprit que dans l'ouest existaient de grands lacs qui, pour la plupart, sont navigables. Dans plusieurs localités, il entendit aussi répéter un fait singulier, qui déjà lui avait été rapporté dans le Choa, et qu'il avait accueilli comme une fable : c'est l'existence de pygmées hauts d'un mètre à un mètre trente centimètres, et auxquels les indigènes donnent le nom de *wabilikimo*. Ils viennent quelquefois, lui dit-on, au confins de l'Ousambara pour échanger du fer contre les verroteries. Les Niams-Niams ne sont pas, on le voit, les seuls êtres merveilleux dont il reste à vérifier l'existence.

Dans le désir d'étudier les faits géographiques qui avaient pu échapper à son premier examen, le docteur Krapf entreprit, au commencement de 1852, un second voyage au pays d'Ousambara. Il obtint de Kméri, roi de cette contrée, la permission d'y pénétrer, et celui-ci même l'envoya chercher par plusieurs de ses hauts fonctionnaires à Pangani, petite ville du rivage qui relève de son autorité, ainsi qu'une grande partie de la côte faisant face à l'île de Zanzibar. Le district de Pangani est arrosé par une rivière qui porte le même nom, et qui paraît être celle dont l'embouchure est connue sous le nom de Houffou. Ce district produit une grande quantité de riz, et on y trouve l'ivoire en abondance; ses villages, construits sur le bord de la rivière, sont exposés à être submergés dans la saison pluvieuse. A quelque distance vers le nord s'élève une montagne que les indigènes appellent Tougué; tout le pays qui l'environne, renommé pour sa fertilité, était, il y a quelques années, peuplé d'un grand nombre de villages dont les habitants ont été expulsés par les tribus des Ouâsegua, qui font une guerre acharnée aux Ouâsambara[1], et qui ont souvent la supériorité, grâce aux armes à feu qu'ils tirent de Zanzibar.

En quittant le district de Pangani, le docteur Krapf traversa la province montagneuse de Bondeï, qui a pour chef-lieu le village de Handeï, situé sur l'une de ses plus hautes montagnes, et il parvint au grand village de Djoumbi, près duquel s'élève le Pambiré, qui est le point culminant de la chaîne de montagnes du Bondeï. Au delà de cette région montagneuse, vers le nord, coulent de grandes rivières dont la plus importante est appelée dans le pays Mgambo; ses bords sont pittoresques et couverts d'une belle forêt entrecoupée de hautes herbes et de marécages. Plus loin, sur le versant occidental de la haute montagne de Kambora, d'où la vue embrasse un magnifique panorama et s'étend jusqu'à la mer, le voyageur

---

[1] Dans les langues de l'Afrique orientale, la syllabe préfixe *ou* désigne un pays, la syllabe *ouâ* un peuple. *Ousambara* désigne le pays, *Ouâsambara* les habitants.

parvint aux limites du pays occupé par les Masaï, peuple redouté du roi d'Ousambara. Ces sauvages ne disposent cependant que de moyens d'agression tout primitifs; leurs armes n'ont consisté pendant longtemps que dans l'arc et les flèches, et le plus grand progrès qu'ils aient accompli jusqu'ici a été d'y substituer la lance et le bouclier de peau de rhinocéros ou d'éléphant. Les Souâhhely, autre peuple de cette région, doivent à leur contact avec les Asiatiques et les Européens des armes plus redoutables. Ces Souâhhely sont des indigènes mélangés d'Arabes et depuis longtemps convertis à l'islamisme. Leurs tribus, répandues sur une grande partie de la côte de Zanguebar, dépendent du roi d'Ousambara. Cependant ils prennent le nom de *Ouâounghouana*, qui signifie peuple libre, parce qu'ils jouissent d'un grand nombre de priviléges que n'ont pas les Ouâsambara. Ils doivent cet avantage autant à leur religion, qui, aux yeux des indigènes mêmes, les élève au-dessus des idolâtres, qu'à leurs relations commerciales avec l'Europe et l'Asie.

Les montagnes de l'Ousambara sont extrêmement élevées; elles surpassent en hauteur celles du Bondeï et rendent difficiles les explorations des voyageurs. C'est au delà de ces montagnes, sur un terrain plus uni et parsemé cependant de hauteurs arrondies et arides où les indigènes établissent leurs habitations, et dont l'uniformité est coupée çà et là par des plantations de bananiers, de tabac et de cannes à sucre, que s'élève Touga, capitale de l'Ousambara. M. Krapf et ses compagnons y furent installés et traités avec les plus grands égards, en attendant l'audience que le roi Kméri voulait bien leur accorder. Après quelques jours d'attente, cette entrevue eut lieu, et voici comment le voyageur la raconte dans son *Journal* envoyé en Angleterre et reproduit par le *Church Missionary Intelligencer* (d'avril 1854) : « Cette après-midi, 14 mars 1852, Kméri a enfin paru au bas de Touga. Une compagnie de soldats le précédait, chaque homme de la troupe déchargeait successivement son fusil, ce qui produisait un effet terrible dans les échos de la montagne. Je me suis placé sur le chemin. Quand le roi m'a aperçu, il s'est arrêté une ou deux minutes, pendant que je lui rendais mes devoirs ; puis il est allé à la cabane de Bana-Osman, le magicien en chef. Il portait sur son vêtement un *bochoûté*, c'est-à-dire un manteau de drap noir destiné à le protéger contre la pluie et le froid. Il était pieds nus, comme la plupart des Africains de la côte orientale. Kméri prit place sur une sorte de divan à la mode du pays ; puis, sans prononcer un mot, il se mit à fumer sa pipe avec une gravité toute royale. Les Ouâsambara sont les plus grands fumeurs de l'Afrique orientale ; leur pipe, dont la tête est en terre cuite, est très-proprement confectionnée par eux-mêmes ; ils y ajustent un tube de deux pieds de long, et elle ne les quitte jamais. Beaucoup d'habitants de Touga et d'autres gens du pays sont venus saluer le roi. Leur formule de salutation est : « *Chimba-va-Mouéné*, le lion du possesseur, c'est-à-dire de Dieu, » ou, comme ces mots peuvent encore se traduire : « Le lion sois-tu ! » A quoi le roi réplique par une sorte de bourdonnement inarticulé, puis les visiteurs s'éloignent pour faire place à d'autres. Quand tout le monde fut parti et que Kméri n'eut plus autour de lui que quelques-uns de ses courtisans, parmi lesquels son magicien en chef Osman tenait le premier rang, je lui expliquai les raisons qui m'avaient empêché de revenir plus tôt en Ousambara, et le roi, satisfait de mes excuses, me permit de me retirer dans ma cabane. »

Les magiciens jouent un grand rôle dans cette cour africaine. Outre le magicien en chef, il en est plusieurs qui possèdent la confiance du roi et qui sont occupés sans cesse à étudier, d'après le cours des astres, les bons et les mauvais présages, et à conjurer ces derniers. Ces magiciens se montrèrent peu favorables aux Européens, et ils engagèrent Kméri à leur refuser un lieu de résidence dans le pays, alléguant que, s'ils y mettaient une fois les pieds, ils ne tarderaient pas à s'en rendre maîtres.

L'autorité du roi d'Ousambara est la plus absolue qui se puisse voir. Ce souverain dispose de tous les biens de ses sujets, et il possède sur eux droit de vie et de mort; il fait percevoir par ses officiers les impôts qu'il juge convenable d'établir, et il rend lui-même la justice. Le roi et son successeur désigné portent tour à tour les noms de *Kméri* et de *Chébouké*. Quand le roi est appelé Kméri, le successeur est nommé Chébouké, et réciproquement. L'héritier présomptif demeure dans la province de Doumbourri, qui est une des régions les plus élevées de l'Ousambara. Ce n'est pas nécessairement le fils aîné qui succède au roi, mais le premier enfant né après l'entrée du prince dans sa capitale. M. Krapf trouve de grands rapports entre ce gouvernement et celui du Choa (au sud de l'Abyssinie). « Le pays, dit-il, présente aussi par son aspect montagneux une grande ressemblance avec le Choa. Les Ouâsambara sont de taille médiocre, leur teint est d'un noir jaunâtre. Patients et sobres, ils ne se refusent pas au travail, et leur nourriture consiste presque uniquement dans les bananes que leur sol produit en abondance. La plupart d'entre eux n'ont qu'une femme, parce qu'ils ne pourraient pas en nourrir plusieurs, car la polygamie ne leur est pas interdite; le divorce aussi est très-fréquent. »

Dans le voisinage des Ouâsambara et des Ouâsegua existe une peuplade appelée Ouâdoc, qui passe pour anthropophage. Autrefois, au dire des gens de l'Ousambara, les Ouâdoc dominèrent sur tout le pays qui s'étend jusqu'à la côte en face de Zanzibar. Les musulmans de la côte finirent par s'unir pour les accabler; ils se sont alors retirés vers les montagnes de l'ouest, où ils sont encore un sujet d'effroi pour leurs voisins. Tout en rapportant ce fait, qu'il a recueilli à Touga, M. Krapf rappelle qu'il n'a pu le vérifier, et qu'on ne doit l'accueillir qu'avec défiance jusqu'à ce qu'il ait été constaté par des voyageurs dignes de foi.

Le missionnaire a recueilli bien des noms de peuplades outre ceux que nous avons mentionnés. Tant qu'une carte détaillée et précise de son voyage ne déterminera pas la place respective que chacune d'elles occupe, il sera inutile de reproduire ces noms, qui jusqu'ici étaient pour la plupart inconnus.

Après avoir obtenu de Kméri, en dépit des magiciens, l'autorisation d'établir une mission dans l'Ousambara, le docteur Krapf reprit la route de Rabai-Mpia par les montagnes de Bondeï. Il traversa le village de Mombo, vit des cantons riches en bananes et en cannes à sucre, franchit le désert de Kérenghé, couvert de hautes herbes, la montagne de Handeï, et arriva au village de ce nom, puis à celui de Djoumbi, et enfin à Pangani, bâti au milieu de plantations de cocotiers, de riz et de maïs, et composé principalement de cabanes en pieux couvertes de feuilles de cocotier, mais où un petit nombre de maisons en pierres s'aperçoivent cependant çà et là. Il s'embarqua pour Mombas, où il aborda le 14 avril 1852, et quelques jours après il se trouvait à Kisuludini, où la nouvelle maison des missions a été bâtie. L'année suivante, le délabrement de sa santé, causé par les fatigues qu'il avait endurées dans ses voyages, le força de revenir en Europe, d'où il est retourné depuis en Abyssinie. Quant à M. Rebmann, il est resté à la côte orientale d'Afrique. Plusieurs communications ont fait savoir à l'Europe que ce missionnaire et un nouveau collègue, M. Ehrardt, avaient eu connaissance de l'existence d'une nappe d'eau d'une étendue de 10 degrés en longueur et de 6 environ en largeur, à laquelle les indigènes donnent, entre autres

4

noms, celui de Uniamesi, et qui serait une immense prolongation de ce lac Nyassi ou Maravi, dont l'existence a longtemps paru douteuse, et dont la position est toujours demeurée incertaine. Une carte détaillée d'une partie des rivages de cette mer a été envoyée en Europe par M. Ehrardt.

Depuis ces expéditions sur le Nil supérieur, d'autres voyageurs se sont portés de Khartoum, qui est devenu le centre et le point de départ des explorations sur le fleuve et sur ses affluents, mais sans résultat jusqu'ici complet en ce qui concerne la découverte des sources du Nil. Ces voyageurs ont eu le malheur, presque tous, de payer de leur vie les généreux efforts qu'ils faisaient pour étendre la limite de nos connaissances. M. Brun Rollet est mort à Khartoum, au moment où il s'apprêtait à poursuivre ses utiles recherches; un autre voyageur, comme lui Piémontais, M. Vaudey, qu'un long séjour dans ces hautes régions avait préparé aux fatigues de ces voyages, a été tué par les indigènes sur les bords du Nil, qu'il remontait. Un Français, M. de Malzac, qui s'était fixé depuis quelques années à Khartoum pour y faire particulièrement le commerce de l'ivoire, a succombé aux cruelles fièvres de ce climat, au moment où il s'apprêtait à repartir vers les hautes régions du Nil Blanc. Un autre Français, le plus expérimenté, le mieux aguerri de tous, a succombé également, et sa perte est un grand deuil pour la science géographique, c'est M. le docteur Peney, depuis longtemps fixé en Nubie.

Ce voyageur avait déjà accompli, quand la mort l'a frappé, une partie de la grande expédition qui semblait devoir le mener aux sources du fleuve. Il s'était rendu de Khartoum à Gondokoro au commencement de 1861. Cette localité est une des étapes les plus reculées que la civilisation ait établies sur le fleuve Blanc; elle est située sous le 5° degré de latitude nord. De là il pénétra, après trente et une heures de marche, dans un district appelé Mourou, qui est arrosé par la rivière Itiey, affluent du Nil, large en cet endroit de 80 mètres, avec une profondeur moyenne qui, par les basses eaux, ne dépasse pas 35 centimètres. A quelque distance au sud de Gondokoro, le Nil est coupé par des rapides qui forment une des plus grandes difficultés de sa navigation. Les obstacles, occasionnés par d'innombrables écueils, obstruent le lit du fleuve dans une longueur de 750 mètres. A l'époque des pluies, les canaux que tous ces rochers forment deviennent d'effroyables torrents. Un nombre considérable de petits affluents, dont les sources sont peu distantes, descendent au fleuve et contribuent à entretenir son niveau à une hauteur presque constante; ils peuvent compter à bon droit parmi ses sources. A quelques lieues plus bas se trouvent les cataractes de Makedo, qui n'ont pas plus de 1 mètre 50 centimètres, mais qui n'en gênent pas moins le passage. Au-dessus, le fleuve se développe dans un lit paisible et profond, pendant une quarantaine de kilomètres. Il y a là, en moyenne, une largeur de 45 mètres et une profondeur de plus de 5 mètres. Les barques, mises hors de service par les obstacles qu'elles avaient eu à franchir, ne purent mener plus loin les voyageurs. M. Peney essaya de continuer à pied son exploration, et il remonta le long du Nil jusqu'à une chaîne de montagnes appelée Rego, qui forme la limite méridionale du territoire des Bary. Au pied d'un des pics principaux, le Guiré, le fleuve est de nouveau embarrassé de rochers. Les nègres qui escortaient le voyageur refusèrent de le conduire plus loin, sous prétexte de guerre entre leur tribu et celle du territoire où il fallait entrer. M. le docteur Peney a été obligé de revenir sur ses pas. Mais il se préparait à renouveler ses efforts et à compléter sa reconnaissance en compagnie d'un Maltais, M. Debono, quand il a été pris par les fièvres malignes, causées par les pluies tropicales; il y a succombé. Nous pouvons justement répéter que la perte de ce voyageur instruit, courageux, plein d'expérience et d'un caractère élevé, est un sujet de grande affliction et une des calamités les plus cruelles qui, dans ces derniers temps, aient frappé la science en Afrique.

Un Italien, M. Miani, a fait aussi des efforts pour pénétrer jusqu'aux sources du fleuve, et il est un de ceux qui doivent en avoir le plus approché. Il est allé jusqu'au deuxième degré de latitude nord, à travers le territoire de tribus appelées Avidi et Madi. Déjà celle-ci avait été signalée par Brun-Rollet. M. Miani a rapporté en Europe une carte des régions lointaines qu'il a visitées. Malheureusement elle ne saurait être d'une grande utilité, parce que les divers points géographiques n'en ont pas été scientifiquement déterminés.

Un autre voyageur encore est revenu de ces profondeurs de l'Afrique, qui rendent si peu de visiteurs, c'est M. G. Lejean. En 1859, l'empereur, s'intéressant aux tentatives faites par les diverses nations européennes pour trouver les sources du grand fleuve, voulut que la France y participât, sous son patronage direct; il fit venir M. Lejean, membre de la Société de géographie, que signalaient déjà quelques travaux poursuivis avec patience et sagacité, et lui proposa de prendre sa part des efforts alors tentés. M. Lejean accepta et partit. Il a dessiné quelques itinéraires importants et curieux entre la ville de la mer Rouge, Soakin et Khartoum, puis il a exploré le Kordofan. Mais il n'a pas atteint le but qui lui était proposé : la fièvre et les embarras créés au milieu des peuplades riveraines du Nil, par les vexations que les négriers ont fait subir aux noirs, les légitimes défiances de ceux-ci, l'ont empêché de s'avancer au delà du pays des Bary. Il a rapporté en France des cartes des régions qu'il a vues et du Bahr-el-Gazal, un des principaux affluents du Nil à sa naissance.

Le vice-consul anglais à Khartoum, M. Petherick, a aussi tenté de remonter vers les sources du Nil. Ce voyageur a pénétré, en février 1858, jusque dans le pays des Mondo, qu'il croit pouvoir placer sous l'équateur. Mais c'est une erreur. Le défaut de reconnaissances précises enlève à ces recherches leur meilleure part d'in-

4.

térêt, et il est présumable, en comparant la relation de M. Petherick à celle des autres voyageurs, que le vice-consul anglais n'a pas dépassé le quatrième parallèle. Ce même voyageur repart en ce moment pour aller par le Nil Blanc à la rencontre des voyageurs Speke et Grant, dont nous verrons tout à l'heure les tentatives de l'est en ouest vers les grands lacs.

Tels sont, dans leur ensemble, les travaux et les découvertes qui se rattachent plus ou moins directement à la recherche des sources du Nil. Les grands travaux géographiques qui vont se poursuivre dans l'Afrique orientale nous promettent d'importants résultats, et cela au moment même où le projet de percement de l'isthme de Suez appelle les regards des nations industrieuses et commerçantes de l'Europe sur les régions que cette partie de l'Afrique embrasse. Là cependant ne se bornent pas les explorations et les expéditions de toute sorte qui parcourent en tous sens et labourent pour ainsi dire au profit de la civilisation le sol rebelle de l'Afrique. Il faut ajouter à tous ces voyages cette admirable expédition dont deux membres sont tombés sans que le troisième, qui voyait la mort frapper ainsi ses deux compagnons, sentît faiblir un instant son courage. On sait que M. Barth a rapporté des documents du plus grand intérêt, que lui-même a publiés. Nous allons voir aussi et raconter les explorations des voyageurs anglais Burton et Speke vers les grands lacs de l'Afrique équatoriale, que le missionnaire Erhardt avait signalés. Quant à M. Livingston et à M. Andersson, ils ont traversé l'Afrique du sud à l'ouest après avoir exploré le N'gami et le bassin du Chobé, que l'on présume être le haut Zambèze.

La voilà donc envahie par les quatre points de l'horizon, cette Afrique si longtemps impénétrable. Elle nous fait retrouver, à nous hommes du dix-neuvième siècle, quelques-unes des émotions que devaient ressentir nos pères, il y a trois cents ans, au récit des découvertes dont un monde jusqu'alors inconnu était devenu tout à coup le théâtre; mais elle n'est pas un champ livré aux Pizarre, aux aventuriers sans frein et sans autre loi que leur cupidité et leur ambition. Des hommes éclairés, des missionnaires, partent, les instruments de la science ou l'Évangile à la main; ils bravent des fatigues et des dangers sans nombre. Quand la mort frappe dans leurs rangs, de nouveaux venus remplacent ceux qui tombent, et toute leur ambition, à ces généreux soldats de la science, c'est la satisfaction d'une noble curiosité, la conquête d'intelligences et d'âmes obscurcies par les ténèbres de la plus profonde barbarie; c'est le désir d'ouvrir au commerce et à l'industrie des chemins nouveaux, c'est aussi l'espérance de faire participer un jour toute une race d'hommes longtemps maudits et misérables à ce bien-être, à cette amélioration sociale, à ce développement intellectuel que traduit et résume à lui seul le mot de civilisation.

CHAPITRE IV

L'AFRIQUE AUSTRALE

Les chasseurs. — Les missionnaires. — Premières explorations de Livingstone. — Le lac N'gami. — La mouche tsé-tsé. — Peuples de ces régions. — Le haut Zambèze. — Le voyageur Andersson. — Animaux. — Le désert de Kalahari. — Les Bushmen. — Productions et topographie de l'Afrique australe.

Du 20e degré de latitude sud au cap de Bonne-Espérance se dessine une sorte de large trapèze, baigné à la fois par l'Atlantique et par la mer des Indes. Cette région mystérieuse, dont les Européens n'ont guère connu pendant longtemps que le littoral, est depuis quelques années le théâtre d'importantes découvertes. On peut comprendre sous le nom d'Afrique australe les divers territoires qui la composent. Tandis que l'activité des explorateurs scientifiques s'est particulièrement concentrée sur le centre et sur la partie orientale du continent africain, la zone australe n'a encore provoqué aucune de ces expéditions largement organisées dont les sources du Nil, le Niger, le Tchadda ont été le but; de simples particuliers ont pris l'initiative d'une tâche qui se poursuit chaque jour sur une plus vaste échelle. Des chasseurs, des missionnaires ont sillonné du sud au nord l'Afrique australe, y relevant des fleuves, des lacs et une grande mer dont l'existence était à peine soupçonnée. Ce n'est plus, comme au dernier siècle, en deçà de l'Orange seulement que s'exécutent les travaux d'investigation ; ils s'étendent bien au delà de ce fleuve. De tels résultats servent trop bien la science pour qu'avant de raconter les dernières recherches faites dans l'Afrique australe, il ne convienne pas de dire quelques mots des deux classes d'hommes intrépides qui la parcourent, les chasseurs et les missionnaires.

Il y a vingt ans déjà, le capitaine Harris, officier au service de la compagnie des Indes, s'en allait, au fond du pays des Cafres, livrer une guerre acharnée aux lions, aux éléphants, aux autruches ; mais n'oublions pas que Levaillant, dès le siècle passé, avait cherché dans l'Afrique australe les émotions de la chasse et des courses lointaines. Le capitaine Harris ne faisait donc que suivre l'exemple donné par cet homme aventureux, et il trouva lui-même de nombreux imitateurs. Plus récemment un de nos compatriotes, M. Delegorgue, se lançait jusqu'au tropique du Capricorne, à travers les tribus Amazoulous, à la poursuite de l'antilope noire, abattant dans le trajet maint rhinocéros et maint hippopotame. Un Suédois, ami des aventures, M. Wahlberg, s'était fixé à la limite des régions connues de l'Afrique australe, afin de pouvoir chasser à son aise le rhinocéros, la girafe, et surtout l'éléphant. Combien n'a-t-il pas détruit de ces grands animaux, uniquement par passion de chasseur! Mais eux enfin ont eu leur jour, ils se sont vengés de leur ennemi. Dans une chasse, M. Wahlberg, surpris par un éléphant, a été foulé aux pieds et littéralement écrasé par ce vengeur des bêtes africaines.

M. Gordon Cumming, intrépide chasseur né dans les montagnes de l'Écosse, venait à son tour s'enivrer de la liberté sans limites « dont on se sent en possession, dit-il, quand on a mis le pied sur cette terre sauvage. » Les relations qu'ont écrites ces vaillants *sportsmen*, à quelques exagérations près, ont leur utilité et leur intérêt. La faune et la flore des régions austro-africaines s'y trouvent amplement décrites, et nous y remarquons des détails nouveaux sur les mœurs, les usages, le caractère des tribus dont se composent les deux grandes familles des Cafres et des Hottentots. Quant aux découvertes géographiques, on ne peut guère les attendre d'hommes qui se sont proposé un tout autre but, et qui sont forcés de se faire accompagner par de lourds chariots, traînés par des douzaines de bœufs, pour avoir sous la main leurs armes, leurs bagages, et pour rapporter des dépouilles et des collections.

Ces explorations, ces longs voyages, que les chasseurs ne pouvaient pas entreprendre, les missionnaires les ont accomplis en partie. Il n'y a pas, à vrai dire, un plus rude labeur que celui auquel se livrent les missionnaires européens en Afrique. Les missions établies jadis au cap de Bonne-Espérance par les frères moraves sont placées aujourd'hui sous la direction du culte évangélique. Bien que de temps en temps elles avancent de quelques lieues sur la terre sauvage, et paraissent reculer les dernières étapes de la civilisation, elles n'obtiennent que de bien minces résultats au milieu de peuplades barbares auxquelles les notions de morale et de religion sont tout à fait étrangères. L'un des missionnaires qui ont déployé en Afrique le plus d'activité, M. Moffat, a publié un ouvrage où l'on peut suivre les vicissitudes et les misères de cette vie d'abnégation et d'épreuves. M. Cumming, le dur chasseur dont les habitudes sont si étrangères à celles de ces hommes de paix et de religion, nous les représente de son côté comme voués à des fatigues sans nombre. « Il faut, dit-il, qu'à la foi vive, à l'indulgence chrétienne, ils joignent la vigueur de l'esprit et du corps, et qu'au besoin ils puissent se faire charpentiers, jardiniers, serruriers, maçons. » Le missionnaire déjà nommé, M. Moffat, avait dû abattre lui-même les arbres dont était faite sa cabane; c'est lui qui avait tressé les nattes de jonc destinées à servir de toit. Il cultivait son enclos, il savait manier la pioche et la bêche, et quand un orage détruisait d'aventure sa chétive habitation, il n'avait à compter que sur la force de ses bras pour la reconstruire. Quant aux pauvres sauvages qu'il s'efforçait de catéchiser, quels tristes élèves! Ils venaient volontiers au prêche à la condition qu'il y eût à la fin du sermon distribution de verroteries ou de tabac. Quelques-uns cependant jugeaient préférable de mettre à profit le temps où le missionnaire était occupé hors de sa demeure pour aller lui dérober ses ustensiles de ménage. Quelquefois le prêtre, en voyant un de ses auditeurs plus attentif, croyait avoir conquis enfin une intelligence ; mais quelque question d'une naïveté sauvage venait le désespérer tout à coup. Un jour, un Hottentot lui disait, après l'avoir bien écouté : « Vos usages doivent être bons, mais je ne vois pas en quoi ils peuvent remplir l'estomac. Il est vrai que je suis vieux, et sans doute mes enfants comprendront mieux que moi. »

Il n'est pas étonnant qu'avec la vigueur morale et physique que développe en eux le genre de vie qu'ils pratiquent, avec le peu de satisfaction qu'ils trouvent dans leur tâche apostolique, beaucoup d'entre les missionnaires se soient adonnés à la passion des voyages. Au delà du cercle étroit où s'accomplissent leurs pénibles devoirs, dans l'horizon mystérieux et immense qui se déroule à leurs yeux, que trouveront-ils? Les naturels interrogés parlent de fleuves, de lacs, de mers, que jamais n'a mentionnés carte européenne ; bientôt une irrésistible curiosité entraîne vers l'inconnu ces hommes ardents et laborieux ; on comprend qu'ils servent la science à défaut de l'Évangile, et c'est en effet ce qui arrive. Les découvertes les plus remarquables qu'on ait récemment faites dans l'Afrique australe sont dues à un missionnaire, M. Livingstone, qui a frayé la route à d'autres courageux touristes, MM. Galton, Andersson, Oswell.

M. Livingstone est gendre de M. Moffat, que nous venons de montrer luttant avec une si infatigable persévérance contre les difficultés de son apostolat. Son beau-père, après avoir accompli une excursion au delà de l'Orange, s'est fixé dans le pays des Bechuanas, et M. Livingstone lui-même a institué une station religieuse plus au nord, sous le 25° parallèle sud, aux confins du désert de Kalahari, en un lieu appelé Kolobeng. Vers 1848, ayant résolu de vérifier les assertions des naturels sur les fleuves et les lacs de l'intérieur du continent africain, il s'aventura dans le désert à la tête d'une petite caravane ; mais l'eau lui manqua, et il fut obligé de revenir sur ses pas. Sur ces entrefaites, MM. Oswell et Mungo-Murray, deux de ces touristes que produit seule l'Angleterre, vinrent exprès de Londres pour s'associer à l'entreprise de M. Livingstone. Le 1er juin 1849, les voyageurs partirent de Kolobeng avec une caravane de bœufs et de chevaux conduits par des nègres. Ne jugeant pas possible de traverser le désert, ils prirent dans l'est par le pays de Bamangwato, contrée sablonneuse et aride dont la chétive population végète dans une affreuse misère. Ce pays toutefois n'est pas absolument, comme le désert, dépourvu de végétation et de verdure ; les animaux sauvages qui l'habitent, élans, buffles, éléphants, girafes, y contrastent par leur puissante carrure avec le triste aspect de l'homme. Les rhinocéros seuls y paraissent rares. En quelques endroits, la nature, dans sa prévoyance, a remplacé par un végétal l'eau qui manque. Ce végétal bienfaisant est, au dire de M. Livingstone, une petite plante qui ne sort de terre que de quelques pouces, et qui porte à un pied au-dessous du sol une racine assez grosse, de nature spongieuse, et pleine d'un liquide frais et pur.

Après plus d'un mois de marche, la caravane atteignit, à cent et quelques lieues de son point de départ, une belle rivière, dont la largeur variait de trente à cent mètres, et semblait se diriger de l'ouest à l'est vers la mer des Indes. L'eau froide et douce de cette rivière doit provenir de la fonte des neiges ; la crue a lieu au moment de la saison chaude ; les habitants ignoraient la cause de cette crue périodique, mais ils assuraient que ce n'est pas la pluie, et ils ajoutaient que, dans un pays situé plus loin vers le nord, il y avait un chef qui, chaque année, sacrifiait un homme et le précipitait dans la rivière, qui alors commençait à s'élever. Les voyageurs conjecturèrent que cette cérémonie barbare devait coïncider avec la fonte des neiges dans le pays montagneux où le fleuve prend sa source. Ce fleuve a reçu des indigènes le nom de *Zougha*. Ses bords sont couverts d'arbres inconnus dont les fruits sont bons à manger, et de variétés énormes du baobab, ce géant de la végétation africaine que l'on retrouve sous l'un et l'autre tropique.

M. Livingstone et ses compagnons voulurent remonter le cours du Zougha : c'est ainsi qu'ils arrivèrent à une nappe d'eau qui, à cette époque de l'année (fin juillet), fermait l'horizon. Une grande rivière semblable au Zougha, le Théogé, s'y jetait à l'extrémité nord-ouest, et faisait communiquer ce vaste bassin avec une série d'autres petits lacs plus septentrionaux. Tous, ainsi que les rivières, nourrissent des hippopotames et des crocodiles. La nappe d'eau au bord de laquelle l'exploration du Zougha avait conduit les voyageurs n'était autre que le lac N'gami.

Dans cette première excursion, les voyageurs ne pénétrèrent pas sur la rive septentrionale du Zougha; mais il se trouva l'année suivante un autre explorateur, M. Oswell, qui, de 1850 à 1851, séjourna sur les bords de la rivière, la parcourut dans toute son étendue, de l'ouest à l'est, jusque vers un lac appelé Kummandow, près duquel elle aboutit après avoir traversé le N'gami, et se perd dans des étangs salés. Au printemps de 1851, M. Livingstone rejoignit M. Oswell, et tous deux continuèrent de s'avancer dans la direction du nord. Ils arrivèrent dans un pays plat, boisé et habité par des tribus errantes de nègres. Ils y eurent particulièrement à souffrir de la piqûre du *tsé-tsé*, insecte singulier qui se trouve également au Soudan et sous la zone du tropique méridional. Sa piqûre, inoffensive pour les bêtes sauvages et pour l'homme, est mortelle aux animaux domestiques, hormis la chèvre. Il suffit de trois ou quatre de ces insectes pour tuer un gros bœuf; l'animal blessé maigrit rapidement et meurt au bout de quelques jours : le cœur, le foie, les poumons, sont dans un état morbide, et le sang est altéré et diminué. Par bonheur les tsé-tsé ne quittent pas les localités où ils se sont confinés, et les indigènes évitent ces endroits redoutables; s'ils sont forcés, en changeant de pâturages, de traverser les cantons que le tsé-tsé fréquente, ils choisissent le clair de lune des nuits les plus froides, parce qu'alors cet insecte ne pique pas. Après avoir vu les bœufs et les mulets qui traînaient leur bagage décimés par cette mouche malfaisante, les deux voyageurs atteignirent enfin le Chobé, rivière affluente du Séscheké ou Zambèse supérieur. Des tribus de nègres grands et forts habitent ses rives. Leur chef Cébituané fit aux Européens un accueil bienveillant, et il se préparait à leur faciliter la continuation de leur voyage, quand il mourut subitement. Les blancs, et ce fait est remarquable au milieu de peuplades sauvages, ne furent pas accusés d'avoir provoqué ce malheur par leur présence, et ils séjournèrent près de deux mois parmi les sujets du chef défunt, qui les traitèrent constamment avec bienveillance.

Toute cette partie de l'Afrique est arrosée par des fleuves qui débordent à la saison des pluies. On y compte également nombre de lacs. Aussi le pays est-il fréquemment couvert par les eaux, qui, en se retirant, laissent derrière elles un sol fertile où se déploie une riche végétation. Les nègres qui peuplent la contrée sont divisés comme partout ailleurs en une foule de tribus dont les principales portent les noms de Barotsi, de Banyeti, de Batoko; la plus puissante de toutes est celle des Makololo. Les Barotsi sont habiles à travailler le bois; les Banyeti sont d'excellents forgerons et savent fort bien extraire le fer de leurs abondants minerais. D'autres tribus sont renommées pour les poteries qu'elles fabriquent. On voit que l'industrie n'est pas absolument étrangère à beaucoup de ces peuplades; toutes d'ailleurs se livrent à la culture de plusieurs sortes de blé. Beaucoup d'objets manufacturés en Europe ont pénétré jusqu'aux bords de Chobé par les côtes de l'est et de l'ouest; la plupart des Makololo possèdent des manteaux de flanelle et des étoffes imprimées. Les voyageurs apprirent que ces objets avaient été échangés contre des esclaves. Cet odieux trafic n'est cependant pas ancien dans le pays; il n'y date, à ce qu'affirme M. Livingstone, que de 1850. Le chef Cébituané avait le premier consenti à faire trafic de marchandise humaine, à l'instigation d'un chef de la côte. Ce commerce d'esclaves, qui trouve ses débouchés au Mozambique, menace de prendre une grande extension, et il n'y a, dit M. Livingstone, qu'un moyen de l'entraver : c'est d'établir dans le pays un commerce fondé sur des bases plus morales.

Encouragé par l'accueil que lui faisaient les populations hospitalières répandue du N'gami au Chobé, le révérend Livingstone entreprit, à la fin de 1852, une nouvelle expédition, et, donnant cette fois pleine carrière à son esprit d'aventures, il résolut de ne s'arrêter qu'à Saint-Paul de Loanda, à la côte occidentale. Sur ces entrefaites, la Société de géographie de Paris lui avait décerné sa grande médaille d'or pour la découverte du

N'gami. La nouvelle de cette récompense vint le trouver sur les bords du Chobé, où la fièvre le contraignit à faire auprès du chef Sekelétu, fils de Cébituané, un séjour de quelque durée. Ne voulant pas alors même demeurer inactif, il se mit à prêcher l'Évangile aux peuplades qui l'avaient si bien reçu. A défaut de résultats plus sérieux, le révérend missionnaire recueillit du moins les témoignages d'un respect naïf qui le touchèrent. Délivré bientôt de la fièvre, il partit pour explorer le Seschéké ou Zambèse. La reconnaissance du cours de ce grand fleuve importait beaucoup à la science géographique. Le missionnaire, admirablement secondé par l'aménité de ses hôtes, organisa une flottille de trente-trois canots, montés par cent soixante hommes, et descendit le Chobé jusqu'à son confluent avec le fleuve. Parvenu au Seschéké, il trouva un magnifique cours d'eau, large souvent de plus d'un mille[1] et bordé d'impénétrables forêts. De grandes îles coupaient le fleuve ; d'immenses racines pendaient dans l'eau ; des masses de verdure parées des teintes les plus variées embellissaient le paysage ; partout la végétation de l'Afrique tropicale se déployait dans sa merveilleuse splendeur, et les gigantesques animaux qui peuplaient cette solitude, l'hippopotame et le crocodile, laissaient voir du milieu des roseaux leur tête hideuse et leur masse informe.

Le cours du Zambèse est interrompu par des cataractes

---

[1] Le mille anglais est de 1,610 mètres. Le pied de 0. 305.

et des rapides qui rendent en plus d'un endroit la navigation difficile. Parvenu au seizième parallèle, le voyageur vit les hautes rives boisées, qui jusque-là avaient dessiné le cours de la rivière, s'écarter, prendre la forme onduleuse de collines et courir de l'est à l'ouest en formant une vallée de cent milles environ de largeur, qui est annuellement submergée, à l'exception de petits tertres et d'îlots sur lesquels la tribu des Barotsi a installé ses villages nombreux, mais peu considérables. Les pâturages de la vallée sont d'une étonnante richesse; on y voit des herbes hautes de douze pieds et dont la tige a un pouce de diamètre. Les arbres sont peu nombreux. Sur les hauteurs voisines, on cultive du blé, du maïs, des cannes à sucre, des patates, des ignames, du manioc et nombre d'autres plantes alimentaires. Aussi la vie est-elle facile dans toute cette partie de l'Afrique, et les indigènes y jouissent d'un bien-être qui a contribué au développement de leurs instincts bienveillants et de leur intelligence. Ces vallées, alternativement submergées par les eaux des fleuves et dévorées par les ardeurs du soleil, n'ont cependant pas échappé au terrible fléau de l'Afrique : elles sont insalubres et fiévreuses.

Après avoir remonté le Sescheké à travers tout le pays des Barotsi, Livingstone retourna au campement de Sekelétu, qu'il prit pour point de départ d'un grand voyage médité depuis deux ans; c'est vers Saint-Paul de Loanda qu'il se dirigea en quittant Sekelétu. Parti en novembre 1853, il arriva en avril 1854 dans le pays à demi fabuleux de Cassange, sur lequel on ne possédait que les plus vagues renseignements. Un fait qui mérite d'être noté, c'est qu'il trouvait les noirs plus défiants et moins hospitaliers à mesure qu'il se rapprochait des établissements portugais. Toutefois le voyageur poursuivit son itinéraire avec un courage supérieur à tous les obstacles, et au mois de juin 1854 le bulletin officiel d'Angola apprit au monde savant que le docteur avait atteint le but de ses persévérantes fatigues : il venait d'entrer sain et sauf, suivi de quatre domestiques, dans Saint-Paul de Loanda.

De l'Angola, l'infatigable missionnaire est retourné sur le Haut-Sescheké, qu'il a suivi et reconnu dans la plus grande partie de son cours, et il s'est arrêté seulement à la station portugaise de Têté, dans laquelle il est entré le 2 mars 1856. Nous donnerons, dans un chapitre particulier, des détails sur les travaux par lesquels le missionnaire s'est signalé depuis ce temps.

Tandis que M. Livingstone, avec des compagnons d'abord et seul ensuite, découvrait le N'gami, relevait le cours du Zambèse et traversait l'Afrique australe, un autre Anglais, M. Francis Galton visitait la plage nue et sablonneuse qui, de la baie de Walwich au cap Frio, porte le nom de terre de Cimbéba ou Cimbébasie. Parti en 1850 du cap de Bonne-Espérance, il remonta avec un petit bâtiment, le long de la côte occidentale, jusqu'à la baie de Walwich. Là, muni de deux chariots, de bœufs et de mulets et suivi de quelques noirs, il s'aventura dans l'intérieur des terres, et après avoir traversé un canton entièrement désert, il parvint chez les Damaras, peuplade qui, dans le langage de cette partie de l'Afrique, porte le nom de *Ovaherero* ou *hommes joyeux*. Plus loin, dans l'intérieur, habitent les *Ovampantieru*, c'est-à-dire les *trompeurs*. *Damup* est le nom que les riverains de l'Orange donnent à l'ensemble de ces populations, et que les marchands hollandais ont transformé en celui de *Damaras*.

En 1852, un nouveau voyageur se lançait dans la carrière des explorations africaines; c'était un jeune naturaliste suédois, qui se rattachait par sa mère à une famille anglaise, — M. Charles Andersson. Aguerri dès son enfance à la chasse dans les forêts et les montagnes de la Suède, M. Andersson vint à Londres chargé de toute une collection des dépouilles de ses victimes, et là il fit la rencontre de M. Galton, qui, de retour de sa première expédition, en méditait une seconde. Les récits de l'explorateur du pays des Damaras enflammèrent l'imagination de M. Andersson. Pénétrant plus avant qu'aucun chasseur ou naturaliste ne l'avait fait avant lui, M. Andersson accomplit, du Cap aux possessions portugaises de la côte occidentale, un trajet presque aussi considérable que celui de M. Livingstone. L'ouvrage qu'il a publié en Angleterre à son retour est particulièrement profitable à l'histoire naturelle, on y trouve aussi des détails géographiques qui complètent et confirment les renseignements dus au missionnaire qui a précédé le voyageur suédois.

Après une première excursion accomplie, en compagnie de M. Galton, aux environs de la baie de Walwich,

M. Andersson résolut de pénétrer au N'gami en s'avançant de l'ouest à l'est, et au mois d'avril 1853 il se dirigea résolûment, accompagné de quelques serviteurs indigènes, à travers des régions que nul Européen n'avait foulées avant lui. Le sol était sablonneux et difficile. De loin en loin seulement quelques stations étaient marquées par des puits. Le voyageur se trouvait dans cette région sauvage et désolée qui, à l'ouest et au sud, enveloppe le N'gami, et que l'on appelle le désert de Kalahari. Entre les stations, le manque d'eau faisait cruellement souffrir la petite caravane, et la piqûre du tsé-tsé causait de grands ravages parmi les bêtes de somme. Les bêtes sauvages abondaient dans le voisinage des puits. C'est dans ce désert et en général au nord de l'Orange que se réfugient tous les grands quadrupèdes qui reculent chaque jour devant les empiètements de l'homme. M. Andersson nous dépeint avec une verve passionnée la beauté et la puissance de ces nobles hôtes de l'Afrique. Tous les explorateurs de ce continent ont remarqué qu'il existe une sorte d'harmonie grandiose entre les animaux africains et le milieu dans lequel la nature les a placés. L'éléphant est bien, avec sa robe brunâtre, l'habitant qui convient aux épaisses forêts où il a si longtemps erré en paix, et où, seul encore, il trace des sentiers. De loin, la girafe se confond avec les mimosas dont elle broute le feuillage, et cet animal, gauche et disgracieux dans les enceintes étroites où nous le tenons captif a dans les grandes plaines où il erre en liberté une allure qui n'est dépourvue ni de majesté ni de grandeur. Mais rien n'égale la grâce des antilopes, dont des variétés très-nombreuses habitent cette région. Chasseurs et voyageurs, tous sont unanimes à vanter ces jolis animaux auxquels la nature semble avoir voulu payer en élégance et en beauté ce qu'elle leur refusait en force. Les antilopes, qui errent par milliers dans ces déserts et dans ces plaines, servent de pâture aux léopards, aux hyènes, aux chiens sauvages et à tous les grands carnassiers.

Des animaux qui peuplent l'Afrique, ce ne sont ni les plus grands ni les plus forts qui sont les plus redoutables; ils fuient devant l'homme et ne deviennent guère dangereux que si on les attaque. Le fléau de toutes les heures, de tous les instants, ce sont ces myriades de moustiques que leur nombre rend inévitables, et qui s'attachent aux mains, au visage, à toutes les parties du corps. Les naturels s'en préservent par la couche de graisse dont ils recouvrent leur cuir épais; mais c'est là un remède qui ne saurait convenir à des Européens, et il faut subir ce supplice jusqu'à ce que la peau s'y soit à peu près habituée.

Après la saison des pluies, le désert de Kalahari se couvre de quelque végétation, et il n'est jamais entièrement inhabité. Diverses tribus de la famille des Hottentots, les Namaquas, les Damaras, les Bushmen le parcourent, et les Bechuanas, qui semblent participer à la fois des Cafres et des Hottentots, confinent au sud de ce désert par le grand pays de Bamangwato. Les Bushmen étaient les compagnons et les guides du naturaliste svédois. Ces hommes appartiennent à la plus misérable tribu de la triste famille des Hottentots. Entre les Hottentots et les Cafres, il y a la différence du nègre primitif avec celui qui a été en quelque sorte vivifié par le mélange du sang étranger. Les derniers sont plus vigoureux, plus actifs, plus intelligents, plus belliqueux; ils forment par les belles proportions de leur corps et la beauté relative de leur visage, une famille noire exceptionnelle au milieu des nègres qui les environnent, et plusieurs pratiques qui leur sont habituelles, entre autres la circoncision, semblent, aussi bien que leur aspect physique, dénoter une origine en partie étrangère. Quant aux Hottentots, chacun sait qu'ils présentent le type nègre dans toute sa laideur : c'est une race indolente et inoffensive qui, pressée entre les Cafres et les Européens, diminue chaque jour, et qui finira par disparaître; ils sont doux, bienveillants, paisibles, mais rien ne surpasse leur paresse, leur malpropreté et leur dégradation profonde.

Les Bushmen ou Boschjemans appartiennent à un degré encore inférieur de l'échelle humaine. Leur nom signifie *hommes des buissons*. Ceux d'entre eux qui n'ont pas encore fui la rive gauche de l'Orange, poussés par les Européens, exterminés par les Cafres, vivent dans la condition la plus abjecte. Si, comme il leur arrive fréquemment, la chasse n'a pas été productive, ils passent plusieurs sans manger, et supportent sans se plaindre la faim, la soif, la chaleur et le froid. La contrée dans laquelle ils sont plus particulièrement confinés, entre la chaîne de montagnes qui dessine au sud le bassin de l'Orange et ce fleuve, est aride et rocailleuse; elle n'est arrosée ni par les pluies d'hiver qui fertilisent la colonie du Cap, ni par les averses d'orage qui, chez les Cafres, suppléent à ces pluies périodiques. Les cours d'eau y sont rares, et le gibier s'y trouve en bien moindre abondance que dans aucune des contrées environnantes. Des œufs d'autruches, quelques plantes coriaces, un petit nombre de racines bulbeuses, des lézards, des serpents, des sauterelles et même des fourmis, telles sont les tristes ressources de leur existence. La hutte grossière des autres Hottentots est un luxe pour eux, car ils vivent dans les buissons et logent dans des sortes de nids formés de branches recourbées et couvertes d'une peau de mouton.

Maltraités, chassés comme des bêtes fauves par les colons, les Bushmen se vengent en enlevant leurs troupeaux. C'est pour eux une grande fête, lorsqu'un mouton est tombé entre leurs mains. Quatre ou cinq Bushmen se réunissent autour de cette proie, la dépècent, se la partagent et l'engloutissent sans quitter la place. Repus, ils s'endorment et demeurent couchés jusqu'à ce que la faim les fasse sortir de leur engourdissement; l'un d'eux se met alors en quête, et s'il a découvert quelque part un berger isolé, il appelle ses compagnons, qui s'avancent en rampant vers ce malheureux, lui cassent la tête d'un coup de pierre et dévastent comme des loups son troupeau. Aussi les fermiers organisent-ils des chasses aux Bushmen aussi bien que des chasses au lion et à la panthère.

Parmi les peuplades voisines du Kalahari, nous avons nommé les Bechuanas. Ces nègres sont de grands et de beaux hommes, dont la physionomie rappelle celle des Cafres. Ils forment une société mieux organisée que celle des Bushmen, mais dans laquelle, comme d'ailleurs chez les sauvages de toutes les parties de la terre, les fatigues et les durs travaux sont réservés aux femmes, tandis que les hommes, hors la chasse, passent leur vie dans l'oisiveté. C'est des Bechuanas que M. Moffat, le missionnaire anglais, raconte le trait suivant. Voyant un jour des femmes travailler à la réparation de l'un des toits coniques hauts de dix-huit pieds qui recouvrent leurs cases et se donner un mal extrême dans l'exécution de ce travail, pour lequel elles manquaient d'échelles et de bons outils, M. Moffat fit observer aux hommes, qui regardaient en fumant, sans se déranger, ces ouvrières courageuses, qu'ils seraient bien plus aptes à exécuter ce travail. Les hommes ne daignèrent pas répondre, les femmes qui avaient entendu le missionnaire se prirent à rire aux éclats; les autres, accourant, partagèrent cette hilarité, et il n'y en eut pas une qui approuvât le langage de l'Européen.

Après avoir traversé le désert de Kalahari, le voyageur suédois se dirigea vers le lac N'gami par une région couverte de broussailles épineuses. Il passa quelques journées à lutter contre les obstacles de ce pays difficile, et arriva enfin au N'gami. La partie ouest du lac, la première qui s'offrit à ses yeux, ne répondit pas à son attente. « Le N'gami, dit-il, est incontestablement une belle nappe d'eau, mais on en a exagéré les dimensions... Ses bords à l'est et au nord sont bas et sablonneux, et par un temps brumeux on ne saurait les distinguer. » La plus grande longueur de la nappe d'eau paraît être d'une quinzaine de lieues et sa largeur de quatre ou cinq seulement. M. Andersson en a fait le tour. Le Teoghé ou Tioghé, dont M. Livingstone avait eu connaissance, se jette dans le lac à son extrémité nord-ouest. Cette rivière est étroite, mais profonde, et roule dans la saison des pluies une masse d'eau considérable. On ne sait pas encore où elle prend sa source. Le voyageur tenta de la remonter; mais, après dix jours d'efforts pénibles, il n'était pas parvenu au delà d'un degré dans la direction nord-ouest du lac. Comme le Tioghé va en s'élargissant dans sa partie supérieure, on peut croire qu'il met en communication, ainsi que le Zougha, un chapelet de lacs du sud au nord. Quelques Bushmen ont pénétré jusque dans la région que ce fleuve arrose; mais les tribus qui habitent réellement les bords du Tioghé sont celles des Bayéyés, des Matsanyanas et des Bavicko. La capitale de ces derniers, qui paraît ne pas manquer d'importance, s'appelle Libébé. Elle est le centre du commerce qui se fait entre les tribus de cette partie de l'Afrique. Elle reçoit, si l'on en croit le rapport des indigènes, quelques Portugais de la côte occidentale qui y sont attirés par les profits du commerce de l'ivoire, des bestiaux et des esclaves. Les Bavicko semblent être une population agricole et industrieuse, présentant de grands rapports avec certaines populations de la côte de Mozambique. Sans doute des liens de parenté rattachent entre elles les populations principales de l'Afrique, malgré la diversité de leurs noms, de leurs dialectes et même de leurs habitudes. Il appartiendra aux ethnographes, quand la géographie aura complété ses travaux et ses découvertes, de grouper par familles ces peuples en apparence innombrables et d'étudier la filiation, aujourd'hui si obscure, des races africaines.

Du N'gami à la grande ville de Libébé, il existe par terre une route plus facile et plus directe que le cours du Tioghé ; mais elle est peu fréquentée à cause du tsé-tsé, qui anéantit en peu de jours de nombreuses caravanes. Quant au séjour de Libébé, une fièvre épidémique mortelle, même pour un grand nombre d'Africains des régions plus méridionales, l'interdit aux hommes venus d'Europe pendant une saison heureusement assez courte. M. Andersson ne visita pas en personne la capitale des Bavicko, mais il recueillit tous les renseignements qu'il put se procurer des indigènes, et apprit que la région dans laquelle cette ville est située est arrosée par un grand nombre d'affluents du Tioghé, desquels les uns sont permanents et les autres temporaires, c'est-à-dire résultant des pluies et tarissant avec la saison sèche. Les indigènes disent qu'un fleuve considérable, le Cuanené peut-être, ou même le Kouanza, navigable jusque vers ses sources, coule dans le pays des Bavicko, portant à l'Atlantique un volume d'eau considérable. Si ce fait, qui a besoin d'être constaté, se confirmait, on verrait s'ouvrir une voie nouvelle et peut-être une communication facile pour pénétrer de la côte occidentale dans l'intérieur de l'Afrique.

Parmi les tribus voisines du N'gami, nous avons déjà cité les Bayéyés, qui, selon les savantes conjectures d'un géographe anglais, M. Cooley, ont dû émigrer de la côte occidentale vers les régions du lac à une époque déjà lointaine. Toutefois les Bayéyés ont plus de ressemblance avec les indigènes du Congo qu'avec ceux du Mozambique. Leur physionomie est très-laide, et leur peau couleur de suie. Assujettis par les Béchuanas, qui se sont répandus en conquérants jusque dans cette contrée éloignée de celle que le noyau de leur tribu habite, ils ont adopté le costume et les armes de leurs vainqueurs. Ce costume consiste simplement en une peau attachée autour des reins, qui retombe sur les épaules, formant de chaque côté une sorte de nœud. Les femmes ne portent qu'une simple peau assez semblable à une courte chemise. Les armes sont la zagaie barbelée et le bouclier en peau de bœuf.

Tout le pays des Bayéyés est coupé de rivières et de larges marais qu'ombrage une riche végétation. Les arbres, baobabs, palmiers, sycomores, y atteignent des proportions gigantesques. Le sol est partout fertile et donne, avec peu de culture, d'abondants produits. C'est après les premières grandes pluies que les Bayéyés sèment; ils connaissent deux espèces de grains : l'une qui ressemble au doura égyptien, et un petit millet qui donne une bonne farine. Un des arbres particuliers à cette latitude africaine, le *moschoma*, qui croît de préférence au bord des rivières, donne un fruit qui, pilé et délayé dans l'eau, offre une saveur douce et agréable approchant de celle du miel. Le feuillage du moschoma est épais et de couleur vert foncé, et le bois sert chez les Bayéyés à la confection des canots et de divers ustensiles d'agriculture. — Au delà du pays des Bayéyés s'étendent de vastes plaines peu fertiles, où de loin en loin croissent quelques arbres. Cette solitude est presque entièrement abandonnée aux bêtes fauves; mais si on continue à remonter vers le nord, les lacs et les cours d'eau reparaissent, et le sol reprend sa fertilité.

Après de longues excursions dans toute cette région et un séjour de plusieurs mois sur les bords du N'gami, M. Andersson reprit le chemin de Cape-Town par le pays des Namaquas et la vallée du Fish-River, affluent de l'Orange; de là il a rapporté en Europe le fruit de ses travaux. Son exemple et celui du chasseur Wahlberg, bien que ce dernier ait péri victime de ses dangereux exploits ont fait naître une noble émulation parmi ses compatriotes, et d'autres Suédois sont décidés à entrer à leur tour dans la voie des explorations africaines.

Si, après avoir suivi dans leurs recherches MM. Livingstone et Andersson, nous essayons de préciser le résultat de leurs travaux, nous trouvons, en dehors des détails géographiques, de la nomenclature des tribus indigènes et des renseignements d'histoire naturelle, deux faits neufs et d'une haute importance : le premier c'est que, parmi les populations austro-africaines, il s'en trouve plusieurs, telles que les riverains du Chobé et du haut Zambèse, qui sont affables pour les Européens et aussi beaucoup plus intelligents qu'on ne l'eût pensé. Il est à remarquer que les naturels de ce continent sont en général de mœurs bienveillantes et hospitalières partout où les mauvais traitements n'ont pas excité leur haine ou leur défiance. Si certaines tribus du Mozambique et du Congo se montrent aujourd'hui si insociables, peut-être ne faut-il s'en prendre qu'aux marchands portugais qui entretenaient la discorde chez elles pour favoriser la traite.

Le second fait intéresse moins l'ethnographie que la géographie proprement dite. Naguère, lorsqu'on ne connaissait de l'Afrique du sud que le littoral, on imaginait qu'elle devait former du Congo au fleuve Orange et à la côte de Mozambique un plateau, une espèce de Sahara inculte auquel on parvenait par les rampes de la triple chaîne des Lupata, des montagnes du Congo et du Cap. Loin de là, on voit que ces montagnes dessinent un vaste bassin, que des lacs et des cours d'eau inondent et fertilisent, et qui fut peut-être autrefois tout entier sous les eaux. Cette supposition est en partie confirmée par la certitude récemment acquise que plusieurs lacs très-importants s'étendent de l'équateur vers le douzième parallèle sud.

Depuis un temps très-reculé, on savait vaguement que sur une partie du vaste espace qui compose l'Afrique australe devait se trouver une large nappe d'eau. Les cartographes y ont longtemps promené à leur fantaisie, en lignes indécises, un lac tantôt incliné vers l'ouest, et tantôt vers le nord, auquel ils donnaient les noms de Maravi et quelquefois de Nyassi. Il y a seize ans, M. Cooley publia dans le *Journal de la Société géographique de Londres* tous les documents qu'on possédait alors au sujet de ce lac, sans cependant réussir à en préciser l'étendue et l'emplacement. Quelques renseignements vagues dus en 1852 à une troupe d'Arabes ne changèrent point l'état de la question. Ces hommes étaient partis de Zanzibar et avaient traversé l'Afrique dans toute sa largeur jusqu'au Benguela. Ils racontaient qu'à une assez grande distance de la côte ils avaient atteint un grand lac, qu'ils avaient franchi au moyen d'un radeau, et sur lequel ils étaient restés un jour et une nuit.

De telles notions ne pouvaient qu'éveiller la curiosité sans la satisfaire. Enfin, un missionnaire anglais, M. Ehrardt, collègue de MM. Krapf et Rebmann, explorateurs de la région équatoriale, résolut d'éclaircir ce fait important. Il se transporta de Momba, sur un point plus méridional de la côte. Là, ne pouvant tenter de pénétrer en personne dans une région lointaine et d'un accès difficile, il interrogea un grand nombre des naturels et des Maures qui font le commerce entre la côte et l'intérieur.

Des récits divers qu'il obtint, discutés et éclairés l'un par l'autre, il tira les notions suivantes.

Les trafiquants qui vont de la côte à l'intérieur suivent communément trois routes, qui toutes trois mènent à une mer appelée par ses riverains, selon les divers points, *Niandsha*, *Ukérévé*, *Nyassa*, *Bahari* et *Unyamvesi*. Ce dernier nom paraît être le plus général et le plus répandu. Les trois points de la côte d'où partent les caravanes pour aller acheter dans les régions intérieures de l'ivoire et des esclaves sont : 1° Tanga et Pangani, en face la pointe septentrionale de l'île de Zanzibar ; 2° Baga-Moyo, situé à une trentaine de lieues plus au sud ; 3° la ville de Quiloa, au midi de la côte de Zanguebar. Des caravanes de cinq cents à huit cents hommes, Maures ou Souahelis, quittent la côte, portant des perles de verre, du fil d'archal et des cotonnades américaines, qui servent à leurs échanges. Celles qui partent de Tanga atteignent de hautes montagnes. Plus loin, le pays devient aride, le sol pierreux est mêlé de soufre et sillonné de sources chaudes ; c'est après huit jours de marche au delà de ce pays désolé qu'on atteint la grande mer, laquelle s'étend au loin sans que nulle part on voie ni ses rivages, ni aucune île. Les vagues montent très-haut, les eaux sont douces et poissonneuses.

Le second itinéraire, celui qui part de Baga-Moyo, aboutit, après un trajet égal en longueur au premier, à une grande ville très-peuplée et très-commerçante, disent les Maures, située sur les bords de la mer intérieure, et que les indigènes et les Arabes appellent Ujiji. C'est, il paraît, le principal entrepôt du commerce des noirs établis entre les lacs et l'océan Indien. En ce lieu, la mer intérieure a des rives plates, et il faut plusieurs jours pour la traverser à la rame. La voie est peu employée à cause des redoutables tempêtes de cette mer.

Le dernier itinéraire, celui qui a Quiloa pour point de départ, exige trente jours ; c'est vingt ou vingt-cinq de moins que les deux autres : par conséquent le lac est en ce point plus rapproché de la côte. En suivant cette direction, on voit s'abaisser successivement les hauteurs qui bordaient l'océan Indien, on arrive à un grand fleuve, le Rowuma, que l'on passe sur un pont de roseaux, où les naturels ont établi un péage de perles de verre, puis on arrive à la mer intérieure.

Tels étaient les renseignements que le missionnaire Ehrardt avait recueillis. On ne pouvait dès lors contester l'existence et l'importance des eaux intérieures; mais il restait encore à y lancer une barque européenne pour les parcourir et les reconnaître d'une rive à l'autre. C'est ce qu'ont récemment fait les voyageurs Burton, Speke et Livingstone lui-même, que nous allons suivre dans ses dernières explorations. Ils nous montreront ce qu'il y avait d'exact ou de mal fondé dans ces renseignements et ces conjectures.

CHAPITRE V

DERNIÈRES EXPLORATIONS DE L'AFRIQUE AUSTRALE.

Le Zambèse. — Produits de ses bords. — Le lac Shirwa. — L'ancien lac Maravi ou Nyassa. — La rivière Shiré. — La cataracte Victoria. — Le Rowuma. — Le Suédois Andersson dans l'Okavango. — Les voyageurs Hahn et Rath sur l'Owampo.

L'infatigable Livingstone a continué, dans ces dernières années, d'accomplir, au milieu des régions avant lui inconnues de l'Afrique australe, la mission qu'il s'est donnée : reconnaître les faits topographiques, particulièrement ceux qui appartiennent au bassin du Zambèse et porter au sein des populations les améliorations de la morale et de la religion. Il est juste de dire qu'il a rencontré beaucoup de tribus qui se sont montrées dociles à ses enseignements. En juin 1858, le hardi investigateur, quittant l'île de l'Expédition, située dans le delta du Zambèse, remontait ce grand fleuve; il a démontré qu'il était navigable dans toutes les saisons de l'année. Les marécages du delta sont malsains, mais tout le cours moyen et supérieur du fleuve est d'une grande salubrité.

La contrée est fertile; elle produit un coton qui peut rivaliser avec ceux de l'Égypte et des États-Unis. La canne à sucre y croit sans culture. Sur un affluent du Zambèse, le Shiré, l'expédition a découvert un lac important que l'on appelle Shirwa. Il est enveloppé de montagnes, à une altitude de six cents mètres au-dessus de la mer; il a une longueur de soixante kilomètres sur trente de large, et ses bords sont habités par la tribu des Manganga qui a le rare avantage de ne pas pratiquer le commerce des esclaves. Plus loin que cette tribu, de l'autre côté du Shiré, s'en trouve une qui porte le nom de Maravi, qui habite sur les bords d'un autre lac que M. Livingstone appelle Nyassa et qui n'est autre que l'ancien Maravi. Ainsi se confirment chaque jour davantage les données peu considérables, mais exactes du moins, que nous avait transmises la géographie ancienne. Ptolémée plaçait à la côte orientale un lac qui figure sur la carte de d'Anville sous le nom de Maravi. Pendant dix-huit siècles, la science en a, tour à tour, admis ou nié l'existence; on le rangeait parmi les inventions fabuleuses, à côté des montagnes de la Lune. Or, ces montagnes de la Lune, voici que nous les tenons elles-mêmes ; ce lac Maravi, un missionnaire, lointain successeur de Ptolémée, le retrouve; seulement le géographe grec avait commis des erreurs en latitude et en longitude assez pardonnables, si l'on songe que c'est lui qui fit, un des premiers, usage de ces mesures qui étaient de son temps une invention toute nouvelle.

Le Shiré, que les Européens n'avaient pas visité jusqu'ici, est un cours d'eau important et rapide, embarrassé souvent, comme la plupart des fleuves africains, de chutes et de rapides; cependant il paraît qu'il possède des canaux et des passes naturelles qui permettent de toujours y naviguer ; il est dominé, dans sa partie inférieure par une chaîne de montagnes dont un des sommets s'élève à douze cents mètres. Les Portugais seuls avaient déjà parcouru quelques parties de cette rivière, et on sait que ce peuple a maintenu sur ses découvertes, pendant toute la durée de sa domination en Afrique, une ignorance systématique. Le Shiré se jette dans le Zambèse, entre les lieux appelés Mazaro et Seuna. Quant au Zambèse, que l'on connaissait si peu naguère, il a été entièrement reconnu entre Quillimané et Têté; son cours est interrompu en un lieu appelé Cavravassa par une cataracte où il faut décharger les embarcations et recourir au portage. Le district de Têté est fertile et riche en métaux ; mais il a beaucoup à souffrir des inondations qui suivent la saison des pluies; aussi les indigènes exhaussent-ils leurs maisons sur un système de pieux, comme on le fait aussi dans l'archipel de la Sonde.

Au-dessus de ce district, il y a un point appelé par les indigènes Mosiotunya, où le fleuve interrompu, par une autre cataracte, à laquelle le voyageur a donné le nom de Victoria, prend des proportions extraordinaires et offre un spectacle d'une étonnante magnificence. Il a, en cet endroit plus de quatre-vingt-dix mètres de profondeur et seize cents quatre-vingt-douze de largeur. Ses bords ont vingt-cinq mètres de haut. L'énorme fissure, au fond de laquelle l'eau tombe, forme subitement un angle droit, en sorte que l'eau se précipite avec un fracas et une écume immenses, puis est rejetée subitement à gauche avec des bouillonnements et des agitations étranges. Ce bassin est dominé par de hauts promontoires chargés de verdure, d'où l'on voit, dans le lointain, le fleuve rétréci à une largeur d'une trentaine de mètres, rouler ses eaux verdâtres et encore agitées. Ces cataractes sont certainement une des merveilles de cette nature africaine si prodigue d'excentricités. Même dans les basses eaux, la masse qui tombe est énorme, et deux colonnes de vapeur et d'écume qui montent et la dominent, reflètent le soleil et encadrent le paysage dans les splendeurs d'un permanent arc-en-ciel. Au-dessous, à Momba, se présente encore une autre chute, mais qui ne mérite pas d'être décrite après celle de Mosiotunya. C'est en novembre 1860 que le missionnaire Livingstone a visité cette merveille.

Un autre affluent de l'océan Indien, situé vis-à-vis les îles Comores, et dont le cours supérieur paraît être en communication avec le lac Nyassa, le Rowuma, a été exploré en 1861 par M. Livingstone. Un petit steamer, le *Pioneer*, l'a remonté de son embouchure, dans un espace de cinquante kilomètres, et l'a trouvé embarrassé, comme le Zambèse, par une succession de bancs de sable d'une vaste étendue. Ses bords sont d'une grande beauté ; ils s'élèvent à trois cents mètres de hauteur et sont couverts de bois. Au delà du point où l'expédition s'est arrêtée, le fleuve se rétrécissait, et son lit, plus profond, coulait entre des gorges de rochers entassés à une grande hauteur. C'est une prochaine expédition qui décidera si vraiment il existe une communication entre les eaux de ce fleuve et celles du Nyassa.

Aux expéditions dans l'Afrique australe, il convient de rattacher les courses de quelques intrépides chasseurs que leur ardeur mène quelquefois, au profit de la science, par delà la limite des terres connues. Notre le Vaillant, que la passion de cette vie aventureuse et vagabonde entraîna à la poursuite des grands animaux à travers des régions nouvelles, a eu de nombreux héritiers, surtout parmi les gentlemen anglais et les hardis chasseurs des régions du Nord. Nous avons mentionné les exploits du Highlander Gordon Cumming, du Suédois Wahlberg, qui périt écrasé sous les pieds d'un éléphant. Leurs successeurs s'appellent aujourd'hui Green, Baldwin, le chevalier de Pradt. Le plus aventureux de tous, le Suédois Charles Andersson, auquel on doit une relation de voyage dont nous avons aussi parlé, a repris ses courses vagabondes au delà du pays des Namaquois. Mêlant aux jouissances de la chasse la curiosité géographique, il s'en est allé à la recherche du fleuve Cunéné dont nous tenons l'embouchure, mais sans connaître sa direction. Ses courses l'ont conduit sur les bords d'un autre fleuve qui ne figurait pas sur nos cartes, l'Okavango ou Okavanajo. Ce grand cours d'eau paraît être navigable, et ses bords sont habités par des peuplades agricoles. A l'époque où le voyageur s'avança dans cette direction, le climat était insalubre; mais il pense qu'on pourrait y pénétrer sans danger, de juin à septembre.

M. Green a visité les districts Ondonga et Ovampo. De leur côté, deux missionnaires, MM. Hahn et Rath, se sont avancés du pays des Damaras dans la même direction. Ils ont vécu pendant longtemps au milieu des Bushmen, hommes des bois, cette branche des Hottentots, dont nous avons signalé la misère et la dégradation. Ceux qu'ils ont vus leur ont donné une moins mauvaise opinion du caractère de cette famille d'Africains, bien qu'elle soit en effet fort misérable. Les voyageurs ont suivi le cours de l'Omuramba et de l'Ovampo. Le crocodile s'avance jusque dans ces cours d'eau, qui se présentent comme la limite la plus occidentale que ce saurien atteigne en Afrique. En juillet 1857, ils parvinrent sur les bords d'un lac formé par l'Omuramba et qui n'a guère que cinquante kilomètres de circonférence. On croit que c'est celui que M. Galton a déjà signalé sous le nom d'Etosa. Les tribus qui occupent les territoires situés entre l'Ondonga et le Cunéné connaissent les armes à feu et sont en relations avec les marchands portugais. Cette partie de l'Afrique est plus peuplée qu'on ne le pensait. Les travaux de la mission ont l'utile résultat de répandre, au milieu de ces populations, quelques lumières et des connaissances pratiques. Le pays est fort riche. Les indigènes Ovampos exploitent, dans les montagnes, d'abondantes mines de cuivre, et leur sol est très-fertile; le cotonnier y croît à l'état sauvage et la flore africaine s'enrichira de bien des notions neuves, quand les végétaux inconnus et souvent étranges de ces régions auront été classés.

CHAPITRE VI

LE NIGER ET LA TCHADDA.

L'expédition de la Tchadda ou Binué. — Les royaumes noirs. — Entrevue avec le roi d'Igara. — Les Fellatahs ou Pulo. — La ville d'Ojogo. — Les sauvages Mitshi. — Le pays d'Hamaruwa. — Retour de la *Pleiad*. — La ville sainte d'Aro. — Croyances indigènes. — Nouvelle expédition du docteur Baikie en 1859 et 1860 sur le Niger.

En 1851, l'amirauté anglaise apprit du docteur Barth, alors engagé au fond du Soudan, que le pays d'Adamawa, l'un des moins connus de cette région, était arrosé par un large cours d'eau qui, à en juger par sa direction, pouvait bien être la Tchadda, affluent du Niger. On résolut aussitôt de tenter une expédition fluviale pour vérifier cette hypothèse.

Personne n'ignore que la connaissance de l'embouchure du Niger est une des plus récentes conquêtes de la géographie. Une portion du cours supérieur de ce fleuve, mentionné jadis par Ptolémée, avait été visitée à plusieurs reprises par des Européens. Mungo-Park, Laing, Caillé, Clapperton, l'avaient touché et suivi en plusieurs points, mais ils n'avaient pu préciser la direction définitive que suit cette énorme masse d'eau, et cette incertitude avait donné naissance à de bizarres conjectures qu'il est inutile de rappeler. La plus étrange était celle qui faisait du Niger et du Nil un même fleuve, lequel aurait traversé à la fois en longueur et en largeur la masse compacte de l'Afrique. La différence de niveau qui existe entre l'est et l'ouest du continent ne tarda pas à démontrer l'invraisemblance de cette conjecture.

C'est à la fin de 1830 seulement (et cette découverte est due aux frères Lander), qu'on reconnut que le Niger se jette dans l'Atlantique, à la côte de Guinée, entre les golfes de Biafra et de Bénin. Une fois ce point établi, on multiplia inutilement les tentatives pour entrer en relations avec les peuplades riveraines. En 1832, MM. Laird, Oldfield et Allen pénétrèrent avec deux petits vapeurs à l'entrée de la Tchadda; mais leurs équipages, décimés par la fièvre, ne purent les conduire plus loin que la ville de Dagbo. En 1834, Richard Lander fut assassiné dans le delta par les naturels. M. Beecroft, consul d'Angleterre à Fernando-Po, renouvela trois fois, de 1836 à 1845, la tentative d'Oldfield, sans pouvoir dépasser le point atteint par son prédécesseur. Enfin une grande expédition, confiée en 1840, au capitaine Trotter, eut la plus désastreuse issue, et le Niger semblait devoir être abandonné, quand la conjecture ouverte par le docteur Barth réveilla la curiosité et l'ardeur des Anglais.

C'est qu'en effet, si la conjecture de ce voyageur se

trouvait justifiée par l'événement, des résultats de la plus haute importance pouvaient en sortir : jusque-là, on n'avait pénétré dans la partie centrale du Soudan que par la route longue et périlleuse de Tripoli et du désert; désormais le Niger et la Tchadda ouvriraient une large voie fluviale menant au cœur de ces régions lointaines, et permettant d'entretenir des relations constantes avec les peuples riverains. Cependant de grandes craintes se mêlaient à ces espérances, car les désastres des précédentes expéditions étaient présents à toutes les mémoires, et beaucoup prétendaient que ce chemin des fleuves, si simple en apparence et si direct, serait toujours trop meurtrier pour être praticable. L'expédition de 1851, devait donc être, en quelque sorte, une grande et suprême expérience. Cette expérience a eu lieu, et nous voyons, avec la joie la plus vive, que les espérances des amis de la science se sont pleinement réalisées. L'Afrique est vaincue. Cette terre qui, semblable au vieux sphinx, dévorait ceux qui cherchaient à résoudre ses énigmes, s'est laissé envahir sans prendre cette fois une seule victime.

Le plus grand soin présida aux préparatifs de l'expédition. M. Laird, ancien compagnon d'Oldfield, pourvut en personne à l'armement de la *Pleiad*, petit vapeur à hélice, de la force de soixante chevaux, jaugeant deux cent soixante tonnes, long de cent pieds (anglais) et n'ayant qu'un tirant d'eau de six et de sept pieds tout chargé. Le consul de Fernando-Po, M. Beecroft, reçut la direction scientifique de l'expédition ; mais ce zélé explorateur de l'Afrique mourut au moment où la *Pleiad* paraissait en vue de la côte de Guinée, et M. Baikie fut désigné par sa capacité et son expérience pour le remplacer. Ce savant, dont la relation nous sert de guide, avait pour mission d'explorer le fleuve et la rivière, en pénétrant dans l'est le plus avant possible au delà de Dagbo, point atteint par l'expédition de 1832, de s'efforcer de retrouver la trace de Barth et de Vogel, et de se mettre en communication, s'il était possible, avec ces courageux voyageurs. Ses instructions lui prescrivaient de n'employer que le nombre d'hommes blancs strictement nécessaire, de mettre à profit la saison pluvieuse, pendant laquelle les cours d'eau sont gonflés, enfin de recourir à la quinine comme préservatif contre les influences du climat. Son état-major scientifique se composait de MM. Hutchinson, naturaliste et chirurgien ; May, officier de marine qui avait offert sa coopération ; Crowther, missionnaire qui avait fait partie de l'expédition de 1841, et d'un interprète. L'équipage comprenant en tout douze Européens et cinquante-trois hommes de couleur, était sous les ordres du commandant Taylor.

C'est au commencement de juillet 1854 que la *Pleiad*, remorquant deux canots en fer, pénétra par le Rio-Nun dans le vaste delta du Niger. Il n'y a pas de navigation plus difficile que celle de ce labyrinthe de bras entrecroisés modifiés sans cesse par des terres d'alluvion. Allen avait dressé, à l'époque de l'expédition d'Oldfield, une carte du Rio-Nun qui, en plusieurs points, a cessé d'être exacte. Par exemple, dans un lieu nommé Indiama, où Allen signalait un bas-fond, M. Beecroft remarquait, il y a quinze ans, un banc qui dominait de quelques pieds le niveau du fleuve, et M. Baikie, à son tour, trouvait le banc changé en une grande île couverte d'herbe. Tels sont les accidents produits par l'action puissante des eaux sur les terres qu'elles baignent ou qu'elles charrient. La nature africaine offre dans le delta du Niger un aspect triste et sombre malgré l'extrême richesse de la végétation. Une forêt inextricable déploie sa bordure monotone le long de chaque rive; les racines baignent dans l'eau, les cimes s'élancent à une hauteur gigantesque. On navigue péniblement entre ces rives boisées, au milieu d'une atmosphère où l'air, mal renouvelé, est vicié souvent par les détritus végétaux que le fleuve arrache constamment aux forêts séculaires. Parfois cependent une éclaircie laisse entrevoir quelques groupes de huttes au milieu de terrains récemment défrichés : des villages se sont fondés de loin en loin dans le delta, les nègres portent des vêtements de manufacture européenne, et, en général, le pays semble avoir tiré un peu de profit, pour son bien-être, des relations qu'il entretient avec la côte. Malheureusement à l'intérieur ces sortes d'États sont, comme au temps de Lander, livrés à des déchirements sans fin, à des guerres, à des invasions, à des révolutions et à des intrigues dont le récit nous reporte en plein moyen âge.

Oru, Igbo, Igara, tels sont les noms des trois royaumes noirs que l'expédition de M. Baikie rencontra successivement sur sa route, au début de sa laborieuse campagne. Tous ces royaumes se ressemblent; celui d'Igara donnera une idée des autres. Le souverain, entouré d'une aristocratie de chefs puissants, les *Abokos*, ne gouverne guère que de nom. Le pouvoir appartient aux *Abokos*. La ville d'Idda, résidence du souverain d'Igara, était autrefois, assure-t-on, une cité considérable, mais elle est aujourd'hui sur le déclin de sa prospérité. Rien ne naît et ne meurt plus vite que ces villes africaines: parfois l'histoire de leur naissance semble rappeler les temps héroïques et présenter comme une vague analogie avec l'origine des villes de la Grèce primitive. Une des villes voisines du Niger, Agbédamma, fut fondée par une émigration des gens de Idda à la suite de querelles intestines; Izugbé, dans l'Igbo, fut fondé par un homme d'Abo, qui, il y a vingt ans, ayant tué une de ses femmes, dut s'exiler de cette ville. Ne se croirait-on pas transporté au temps d'Inachus? Mais Agbédamma et Izugbé ne sont pas Argos ou Thèbes; une invasion passagère, un débordement du fleuve, un incendie, suffisent pour faire disparaître ces villes de terre et de chaume; les habitants relèvent plus loin leurs toits sauvages, et le voyageur s'étonne de ne plus rien trouver là où ses prédécesseurs avaient signalé un marché florissant.

Le royaume d'Igara s'appelait primitivement Akpoto. Son nom actuel lui vient d'un conquérant Yoruban, et n'a été imposé qu'à une partie du pays. Sous sa dénomination première d'Akpoto, il s'étend encore à une distance considérable du côté de Binué[1] inférieure. Ses chefs sont musulmans, et sa population est mélangée de musulmans et d'idolâtres. Le souverain est désigné souvent à Idda par le titre d'*onù*, qui correspond à celui de roi. Dans les contrées environnantes, on l'appelle plus généralement *atta*, ce qui signifie père. Autrefois il était l'un des plus puissants chefs de cette région, mais nous avons vu qu'aujourd'hui son autorité est très-contestée à Idda même.

M. Baikie insista pour avoir une entrevue avec le roi d'Igara. Il se rendit donc à Idda. Conduits de dignitaire en dignitaire jusqu'à un groupe de huttes qui sert de palais au prince nègre, les Anglais eurent à subir une heure et demie d'attente avant d'être admis devant l'*atta* (c'est le titre du souverain d'Igara). On connaît toutes les puérilités de l'étiquette orientale; nous croyons donc inutile de reproduire, d'après M. Baikie, les détails de cette entrevue, qui n'ont rien de caractéristique, si ce n'est la sollicitude des courtisans veillant sur le chef nègre et sans cesse préoccupés de cacher leur souverain aux regards profanes des étrangers. Notons aussi le mode de communication employé entre le roi nègre et ses visiteurs. M. Baikie s'exprimait en anglais. Un premier interprète traduisait les paroles anglaises en mots tirés d'un dialecte très-répandu parmi les riverains du Niger, le dialecte hausa; un second interprète, prosterné devant

---

[1] Nous donnerons désormais ce nom plus usité dans le pays, à la Tchadda. *Binué* signifie *eaunoire*.

le roi, lui répétait les mêmes paroles en dialecte igara.

Le souverain ne répondit aux compliments de M. Baikie que par un signe d'approbation, et les visiteurs furent congédiés.

D'Idda, l'expédition se dirigea vers Igbégbé, au confluent du Kwora et du Binué. On sait que son but était de remonter cet affluent, qui n'est autre que la Tchadda, et qui pourrait devenir une des routes du Soudan. Les Anglais allaient donc quitter le Niger pour le Binué. A partir d'Idda, le grand fleuve s'était montré dans toute sa magnificence. L'horizon s'était élargi. Deux chaînes de montagnes parallèles marquaient les limites de l'immense vallée qu'arrose le Niger. Les hommes de l'expédition, mis, depuis leur entrée dans le fleuve, à la ration d'un demi-verre de quinine par jour, étaient dans un excellent état de santé. Les naturels se montraient affables ; il n'y avait qu'un seul ennemi qui exerçât la patience des voyageurs, c'étaient les moustiques, la mouche de sable, échappant à toutes les poursuites et traversant les gazes les plus fines, et la mouche ordinaire, dont les innombrables essaims pénétraient dans les oreilles, les narines, la bouche, et s'attachaient à tous les aliments.

M. Baikie s'adjoignit à Igbégbé quelques naturels, dans l'intention de les employer comme interprètes et comme messagers. Parmi ces hommes se trouvait un certain Zuri, un peu fourbe, un peu menteur, mais fort intelligent, et connaissant à merveille les pays circonvoisins, qu'il avait maintes fois parcourus. Pour se ménager partout de bonnes relations, il avait, suivant une coutume fort bizarre et cependant fréquente dans ces régions, épousé diverses femmes dans un grand nombre de localités. Il avait des enfants de plusieurs d'entre elles, et ne voyait que passagèrement les familles qu'il s'était ainsi créées pour les besoins de son trafic et la commodité de ses voyages.

D'Igbégbé, les voyageurs eussent bien désiré faire parvenir de leurs nouvelles aux établissements anglais; mais on leur dit que cela n'était pas possible à cause des dissensions intestines et d'une grande invasion de Fellatahs qui ravageaient alors le pays.

Les Fellatahs, Foulatahs, Peulhs ou Pûlo (cette dernière dénomination est celle qu'adopte M. Baikie) forment une race conquérante qui, à une époque encore récente, a asservi presque tout le Soudan occidental, et dont les bandes armées portent le ravage et la terreur dans les pays qui ne subissent pas encore leur joug. Par leur teint à peine bronzé, leurs traits réguliers, la largeur de leur angle facial, leur intelligence manifeste, ils accusent le mélange du sang caucasique. Ils ont les traits allongés, le front élevé, le nez aquilin, les yeux très-expressifs. L'épaisseur des lèvres est le seul trait qui rappelle leur parenté avec les noirs. Ils sont de grande taille, maigres et peu musculeux. Bien qu'ils aient adopté l'islamisme, leurs femmes ne se couvrent pas le visage. Ils ont des lettrés appelés *mallams*, qui se reconnaissent à leurs turbans blancs et à un morceau d'étoffe qui leur couvre la bouche. Ils étaient alors la terreur de l'Igbira, pays situé dans l'angle que forment à leur confluent les deux cours d'eau, et venaient de saccager la ville importante de Panda, que Lander a décrite sous le nom de Fundah.

La navigation dans le Binué, objet principal de l'expédition, conduisit d'abord les Anglais à la bourgade d'Hatscho. La rivière se déployait devant eux dans un lit magnifique, entre des collines verdoyantes. A Hatscho, de fâcheux dissentiments éclatèrent entre le chef scientifique de l'expédition et son commandant maritime. Ce dernier officier, M. Taylor, semble avoir eu le tort de pousser la prudence jusqu'à la timidité. Tandis que M. Baikie regardait comme possible et nécessaire d'aller en avant, M. Taylor déclarait qu'on ne pouvait se risquer plus loin sur une rivière qui se transformait, disait-il, en un lac infranchissable. Le différend, porté devant les officiers, fut tranché à l'avantage de M. Baikie, et M. Taylor s'étant dès lors retiré dans sa chambre, le chef scientifique de l'expédition disposa du commandement militaire en faveur de M. Marcus, second de M. Taylor. Il était temps en effet qu'une autorité vigoureuse intervînt dans la conduite de la campagne. « Depuis trente-six jours, dit M. Baikie, nous étions dans la rivière, et nous n'avions pas encore atteint Dagbo, point où Allen et Oldfield étaient parvenus vingt et un ans auparavant. Des lenteurs inutiles se renouvelaient chaque jour au milieu des disputes continuelles du commandant et de ses officiers. La saison avançait rapidement. Faute d'une mesure décisive, on risquait d'échouer... »

A partir de ce moment, les travaux de l'expédition se poursuivirent avec une activité nouvelle. Jusqu'ici, on s'était arrêté le dimanche; on ne fit plus qu'une courte halte pour célébrer l'office divin. Enfin on atteignit Dagbo, qui est la première ville du territoire de Doma; puis on arriva à Akpoko, qui n'avait jamais vu de blancs. Le lit du Binué est, à ce qu'il paraît, souvent bouleversé par des tourbillons de vent qui sont un phénomène tout local et suivent le cours de la rivière. Un jour, M. Baikie put constater que, tandis qu'un de ces ouragans sévissait sur le fleuve, à une distance de quinze milles il tombait seulement une pluie fine et légère.

Une longue halte à Ojogo, jolie petite ville située à la pointe d'une île du Binué, fut motivée par le désir qu'avait M. Baikie de recueillir des renseignements sur les voyageurs Barth et Vogel. Ayant appris que des hommes blancs avaient été vus depuis très-peu de temps à Keana, ville voisine d'Ojogo, il y envoya des messagers. La halte à Ojogo, qui se prolongea du 23 août au 4 septembre, fut mise à profit pour des travaux d'histoire naturelle, de linguistique, des observations astronomiques et des relèvements trigonométriques du cours de la rivière. Dans toute cette expédition, tandis qu'une partie de l'équipage faisait du bois, M. Baikie et M. May descendaient à terre pour mesurer la rivière par triangulation. A Ojogo, cette opération excita grandement la défiance des naturels. Le chef s'imagina que l'on venait prendre possession de son territoire. Tous les noirs, en voyant ces Européens regarder alternativement vers le ciel et à leurs pieds, les croyaient occupés à des opérations de magie, et ce ne fut pas sans peine qu'on parvint à les détromper. Le docteur Baikie leur dit qu'il cherchait un endroit où l'eau fût assez profonde. Des cadeaux et des services rendus achevèrent de surmonter les craintes : un jour, M. May fabriqua une jambe de bois pour un naturel qui avait eu la jambe emportée par un des crocodiles qui pullulent dans tout le Binué. Les hippopotames peuplent aussi cette rivière ; sur les bords, les éléphants errent en troupes, et on entend les cris de la hyène et du léopard.

La polygamie est en usage à Ojogo. Les femmes portent des bracelets en cuivre rouge ou en laiton, rarement en ivoire. Le pays a une monnaie particulière très-bizarre ; elle consiste en de petits lingots de fer, de la forme d'une pelle, que l'on enfile, et dont trente-six sont le prix d'un esclave. Par un usage assez étrange, mais que d'autres voyageurs ont retrouvé chez plusieurs peuplades de la Guinée, les sœurs du chef ne se marient pas, et elles ont le privilége de choisir l'homme qui leur plaît, puis de le quitter à volonté. Il y en a qui ont ainsi une douzaine d'enfants de différents maris.

A Ojogo, nos voyageurs entendirent parler d'une race de noirs étrangers qui s'étaient établis dans le pays. On les appelle *Mitshi* ou *Misi*, et on les dépeignait comme des cannibales sans foi ni loi, perfides et querelleurs. La haine de race et la rivalité de tribu pouvaient n'être pas étrangères à cette façon de les représenter; toutefois on ne tarda pas à reconnaître qu'elle n'était pas entièrement fausse. Quelques-uns de ces Mitshi vinrent en canot à Ojogo. Ils sont tatoués, et tout leur extérieur a un aspect étrangement sauvage. Leurs traits, peu intelligents, offrent le type nègre le plus laid, et leur teint est très-foncé. Ils se vêtent peu et ne sortent qu'armés d'arcs et de flèches. Leur langage ne ressemble à celui d'aucune des peuplades environnantes. Comme Akpama, un de leurs villages, n'est situé qu'à un mille du territoire d'Ojogo, M. Baikie résolut de les voir chez eux. Dans cette intention, il voulut mettre à profit un jour de marché, et suivre, dans une de ses embarcations, les gens d'Ojogo, qui allaient échanger leurs marchandises à Akpama; mais il arriva très-mal à propos : on en était aux mains sur le marché, et les Mitshi tombaient sur leurs hôtes, qui se rembarquaient au plus vite et faisaient force de rames. Malgré ce contre-temps, les Anglais continuèrent d'avancer; mais les Mitshi, qui croyaient que c'était un renfort pour leurs ennemis, montraient des dispositions tout à fait hostiles. Ils étaient réunis en grand nombre sur une berge haute de huit ou dix pieds, gesticulant et faisant des menaces. M. Baikie essaya de les apaiser en leur montrant quelques présents : ils ne voulurent rien entendre, et comme l'interprète redoutait de se charger d'une mission trop périlleuse, M. Baikie, qui en toute occasion ne fit pas moins preuve de prudence que de fermeté, rebroussa chemin. Il apprit que les accidents tels que celui dont il venait d'être témoin étaient fréquents, et jugea qu'ils ne tiraient cependant pas à conséquence, car il vit peu de jours après des Mitshi revenir comme d'habitude à Ojogo. Un de leurs chefs, interrogé sur le motif de la querelle répondit qu'il l'ignorait, et que si l'on n'avait pas laissé aborder les blancs, c'est qu'on croyait qu'ils venaient au secours de leurs amis d'Ojogo.

Au 4 septembre, les messagers ne revenant pas, on se remit en route. En interrogeant de nouveau l'homme qui prétendait avoir vu des blancs à Keana, M. Baikie avait reconnu que la traduction fautive d'une expression l'avait induit en erreur : ce n'était pas depuis six jours, mais depuis six semaines, que ce naturel avait quitté Keana, lorsque les Anglais avaient atteint Ojogo. En quittant Ojogo, la *Pleiad* côtoya les terres du Korofora, puis celles de l'Hamaruwa, pays gouverné par un sultan de la race belliqueuse des Fellatahs. Ce souverain est le troisième qui occupe le trône depuis la conquête des Pulos ou Fellatahs. Antérieurement à l'invasion, plusieurs races se partageaient le pays, et quelques-unes d'entre elles conservent encore une demi-indépendance. Les divers cantons payent au sultan d'Hamaruwa un tribut annuel, consistant en esclaves, et dont le chiffre paraît varier entre trente et quarante.

Le révérend M. Crowther fut député au chef d'Hamaruwa. Les formalités exigeaient trente jours de délai avant la réception; mais le souverain, impatient de voir l'étranger, voulut bien passer par-dessus l'étiquette. M. Crowther, selon une habitude dont il ne se départait pas, sollicita l'autorisation d'envoyer en Hamaruwa des missionnaires pour convertir et moraliser les indigènes. Le sultan répondit qu'il n'y voyait pas d'inconvénient, mais que ses sujets idolâtres étaient tellement sauvages, qu'il ne pensait pas qu'on en pût jamais rien faire. Quant au voyage, avant d'en autoriser la continuation, il prétendit qu'il fallait prendre à Sokoto les ordres du sultan, son suzerain. En attendant, il permit de descendre à terre et de faire le négoce.

La ville est située à 15 milles dans l'intérieur des terres. M. Baikie s'y rendit, non sans peine, au milieu de marais et de fondrières où aucun chemin n'avait été tracé. Aussitôt qu'il parut, une grande foule l'environna; on considérait avec étonnement son teint blanc et ses vêtements. Sa boussole excita par-dessus tout l'admiration, quand on vit qu'à l'aide de ce petit instrument il pouvait fixer avec précision la position de tous les pays qu'il avait traversés. Un des plus savants *mallams* de la contrée, qui avait fait le voyage de la Mekke, car tous les Pulos de ce pays sont de zélés musulmans, pensa le jeter dans l'embarras en lui demandant s'il avait entendu parler de la

Mekke et de Stamboul, et s'il saurait en fixer la position; mais une femme enceinte qui se trouvait là le pria de cacher cet instrument dans la crainte qu'il ne portât malheur à son enfant. Les signes d'écriture n'excitaient pas moins la curiosité; on lui demanda de tracer quelques caractères. Le docteur écrivit sur un morceau de papier *Hamaruwa, 25 septembre* 1854, et le donna à l'un des chefs; tous voulurent en avoir. Il divisa alors son papier et en distribua les fragments aux naturels, qui les considéraient comme des amulettes. A son retour, le docteur s'égara à la poursuite d'insectes; il ne put regagner son bâtiment, et passa la nuit dans le feuillage d'un boabab.

On touchait cependant à l'époque où la rivière décroît. Quelques symptômes de maladies s'étaient manifestés, particulièrement chez les marins indigènes qui étaient constamment exposés à de grandes fatigues. Cette circonstance, la difficulté chaque jour plus prononcée de se procurer du combustible, plus encore les premiers indices de la baisse des eaux déterminèrent le chef de l'expédition à laisser la *Pleiad* et à clore cette reconnaissance par une excursion en canot. Il embarqua donc pour quelques jours de vivres, et parcourut un espace d'une vingtaine de lieues dans l'est. Les localités qu'il visita appartenaient à la tribu sauvage des Baibai et sont appelées Lau, Djin et Dulti. Les habitants sont de plus en plus barbares; toutefois à Lau le docteur put recueillir quelques renseignements sur les pays qui s'étendent plus loin. Il apprit qu'il n'était plus qu'à une distance de cinq journées du Faro, grande rivière que Barth avait vue à son confluent avec le Binué. La possibilité d'atteindre les pays du Soudan par la Tchadda était dès lors démontrée, et M. Baikie, rejoignant la *Pleiad*, se décida à redescendre l'important cours d'eau qu'il venait d'explorer.

La dernière partie du voyage de la *Pleiad* n'offrant aucun incident remarquable, nous ne suivrons pas les courageux navigateurs à travers des lieux déjà visités. Il y a quelques mots à dire cependant du pays nommé Igbira, où les voyageurs recueillirent de nouveaux détails sur les désastres causés par la grande invasion des Púlos. Le roi de ce pays, retiré depuis le sac de Panda dans la ville de Yimaha, redoutait de nouvelles violences après l'inondation. Au moment où la *Pleiad* repassa, il venait de recevoir une députation de ses ennemis, qui s'engageaient à lui accorder la paix s'il voulait s'astreindre à un tribut de cent esclaves, et le pauvre roi délibérait avec ses officiers sur cette proposition. Laissant de côté l'étiquette, il vint trouver M. Baikie et lui fit part de la demande, ajoutant qu'il penchait à ne rien accorder, parce que s'il livrait les cent esclaves demandés, ses ennemis ne tarderaient pas à en exiger le double. Il songeait donc à se retirer jusque dans l'Akpoto, bien qu'il lui fût pénible d'abandonner Yimaha, qui s'était relevée de son désastre de l'an passé, et qui redevenait très-florissante. L'Anglais ne put qu'approuver sa résolution, puis aux consolations qu'il lui donna, il ajouta quatre sacs de cauris destinés au rachat de ceux de ses gens que les Púlos avaient pris. Ces pauvres gens, si fort maltraités par l'invasion et l'oppression des Púlos, sont inoffensifs et de mœurs douces et bienveillantes. Il deviendra facile aux Européens de s'établir au milieu d'eux, s'ils continuent à les gagner par de bons traitements. Ils sont bien plus industrieux qu'on ne le supposerait : Yimaha, malgré ses malheurs récents, était une ville populeuse et active. Les Anglais ont vu sur son marché toutes les denrées dont les riverains du Binué et du Kworra inférieur font commerce, huile, sel, beurre, vin de palmier, fruits, poissons, céréales, parmi lesquelles quatre espèces de blé. L'industrie n'est pas moins active; il y a des teintureries, des filatures, des fabriques de nattes, des brasseries, car les divers grains servent à faire une bière qui, sans valoir le vin de palmier, a cependant un goût fort agréable. Nos Anglais virent un forgeron actif et qui maniait avec une grande dextérité ses instruments grossiers ; cet ouvrier industrieux attisait son foyer avec deux outres de peau de bouc auxquelles était attaché un tuyau de cuivre; un petit trou qu'il ouvrait et bouchait alternativement avec la main, servait à l'introduction de l'air. « Nous fûmes si charmés de son adresse, dit M. Baikie, que nous lui fîmes présent d'un marteau. »

Ce ne sont pas seulement les nègres d'Yimaha qui sont actifs et industrieux. Dans l'Igbo, qui fut visité bien plus longuement au retour qu'au départ, il se fabrique de jolis tissus à raies. Les chefs de l'Igbo forment une aristocratie très-compliquée, et sont beaucoup plus belliqueux que ceux de l'Igbira. Ils sont couverts de bracelets et de colliers. Leur costume se compose uniformément d'une pièce de calicot serrée autour des reins, d'une peau de léopard jetée sur les épaules, et d'un bonnet rouge orné de plumes rouges et blanches, dont le nombre indique combien d'ennemis ils ont tués corps à corps. Beaucoup en portent cinq ou six, et le roi a droit à sept.

Dans ce pays, assez avant dans l'intérieur des terres, entre le Niger et la rivière du Vieux-Calebar, il y a une ville sainte du nom de Aro; elle est, à ce que disent les naturels, le séjour de *Tchuku*, l'Être suprême, lequel a un temple où les *djù-djù* (prêtres) entrent en communication directe avec lui. Les rites de cette religion sont grossiers et bizarres. Lorsqu'un homme va consulter *Tchuku*, il est reçu par un prêtre, au bord d'un ruisseau, en dehors de la ville. On sacrifie une poule, et, si l'offrande est mal reçue, les prêtres jettent dans l'eau une teinture rouge : ils prétendent que l'eau du ruisseau est changée en sang, et que le pèlerin a été emporté par *Tchuku*. On ne le revoit plus en effet, et il paraît que les *djù-djù* le dirigent à la côte pour le vendre comme esclave. Une consultation à Aro n'est donc pas sans danger; toutefois il est facile avec une offrande convenable de se rendre la divinité propice, et M. Baikie vit un homme qui revenait d'Aro; il était revêtu encore du caractère sacré que communique ce pèlerinage, et en signe de sainteté il avait le tour des yeux barbouillé de jaune.

Il y a un autre dieu que *Tchuku*, lequel s'appelle *Grissa* ou *Tchuku-Okelé*. Celui-ci est le dieu créateur chez lequel les bons iront, après leur mort, faire bombance, à moins qu'ils ne préfèrent retourner dans telle contrée qui leur plaira sur la terre. Cette croyance est l'origine du touchant espoir que des nègres esclaves témoignent en mourant lorsqu'ils disent qu'ils reverront leur pays natal. A ces deux divinités, l'une toute-puissante, l'autre bienfaisante, est opposé Okomo, l'esprit du feu. C'est lui que les méchants consultent quand ils veulent réussir dans quelque entreprise perverse. Heureusement l'on peut contre-balancer par d'autres prières les vœux d'un ennemi ; ainsi, lorsqu'un homme méditant un meurtre a été invoquer Okomo, sa future victime peut, si elle en est avertie, aller à son tour porter ses prières et surtout ses présents sur son autel.

A Abo, principale ville de l'Igbo, tous les habitants de quelque distinction, hommes et femmes, ont un *djù-djù* (ce mot s'applique aux objets sacrés aussi bien qu'aux personnes) qui les préserve de toute mauvaise influence. Ce *djù-djù* consiste habituellement en une mâchoire inférieure de cochon, ou, à défaut d'un si beau talisman, en un morceau de bois qui a cette forme. Les morts sont couchés dans des fosses creusées au milieu même de leur hutte, que leurs héritiers n'abandonnent pas pour cela. Jadis les grands personnages étaient placés dans des tombeaux en forme de larges entonnoirs, entre deux couches d'esclaves que l'on immolait pour cette circonstance. M. Baikie dit que cette pratique sanguinaire tend à disparaître; il paraît cependant que quarante esclaves furent encore immolés à la mort du dernier roi. Les femmes portent des bracelets en ivoire très-lourds qui sont rivés à leurs jambes. Le temps est mesuré par saisons et mois lunaires, lesquels sont divisés en sept périodes de quatre jours. A la côte, les cauris ont perdu toute valeur; plus on se rapproche de la mer et plus ils diminuent de prix; dans l'Igbo, c'est le sel qui sert d'intermédiaire pour les échanges.

Après l'Igbo, la *Pleiad* traversa l'Oru et revit la mer.

Cette exploration de la rivière Tchadda, le principal affluent du Niger, est très-complète; le petit vapeur a remonté la grande rivière aussi loin que possible. Mais si le cours d'eau tributaire est désormais bien connu, il n'en est pas de même de toutes les parties du majestueux fleuve. Les précédentes explorations du Niger laissaient subsister une lacune entre les villes de Yauri et de Say sur le cours moyen du Niger. Say est un peu au-dessus du treizième parallèle nord. Le docteur Baikie voulut que le bassin entier lui dût sa reconnaissance hydrographique, et il est reparti en 1859 sur le petit vapeur à hélice *Dayspring*. Malheureusement l'expédition a été retardée dès son début par un accident : le steamer a échoué sur les bas-fonds du fleuve, en un lieu appelé Rabba, près de l'entrée du Niger, et il a fallu beaucoup de temps pour réparer ses avaries. Partie en 1860, l'expédition a reconnu le Napé et l'Yoruba, avec les villes de

Gorju et de Bida, dans une contrée montagneuse entourée de plaines bien cultivées, qui produisent surtout de l'huile et du coton. Un des membres de l'expédition, le lieutenant Glower, a dressé une carte du cours inférieur du Niger et de son delta, qu'il est si utile de connaître. Quant à la région entre Yauri et Say, le temps n'a pas permis de l'étudier d'une façon complète; ce sera pour une prochaine expédition qui, sans doute, ne se fera pas attendre.

Résumons maintenant les résultats obtenus par l'expédition anglaise de la Tchadda. Ces résultats ont un double intérêt. D'abord le Binué ou Tchadda a été reconnu sur un espace de cent vingt lieues environ au delà du point atteint jusqu'à ce jour par les hommes d'Europe. Les mœurs des indigènes, étudiées attentivement, ont prouvé qu'il était possible d'entretenir avec eux des relations amicales. La route fluviale du Soudan a été en quelque sorte tracée, pendant que le docteur Barth explorait si courageusement la route terrestre de la même région. Par le Binué, mis peut-être en communication avec le lac Tchad, au moyen du Schari ou du Serbewel, les Européens entreront facilement en possession du cours du Soudan par les voies fluviales, c'est-à-dire relativement faciles. C'est maintenant ce qu'il s'agit de rechercher, si quelque canal naturel n'unit pas la Tchadda ou quelques-uns de ses tributaires aux affluents du Tchad. A défaut de canal naturel, on est sûr que l'industrie européenne pourra, si elle se fixe dans ces lointaines contrées, subvenir aux besoins de la navigation et compléter l'hydrographie de ce bassin central par des canaux faits de main d'homme. Telle est la part qui, dans la campagne de la *Pleiad*, intéresse la science géographique ; mais à un autre point de vue la tentative de M. Baikie n'est pas moins curieuse. — Elle a prouvé qu'en se soumettant à quelques règles hygiéniques, les Européens pouvaient affronter certaines régions de l'Afrique regardées jusque-là comme interdites à l'explorateur par les influences meurtrières du climat. Elle marque ainsi, on peut du moins l'espérer, le point de départ d'une ère nouvelle dans l'histoire, jusqu'à présent si funèbre, des explorations africaines.

CHAPITRE VII

LA TERRE DE LA LUNE ET SES HABITANTS

Les capitaines Burton et Speke se préparent à pénétrer dans l'Afrique intérieure. — Excursions le long de la côte. — Le fleuve Pangani. — — Peuples divers. — Départ pour l'intérieur. — Les Ghâtes africaines. — La ville de Kazeh. — L'Unyamwezi, terre de la Lune. — Histoire. — Climat. — Sa population. — Le *tembé*. — L'*ivanza*. — Le *pombé*. — Variété des aliments. — Passion des indigènes pour la chair et pour le sucre.

Pour résoudre les questions encore incertaines que nous venons de mentionner et qui devaient compléter l'éclaircissement des problèmes de l'Afrique intérieure, la société géographique de Londres résolut de tenter une expédition décisive en 1856. Ces lacs signalés par les missionnaires d'après des renseignements indigènes, il fallait qu'un voyageur européen en vérifiât l'existence et qu'il recherchât s'ils se rattachaient au bassin formé par les montagnes aux neiges éternelles qui venaient d'être découvertes et si le Nil ne tirait pas ses sources de ces masses d'eau situées par delà l'équateur.

La Société royale jeta les yeux pour cette difficile entreprise, sur un officier de l'armée du Bengale, le capitaine Richard Burton, qui s'était signalé déjà par un important voyage en Arabie, où sous le costume musulman, comme jadis notre compatriote Caillié, il avait visité les sanctuaires de l'Islam; tout récemment le même officier avait pénétré dans la cité sainte de Harar, au nord-est de l'Afrique, ville interdite aux chrétiens, et y avait séjourné au péril de sa vie. Burton résolut de s'associer un compagnon de son entreprise et il fit choix de M. Speke, comme lui officier dans l'armée des Indes, qui avait pris au Thibet et dans l'Himalaya l'habitude des pénibles voyages. Déjà même, M. Speke avait fait une tentative par la côte est de l'Afrique, mais elle avait mal réussi, les Somalès s'étaient jetés à l'improviste sur son camp, avaient tué un de ses compagnons, l'avaient pris lui-même, et il ne s'était échappé qu'à grand'peine.

Les deux voyageurs devaient procéder par la côte est; c'est le chemin qui obtient les préférences, aujourd'hui que l'on a reconnu l'impossibilité presque absolue de franchir les marécages qui enveloppent le Nil à sa naissance et de surmonter la malveillance des populations riveraines de son cours supérieur. Ils quittèrent Bombay en décembre 1856 et vinrent débarquer à Zanzibar d'où le consul anglais devait leur faciliter leur départ dans l'intérieur. Dans la prison de la forteresse de Zanzibar il y avait alors un nègre chargé de fers et attaché à un canon de façon à ne pouvoir se tenir ni couché, ni debout.

Il avait été un des assassins du jeune Français Maizan, qui avait essayé, quelques années auparavant, de pénétrer en Afrique, et il expiait son crime dans cet affreux supplice.

Les préparatifs pour le départ n'étant pas encore complets, les voyageurs employèrent leur loisir à une excursion aux établissements de la côte, et ils allèrent visiter la station religieuse de Rabbaï-Mpia. Ce fut le missionnaire Rebmann qui les reçut et il put leur donner de précieux renseignements sur les races habitantes des régions qu'ils allaient visiter. On les distingue en populations essentiellement nomades, telles que les Somalis, Gallas et Masaï qui sont déprédatrices et partant très-redoutables. Les demi pastorales, telles que les Wakamba, qui changent assez fréquemment de demeures, mais font cultiver des terres par leurs femmes, se livrent aussi au pillage. Les peuples agricoles, Wanika, répartis entre la mer et les grands lacs, sont des métis de noirs et d'Asiatiques; généralement ils sont très-bien faits. De ce point les voyageurs se rendirent à Pangani, marché principal de la côte, qui est situé à l'embouchure d'une rivière de même nom. Ce lieu compte environ 4,000 âmes et fait un commerce assez considérable de grains, de beurre, d'ivoire, de cornes de rhinocéros, de dents d'hippopotames.

Le parcours du Pangani est difficile à cause des rochers et des chutes qui l'embarrassent; mais il déploie de magnifiques paysages; la nature s'y montre sous l'aspect le plus imposant, avec sa végétation puissante et variée. Les cocotiers, les aricas balançaient leurs couronnes au dessus du rivage semé de lis et d'autres fleurs éclatantes. Le *Nakhl-el-Schaytan*, palmier du diable, qui n'a pas de tronc, projetait ses branches grosses comme une cuisse humaine, à trente et quarante mètres du rivage. Par malheur, l'homme a flétri de ses dévastations cette splendide nature : çà et là on voyait quelques vestiges de cultures, des cases la plupart désertes, portant encore la trace de l'incendie. Les habitants avaient disparu, à l'exception de quelques pauvres pêcheurs qui s'empressaient de prendre la fuite, à la vue des étrangers. Le cri de quelques oiseaux d'eau, les bruits du vent troublaient seuls le silence de cette solitude. Quelquefois aussi l'hippopotame, troublé par le bruit des rames, levait sur la surface de l'eau une tête étonnée; de longs alligators, semblables à des troncs d'arbres, regardaient passer la barque d'un œil terne et endormi, et les singes effrayés grimpaient des pieds et des mains, avec les gestes les plus capricieux, au sommet des arbres.

Après une rapide excursion à Fuga, lieu principal de l'Ousambara, composé de 500 huttes et peuplé de métis de Wasumbaras et d'Arabes, les deux Anglais revinrent à Zanzibar d'où ils partirent à la fin de juin 1857 pour leur voyage dans l'intérieur.

Leur caravane se composait de douze soldats beloutchis, de guides, de porteurs, de domestiques, en tout quatre-vingts personnes. Trente ânes portaient les bagages. Ils poussèrent dans l'ouest en passant par les stations successives de cette région. Leurs premières étapes furent Bagamoyo, le cours du Kingani qui coule dans une vaste et fertile plaine d'alluvion, que les indigènes appellent *Mrima*, le Continent; ils atteignirent ensuite Zungomero, village situé au pied d'une chaîne qui présente une étonnante ressemblance avec les montagnes du Dekkan et que les voyageurs proposent pour ce motif d'appeler Ghâtes orientales. Elles sont formées de granit, de grès et de calcaire, et sont habitées par les Wasangara qui vivent sous des huttes coniques faites de pièces de bois et de gazon. Ils sont agriculteurs et entretiennent des bestiaux. Cette chaîne des Ghâtes orientales ne s'élève guère au delà de dix-huit cent vingt mètres; elle est suivie d'un plateau d'élévation inférieure où soufflent sans cesse les vents frais de la mer. On l'appelle plateau du Wagogo; son sol maigre n'est guère propre à la culture; et des forêts vierges, peuplées de bêtes sauvages en occupent la plus grande superficie. Cependant ses habitants, les Wanyamvezi, sont une population nègre active qui joint au mérite d'être agricole quelque peu d'industrie. De ce point les voyageurs poursuivirent leur route dans l'ouest; mais leur itinéraire devint, à partir de ce moment, de plus en plus pénible; ils avaient à souffrir d'un soleil dévorant presque perpendiculaire, de toutes sortes de privations, et des funestes influences d'un climat malsain; ils arrivèrent bien fatigués dans la région d'Ugogo, et s'arrêtèrent pour se remettre quelques jours dans sa capitale, Ugogi. Ce pays est distant de la côte d'environ six semaines d'une marche de caravane. Il est peuplé d'une race de métis, ses plaines sont riches en grains, ses montagnes en bestiaux. On y tue souvent des girafes et des éléphants. Ugogi est élevé de 2,760 pieds au-dessus du niveau de la mer. Le climat en est très-salubre; les nuits y sont fraîches et sans rosée, les brises et les rafales de la mer tempèrent l'ardeur d'un soleil vertical.

Quelques étapes encore menèrent nos voyageurs à Kazeh, lieu principal du district d'Unyanyembé, sous le cinquième parallèle sud. Là ils firent un séjour de plus d'un mois pour se remettre de leurs fatigues; c'est l'usage des caravanes qui viennent de la côte. Avant de se diriger sur les lacs, elles se refont à Kazeh, pendant six semaines, des privations et des labeurs qu'elles ont endurés. Cette ville, une des plus importantes de l'Afrique centrale, est tout arabe, et elle est le rendez-vous des caravanes qui s'en vont dans l'intérieur chercher l'ivoire. Les voyageurs n'eurent qu'à se louer de l'hospitalité de leurs hôtes arabes. Quand ils eurent pu compléter leur personnel, car il n'était pas facile de se procurer des porteurs, ils se remirent en marche et visitèrent, dans le nord-ouest, le marché important de Msené. Ils étaient alors aux limites de la région des lacs, l'Unyamwezi, région fameuse dans toute l'Afrique orientale et centrale ; son nom signifie, dans la langue indigène, *Terre de la Lune;* on l'appelle aussi le *Paradis,* le *Jardin de l'Afrique.* C'est un rapprochement assez singulier que cette Terre de la Lune, non loin des régions où le géographe Ptolémée plaçait les montagnes de la Lune. C'est le résultat sans doute d'une tradition qui existait au temps du Grec comme aujourd'hui. Quant à la chaîne qui peut répondre aux montagnes de la Lune, c'est plus au nord qu'il faut la chercher.

Cet État de l'Afrique centrale, entre les quatrième et cinquième degrés de latitude sud, qui comporte deux grandes divisions, l'Unyamwezi propre et l'Uvinza, s'étend dans une longueur de deux cent cinquante kilomètres, entre le désert de Mgunda à l'ouest, la rivière de Malagarazi à l'est, le lac Nyanza au nord, les États d'Ugala, d'Ukimbu, d'Uwende au sud, au sud-est et au sud-ouest. Les caravanes indigènes le traversent en vingt-cinq ou trente jours, avec quatre haltes. L'altitude de cette région varie de 900 à 1,250 mètres. Les Portugais, à la fin du seizième siècle, ont les premiers entendu prononcer ce nom, qui depuis a été marqué, défiguré de diverses façons sur les cartes de l'Afrique. D'anciennes traditions conservées dans le pays représentent l'Unyamwezi comme ayant formé jadis un État puissant sous un seul chef, et elles ajoutent qu'il y a bien longtemps, au temps des pères des grands-pères, mourut le dernier souverain de l'Unyamwezi. Ses fils et les principaux des grands se partagèrent son empire, et ainsi fut morcelé ce puissant État; aujourd'hui, en effet, il est coupé en grand nombre de subdivisions, ayant chacune leur chef particulier. Dans toute l'étendue de ce territoire une seule langue est en usage, mais, comme tous les autres idiomes africains, elle s'est modifiée dans une infinité de dialectes.

L'Unyamwezi n'a pas de montagnes; un terrain argileux y recouvre diverses sortes de granit qui, de place en place, s'élancent avec des formes pittoresques du sol, en vastes dômes, en blocs puissants et bizarrement entassés. Le climat y est généralement salubre; cependant, pendant l'été, les vents d'est raffraîchis par les alluvions marécageuses des vallées et des plaines de l'Usagara, balayent cette contrée, comme la tramontane l'Italie, coupe de courants froids la chaude atmosphère, et, par le brusque contraste de ses transitions, produit des refroidissements et engendre de cruelles maladies. On signale aussi dans certaines parties de cette contrée des fièvres bilieuses. Les pluies sont abondantes et violentes dans la saison qui dure de septembre à mai. Pendant cette longue période les fortes ondées se succèdent presque constamment et ne sont interrompues que par des intervalles de quelques heures, rarement de quelques jours. Au contraire dans la saison sèche, la terre présente un aspect de grande magnificence; c'est à juste titre que cette contrée est appelée le Jardin de l'Afrique intertropicale, et le charme est d'autant plus vif après le contraste des plaines rouges et stériles de l'Ugogo, et à côté de la verdure épaisse et monotone des provinces plus occidentales. Les villages sont nombreux et bien peuplés; on les voit, à de courts intervalles, se dresser du milieu du labyrinthe de haies vertes qui couvrent certaines parties du sol. La terre est bien cultivée; le bétail est vigoureux et le grand nombre de chèvres et de brebis donne une bonne idée de l'abondance et de la prospérité de cette terre.

Les villages sont, comme dans les pays voisins d'Usagara et d'Unyanyembé, formés d'une espèce particulière de maisons qui portent, dans ces pays, le nom de *tembé*. M. Burton a observé que la façon dont les demeures africaines sont construites porte des traces du caractère différent des races et peut servir à marquer le degré de leur industrie. Ainsi le tembé, habitation d'une race plus riche et plus intelligente, est de beaucoup supérieure à ces huttes coniques, primitives, qui sont en usage dans la plupart des régions de l'Afrique. A la côte est les villages ont des maisons assez vastes, longues ou carrées, avec un toit de chaume en pente et de larges rebords débordants, en guise de verandahs. Elles sont faites de claies et de menus morceaux de bois mêlés de terre. Dans toutes les contrées qui avoisinent le littoral, c'est le *nyumba* qui domine, hutte circulaire dont il existe beaucoup de variétés; la plus simple est un cône fait de lattes et de branches liées à leur extrémité supérieure et recouvertes de chaume. Il n'a pas de fenêtres et la porte consiste dans un trou percé à l'un des côtés.

C'est la cabane des peuples tout à fait barbares. Une espèce un peu supérieure rappelle les ruches d'abeilles. Ce sont des maisons en forme de coupes, avec des côtés renflés; elles sont couvertes de chaume coupé en petits ronds superposés comme des tuiles. A distance, on les prendrait pour des nids d'oiseaux retournés. Le mode le plus fréquent est de forme cylindrique, composé de longues douves ou de troncs non travaillés de jeunes arbres plantés en terre et rattachés par des osiers ou des jeunes branches enlacées d'une façon circulaire et parallèle. On y applique, en dedans et en dehors, une couche de vase; quelquefois on y figure de grossières imitations d'hommes ou d'animaux. La hauteur de ces huttes est de sept à quinze pieds, leur diamètre de vingt à vingt-cinq. Le toit est de même fait de bois et de boue; il a un rebord de cinq à six pieds destiné à protéger les habitants contre les ardeurs du soleil ou contre les déluges de la saison des pluies. Dans les régions de grande chaleur et d'humidité on construit en dedans un second mur, semblable au premier, qui forme comme une seconde maison intérieure. C'est dans l'Afrique centrale, à l'est du lac Tangaganyika, que la classique maison africaine de boue fait place au plus confortable tembé. Les Arabes n'usent guère d'autres constructions, et ils en ont transporté le mode de l'autre côté du lac, là où reparaissent chez les populations indigènes les huttes circulaires.

Ces tembés sont de forme oblongue ou carrée, souvent irrégulière et munie à chaque angle d'une espèce de petit fort qui les protége contre les attaques. Au corps principal sont souvent ajoutés des plans circulaires ou demi-circulaires. Dans les Ghâtes africaines, elles sont ovales ou rondes, suivant les exigences des côtes et des sommets sur lesquels elles sont bâties. Dans les pays où le bois est rare, on les construit avec des troncs de mimosas, et elles ne dépassent pas sept pieds de haut. Au contraire, là où le bois abonde elles ont beaucoup plus d'élévation. Dans l'espace libre qui s'étend devant la principale entrée, on élève quelquefois une sorte de décoration faite de bambous rangés en demi-cercle. Beaucoup de tembés sont ornés aussi de représentations grossières d'hommes et de serpents; souvent même on y voit, au-dessus de l'entrée principale, figurer la croix; mais les habitants ne semblent pas en faire un symbole religieux. Dans la plupart des villages, on ne pénètre que par une longue ruelle en palissades, étroite et sombre. La toiture est faite d'argile et de pièces de bois sur lesquelles on répand un épais gazon; on lui donne une pente pour l'écoulement des eaux, mais peu inclinée, de façon à pouvoir y déposer les réserves des grains, le bois à brûler, le manioc, les pastèques, les champignons et tous les articles qui ont besoin de mûrir ou de sécher au soleil. Ces toitures n'ont pas de rebords, on y monte par des échelles primitives formées de troncs auxquels on a laissé des tronçons de branches. Durant la saison des pluies les toits se recouvrent d'un épais gazon, et à distance les lignes de tembés présentent l'aspect d'ondulations du terrain. Sur chaque face de la maison s'ouvrent une ou deux portes de largeur à laisser passer une vache. Après le coucher du soleil on les ferme soigneusement, et les habitants se gardent bien de sortir jusqu'au matin.

Chaque maison a ordinairement deux chambres que l'on appelle *but* et *bin*. Leur longueur varie de vingt à cinquante pieds et leur largeur de douze à quinze. Elles sont séparées par une cloison en bois ou par des nattes en paille, laissant une petite ouverture pour le jour. Le *but* sert de parloir, de cuisine et de dortoir. Le *bin* reçoit quelque clarté des portes ou d'une crevasse; le nègre africain n'a pas encore inventé la fenêtre. C'est le magasin de la famille; on y laisse, la nuit, les chevreaux et les agneaux; c'est aussi l'asile des poules et des pigeons qui couvent. Le plancher de terre battue est rude, raboteux, inégal. Dans des cours attenant à chaque maison, les bestiaux sont entassés, et leur nombre, les soins incomplets qui leur sont donnés rendent l'atmosphère malsaine et favorisent les maladies de peau et la phthisie. La cour centrale a ordinairement de belles plantations d'arbres, à l'ombre desquelles les enfants jouent, les hommes fument, les femmes travaillent. Il y a encore, attenant au témbé, une petite case, le *nizimeo*, c'est-à-dire la hutte au fétiche où les dévots portent leurs offrandes. Il y a aussi, dans les villes et villages, des lieux publics appelés *iwanzas*; ils ont une certaine analogie avec les cafés et les cabarets où l'on vend des liqueurs fortes dans les pays civilisés. Les noirs qui aiment beaucoup à se trouver réunis, les fréquentent au détriment de leur travail. Dès le matin, après un premier repas, l'Africain s'en va, muni de sa pipe, à l'iwanza. Là, il trouve une nombreuse compagnie exclusivement de son sexe, et il y passe la plus grande partie de la journée à bavarder, à rire, à fumer et quelquefois à dormir comme une bête de somme. Il se livre aussi au jeu, et presque toujours avec frénésie. Ces sauvages n'ont que des jeux de hasard d'une simplicité primitive; mais il n'est pas rare d'en voir qui, après avoir perdu tout ce qu'ils possédaient, se sont joués eux-mêmes et livrés comme esclaves; ils en viennent à proposer comme enjeux leurs femmes et leurs enfants, et l'on en citait un dans un village de l'Unyamwezi qui avait risqué la liberté de sa mère contre une vieille vache.

Il n'y a pas seulement des iwanzas pour l'usage des hommes; les femmes ont aussi les leurs; habituellement chaque localité, chaque campement en a deux, placés à ses extrémités opposées. Ceux des femmes sont des sortes de harems inaccessibles aux étrangers. Au contraire ceux des hommes sont entièrement publics. Ce sont de larges huttes quelquefois plus confortables que celles du voisinage, soutenues par de grossières colonnes. Le toit est ordinairement une couverture de chaume surélevée d'un pied au-dessus des murs, ce qui fournit une excellente ventilation. Une rangée de troncs raboteux et pointus protégent l'iwanza contre l'invasion des bestiaux. Au linteau des deux portes d'entrée sont appendus des queues de lièvres, des crinières de zèbres, des cornes de chèvres et autres objets du même genre, servant d'appel au public, ou regardés peut-être comme étant doués d'une vertu protectrice. La moitié de l'intérieur est réservée à une espèce de lits de planches appelés *ubiré*, où s'étendent les dormeurs et les ivrognes. Les murs sont décorés avec des lances, des bâtons, des arcs, des pipes; les plus somptueux iwanzas sont ornés de défenses d'éléphants. Dans ces lieux, non-seulement on joue et on fume, mais aussi on mange; beaucoup de noirs désertent leur ménage pour vivre à l'iwanza; surtout on y consomme le *pombé*.

C'est une boisson très-commune, sous divers noms, à toute l'Afrique. Elle paraît être ce Θεῖος πότος, que des auteurs de périples grecs ont mentionné, et elle est vieille comme les sociétés de l'Afrique. En Égypte on l'appelle *buzal*; dans l'extrême est et sur le haut du Nil, *méritsa*. C'est le *xythum* de l'ouest et le *oala* ou *boyalou* des Caffres. Cette boisson est une espèce de bière sans houblon, faite moitié de grains et moitié des herbes *holcus* et *panicum*, qui sont de petites graminées très-amères. On met dans l'eau ces divers éléments et on les y laisse jusqu'à fermentation. Alors on les mêle à une égale quantité de farine et à un peu de miel. Le tout est bouilli trois ou quatre fois dans de grands pots, puis clarifié dans un filtre de nattes, ensuite on le rend à la fermentation, et au bout de trois jours il devient sûr comme du vinaigre. Il possède alors des propriétés très-enivrantes; on en vient vite à surmonter la première répugnance que cause cette amertume, par les effets de cette ivresse qui a quelque analogie avec celle que produit le kava océanien, et qui n'a pas de moins pernicieux résultats : la liqueur apporte à la tête une vive excitation, suivie d'un sommeil profond, avec une pénible courbature au réveil. L'usage qu'on en fait amène à la longue des rhumatismes et des hydrocèles. On reconnaît ses habitués à leur œil chassieux. Avant de tomber en ivresse un vétéran de cette passion peut absorber environ un gallon, c'est-à-dire cinq litres; il y a des êtres des deux sexes qui semblent ne vivre que de cet affreux liquide. Ce n'est cependant pas le seul moyen de s'enivrer; il y a encore le *togwa* fabriqué avec le *holcus*. Il a d'abord l'apparence épaisse du gruau mêlé à du miel ; mais devenu sûr il prend une extrême violence. Il y a aussi le *tembo* ou *toddy* tiré du cocotier, dont on fabrique le plus pernicieux alcool. Les Wajiji et autres populations sur le lac de Tanganyika extraient du palmier de Guinée une liqueur âcre et acide. Enfin avec le fruit du dattier on compose une espèce de vin, le *mawa*, qui enivre très-promptement.

On voit par ces détails, que les indigènes de l'Afrique orientale et centrale ne sont pas d'une haute moralité. Pour eux, l'idéal d'une belle existence, c'est l'inaction, boire, dormir, fumer, jouer, mais surtout manger. Le repas achevé ils se plongent pendant quelques heures dans une torpeur profonde. La chair, voilà le rêve de l'Africain, et il peut assez facilement le satisfaire dans les contrées riches comme l'Unyamwezi. Il a de plus le poisson, les grains et les végétaux. Le lait, le beurre, le miel et quelques fruits, tels que les bananes et la datte du palmier de Guinée, sont pour lui des aliments de luxe. Cependant le miel est très-abondant et il n'y a guère de village à la suite duquel on ne voie ces alignements de ruches que les indigènes appellent *mazinga*. Les produits des abeilles sont de deux sortes; l'un inférieur et très-bon marché est recueilli à l'état sauvage dans les forêts et dans les jungles. Il ressemble plus au produit des guêpes qu'à celui des abeilles. Il contient peu de cire et le miel est maigre et aqueux. L'autre au contraire est une bonne variété qui fournit une belle cire jaune que les Arabes mélangent au suif pour faire des sortes de bougies. C'est après les pluies que se produisent les meilleures qualités. Les années où le miel est abondant et bon marché, les Arabes en font un sucre qui a une couleur brune comme nos sucres de basse qualité, et dont on fait usage partout où ne croît pas la canne. Celle-ci d'ailleurs est employée dans son état naturel, car les noirs éloignés des Européens, n'ont pas encore imaginé d'en extraire les sucs et de les condenser. Cependant le sucre est une des friandises les plus recherchées en Afrique; on ne saurait imaginer les contorsions que fait un nègre pour mériter un morceau de sucre; il saute, il porte ses mains à sa tête et à son cœur: il le payera, s'il peut, son poids d'ivoire, et si quelques grains tombent à terre, il se jette dessus et les ramasse avec la bouche au risque de prendre de la boue ou du sable avec.

Le poisson abonde dans les lacs et dans les rivières de cette terre bien arrosée; cependant il est généralement abandonné aux pauvres et aux esclaves. Les végétaux sont réputés, de l'aveu des Arabes, sous cette latitude, acides et indigestes. La nourriture la plus prisée, c'est la chair; cependant elle est rarement le partage des gens de la campagne, quand ils ne peuvent pas mettre la main sur quelque débris des repas d'un chef. La chair préférée est celle du bœuf que les Européens trouvent échauffante. Le gibier est mis au-dessous des viandes d'animaux domestiques; après les bœufs on estime le plus la chèvre; quant au mouton il est considéré comme basse viande et vendu à vil prix; de fait ce bétail a dans l'Afrique inférieure un aspect chétif et misérable. Les poules, les pigeons sont aussi en grande faveur, mais les œufs excitent une aversion unanime sans qu'on puisse voir pourquoi. Des animaux sauvages, celui dont la chair est le plus estimée est le zèbre; on la fume et on la bat sans cependant lui retirer sa saveur. Des antilopes, quelques espèces sont tendres et succulentes, mais la plupart ont la chair noire, dure et indigeste. Une façon pour un voyageur européen de déterminer des Africains à l'accompagner, c'est de leur promettre une très-abondante nourriture. Faire des provisions est la seule chose pour laquelle dans les États les moins barbares de l'Afrique les noirs aient un peu de prévoyance. Ils sèchent, fument et salent de grandes quantités de viande. La viande battue, coupée en menus morceaux et mise avec du beurre dans des pots ou des calebasses forme un mets appelé *kawurmeh* et qui est en usage surtout pour les voyages. Si dans une étape le voyageur noir manque de viande et d'eau il ouvre la jugulaire à un de ses bœufs et se rassasie comme une sangsue. Il y a des tribus qui se font un ragoût de lait et de sang battus ensemble.

Le lait très-estimé de toutes les tribus, sert de boisson; il est aussi transformé en beurre et en espèces de fromages; le beurre est d'un grand usage et très-recherché, mais il est fort mauvais, à cause de sa préparation défectueuse; il prend vite une odeur et un goût rances; malgré cet inconvénient il ne paraît pas en moins plaire aux indigènes. Dans cet état les Arabes essayent de le purifier avec un mélange de farine ou de riz en poudre bouilli dans un peu d'eau. A l'ouest de l'Unyamwezi le beurre tient lieu d'huile dans les lampes. L'huile commune est tirée de diverses plantes appelées *karanga*, *bluiphali*, et de l'*arachis hypogea*. A défaut de beurre on l'emploie aussi bien que l'huile de coco; avec les fèves, le manioc, les patates douces et d'autres végétaux. Une qualité d'huile supérieure est l'*uto*, extraite de l'*ufata*, arbuste qui croît sur toute la côte et très-avant dans l'intérieur. L'huile de palme n'est en usage que sur les bords du lac Targanyika; on en extrait encore de diverses plantes qui, malgré l'infection de son odeur, reçoit un grand emploi, comme onguent, parmi les populations. Dans quelques endroits privilégiés croît une sorte de concombres dont les Arabes tirent une huile qui égale ou dépasse, assure-t-on, les plus fins produits de l'olivier. Quant à ce dernier arbuste, les Arabes et les noirs musulmans n'y touchent pas et ils n'en parlent qu'avec un respect religieux, à cause de la mention qui en est faite dans le Coran.

Tels sont les habitants de la terre fortunée de la Lune. Ils ne le cèdent guère en barbarie et en grossièreté à leurs congénères du reste de l'Afrique. Ce que nous aurons à ajouter sur leur industrie, leurs arts rudimentaires, leurs croyances, et leurs armes, se présentera naturellement quand nous pénétrerons dans leurs villes et que nous serons entrés avec une plus complète intimité dans leurs habitudes. Pour le moment il faut reprendre à la suite de nos voyageurs le chemin qui mène aux lacs, but laborieusement poursuivi dans leurs généreux efforts.

CHAPITRE VIII

LES INDIGÈNES DES BORDS DU LAC

Faune africaine. — Le singe *mbéga*. — Aspect du lac Tanganyika. — Ujiji. — L'esclavage. — Rapt des enfants. — Les Wajiji. — Les races de l'Unyamwezi, les Wakimbu et les Wanyamwezi. — Industrie. — Usages. — Le mariage. — Funérailles.

Nos voyageurs poursuivaient leur itinéraire à travers l'Unyamwezi et, bien qu'ils fussent très-fatigués, et que M. Burton particulièrement souffrît d'une cruelle ophthalmie, ils eurent le soin de recueillir des renseignements sur la faune et la flore du pays. La flore est tout à fait semblable à celle des régions voisines; la faune offre quelques particularités. Dans les jungles habitent le lion, le léopard, les hyènes. Le chat sauvage est fréquent dans les forêts; l'éléphant, le rhinocéros, la girafe, le buffalo du Cap, le zèbre, un animal appelé *quägga*, mais que les voyageurs n'ont pas pu voir, parcourent les plaines. Dans toutes les grandes étendues d'eaux, vivent l'hippopotame et le crocodile. Ce qui semble particulier à cette région ce sont diverses espèces rares de singes : le *nyanyi* cynocéphale rouge, noir ou jaune, qui atteint la taille d'un grand chien. On dit qu'il est la terreur des districts du voisinage et que les femmes surtout doivent craindre d'approcher de sa retraite. En troupes, ces cynocéphales, assure-t-on, ne craignent ni le lion ni le léopard. Il existe un autre genre de singes très-curieux, appelé dans le pays *mbéga*. C'est le même que le docteur Livingston a vu dans l'Afrique australe où on lui donne le nom de *polumé*. Il est remarquable par sa peau d'un noir luisant sur laquelle se répand une sorte de chevelure blanche comme neige. C'est un joli animal, bien propre, toujours occupé à polir sa belle robe. On le persécute pour sa dépouille; mais lui, suivant un dire des Arabes qui sent un peu la fable, ne veut pas la livrer, et, quand il est blessé et qu'il se sent près de périr, il la met lui-même en pièces. Ce joli quadrumane vit dans le feuillage, il ne descend guère à terre, et ne se nourrit que de jeunes feuilles et de fruits.

Dans le voisinage de l'Unyanyembé, on trouve, disent encore les Arabes, une espèce de chien sauvage, très-féroce, haute de dix-huit pouces, qui se ramasse en troupes de vingt à deux cents pour se jeter avec d'affreux hurlements sur les bêtes et même sur les hommes. Les oiseaux aquatiques, gibier toujours préparé pour le chasseur, abondent sur les moindres mares; les autruches deviennent aujourd'hui fort rares. Les animaux venimeux sont peu nombreux; il existe un serpent couleur d'ardoise, avec un ventre qui a l'éclat de l'argent, il n'est pas dangereux et on l'utilise dans les maisons pour la destruction des rats; il y a aussi un boa long de huit pieds, que l'on trouve surtout au milieu des rochers. Les grenouilles, les mille-pieds, les scorpions, les sangsues, abondent dans les mares et dans les campagnes. Des libellules aux larges ailes, aux brillantes couleurs, trois et quatre fois grandes comme celles de nos rivières, se jouent dans les joncs et les fleurs aquatiques des cours d'eau. La famille des papillons est innombrable, riche et variée à l'infini. Dans toute cette contrée la nature déploie ces formes luxuriantes que font naître les pluies et le soleil de l'équateur.

Nos voyageurs suivaient un chemin parallèle au cours du fleuve Malagarazi, le plus puissant affluent du grand lac. Ils coupèrent plusieurs cours d'eau tributaires du fleuve, traversèrent le district de Kinawané et parvinrent, le 13 février 1860, sur une hauteur d'où une longue ligne blanchâtre se dessinait à leurs yeux dans le lointain; ils obtenaient enfin la récompense de leurs peines et de leurs efforts : le lac Tanganyika s'étendait devant eux.

Rien, il paraît, de pittoresque et de magnifique comme le Tanganyika, enveloppé dans sa ceinture de montagnes, illuminé par les splendeurs d'un soleil tropical. En bas et autour l'œil contemple, sur le premier plan, les pentes abruptes et roides de la montagne au pied de laquelle court avec de nombreux détours le sentier des piétons, bande étroite et toujours fleurie de gazon couleur émeraude. Au-dessous s'étend une ceinture resplendissante d'un sable jaune, bordée tantôt par des joncs épais et tantôt frappée par les vagues claires et brillantes. Plus loin, en face, s'étend la vaste nappe d'eau, d'un bleu doux et lumineux qu'un léger vent du sud-est frise d'une écume couleur de neige. A l'arrière-plan se dessine un mur haut et droit de montagnes à teintes d'acier, éclairés par places de vifs reflets et découpant ailleurs sur une atmosphère d'azur ses échancrures rudes et sévères. A l'opposé, du côté du sud, sur un terrain bas, le Malagarazi court avec violence et décharge dans le lac ses eaux saturées d'une argile rougeâtre. Là, s'allongent les pointes et le cap d'Uguhha, et, si la vue plonge au delà, elle entrevoit un groupe d'îles, tachant le lointain horizon des flots. Les villages, les terres cultivées, les nombreux canots des pêcheurs, le bruissement éloigné des vagues battant la plage, tout cela donne à ce magnifique paysage le mouvement, la variété, la vie. Enfin les mosquées, les kiosques, les palais, les villas, les jardins, les vergers qui se dressent en plusieurs endroits, complètent, par leur contraste avec la magnificence et les profusions de la nature, ce merveilleux spectacle. « Quel charme! s'écrie M. Burton, que l'aspect des riants rivages de cette puissante crevasse que l'on appelle Tanganyika, après les baies silencieuses de l'Afrique orientale, avec leurs palétuviers semblables à des spectres, après la monotone traversée du désert, les jungles, les rocs sombres, les plaines brûlées du soleil, les noirs marécages, couverts de grandes herbes plates,

C'est la joie de l'œil et de l'âme, l'oubli des fatigues, des dangers, des incertitudes du retour, et le moment de braver plus de périls encore. Tous mes compagnons partageaint la vivacité de ma jouissance. »

Les voyageurs gagnèrent le lieu le plus proche du point où ils avaient touché le lac. Ce n'est qu'un village de huttes de gazon appelé Ukaranja, abri temporaire des caravanes qui vont à l'autre bord ; ils ne tardèrent pas à le quitter pour gagner Kawelé, autre village de la côte, sur l'autre rive d'un petit fleuve appelé Ruche ; ce fut leur dernière étape, avant le port d'Ujiji, centre le plus important du commerce sur le lac.

Ujiji n'est pas le nom seulement d'une ville, mais aussi d'une province dont elle est le lieu principal et que l'on appelle quelquefois du nom de Manyofo. Les Arabes qui rendent à l'Europe le service d'ouvrir et de préparer les voies à ses voyageurs par les relations qu'ils créent dans les régions les plus reculées de l'Afrique, dont ils habituent les indigènes à voir des étrangers, ont pénétré, seulement en 1840, dans l'Ujiji, dix ans après leur admission dans l'Unyamwezi. Ils jugèrent que cette ville serait un marché bien placé pour le commerce de l'ivoire et des esclaves avec les populations riveraines du lac. Leurs caravanes y font en effet de fréquentes visites durant la belle saison, de mai en septembre. On peut juger de la fertilité de cette province par ses vastes forêts et par la quantité et la puissance de ses fougères. Elle doit à sa grande humidité et aux ardeurs de son soleil une fécondité qui produit des végétaux presque sans culture; mais son climat n'est pas sain à l'issue de la saison humide. Le long des bords du lac on voit des champs où le riz s'élève à huit ou neuf pieds. Les habitants lui préfèrent cependant le sorgho, bien que les déprédations des singes et les dévastations des éléphants leur fassent subir des pertes fréquentes. Le principal grain est le *holcus* que nous avons vu déjà employé dans la fabrication de diverses boissons. Le millet ne croît pas dans ces régions. Les bazars d'Ujiji sont bien approvisionnés de canne à sucre, de tabac et de coton, de miel, de poisson, de bestiaux, parmi lesquels figurent des moutons à longue queue. Il y a aussi une espèce de petit bœuf, à larges cornes, avec une bosse peu proéminente, qui sont originaires des montagnes de Karagwah. Ils sont d'un prix très-élevé; une seule vache n'est pas estimée moins que le prix d'un esclave adulte. Les habitants mangent toute espèce d'animaux, depuis la fourmi blanche jusqu'à l'éléphant. La fourmi termite et cette mouche étrange, si funeste aux animaux domestiques, le tse-tse, que nous avons déjà vue dans l'Afrique australe et sur les bords du haut Nil, sont un des fléaux de cette contrée.

Ujiji est le centre du commerce d'ivoire qui se fait à plusieurs milliers de kilomètres autour de cette ville, et aussi le grand marché d'esclaves. Les tribus d'Urundi, d'Ukka, d'Uvira, de Marunga, lui en fournissent une quantité considérable. Il y a lutte d'activité et de fourberie pour cet article humain entre les Arabes et les marchands indigènes. Ceux-ci augmentent leurs profits en aidant à l'évasion des captifs, et les Arabes qui n'ont pas mis leur troupe à la corde ou à la chaîne perdent souvent vingt pour cent avant d'avoir passé le Malagarazi. Aussi le marché d'Ujiji a auprès d'eux une mauvaise réputation, et ils cherchent une autre place où le transférer. Le prix des esclaves est très-variable suivant le chiffre des demandes ; mais il n'est pas fort élevé, et, comme les noirs sont revendus à Zanzibar au prix de quatorze et quinze dollars par tête, il en résulte que la traite réalise cinq cents pour cent et que, malgré ses pertes, elle est d'un abondant profit.

L'esclavage semble être aussi vieux que les sociétés africaines, et à cela il n'y a rien de particulier et d'étonnant : les plus nobles races, à leur enfance, et même à des âges de plein développement, comme la Grèce et Rome, n'ont pas été exemptes de ce crime. De tout temps l'homme s'est plu à asservir son semblable. Par bonheur un sentiment plus élevé de la justice, les charitables enseignements de la religion, un respect mieux entendu de l'humanité, ont délivré nos sociétés de cet épouvantable fléau. Mais par toute l'Afrique il est dans sa pleine vigueur, et c'est une des causes les plus énergiques de sa dégradation, des luttes acharnées et constantes de ses innombrables tribus, une excitation permanente de toutes les mauvaises passions. Comment ces hommes se relèveraient-ils, s'ils se traitent eux-mêmes en brutes? Toutefois il est juste de reconnaître que, si l'esclavage en Afrique est très-général, cependant il n'y est pas universel; quelques tribus l'ont rejeté spontanément ou sous l'influence étrangère; telles sont, à la côte est, celles de Wakinda, de Watosi et de Wagogo. Les Arabes tiennent un vilain rôle dans ce honteux trafic; ils en sont les principaux entremetteurs, et c'est le plus abondant des profits qu'ils vont chercher en Afrique. Ce ne sont pas seulement les prisonniers ennemis qui sont vendus, mais souvent les parents les plus proches. M. Burton cite des tribus où l'oncle a droit de vente sur ses neveux et ses nièces.

Dans l'Afrique même, l'esclavage a assez de douceur. Il est rare qu'un maître traite durement des hommes jetés dans une condition où il pourrait si facilement se trouver lui-même. Le commerce se pratique de tribu à tribu, et les noirs qui sont vendus sur les grands marchés de la côte viennent souvent de très-loin. Les principaux dépôts de l'est sont l'île de Kasenge, Ujiji, Unganyembé et Zungomero. Les Arabes et les Wasawahili y viennent choisir les meilleurs sujets et les transporter à Zanzibar, le plus grand entrepôt du continent.

Les causes qui fomentent les guerres africaines ne sont guère politiques; ce ne sont non plus ni des rivalités ni des ambitions de chefs, mais par-dessus tout le vol des bestiaux et le rapt des enfants. Il y a des tribus pastorales, les Wamasaï, les Wakwafi, les Watuta, les Warori, qui prétendent que, seules, elles ont le droit de posséder des troupeaux parce qu'ils leur ont été transmis en don par leurs arrière-ancêtres, créateurs des animaux. Les enlèvements d'enfants sont très-fréquents; il y a des chasses organisées pour cet objet. C'est souvent l'ivoire qui est échangé contre les esclaves. Il serait difficile de fixer une valeur moyenne, rien de plus variable que le prix de la chair humaine; toutefois à Zanzibar on estime généralement de quinze à trente dollars un enfant; un homme de vingt-cinq à quarante ans se vend de treize à vingt dollars; plus vieux il ne vaut plus que de dix à treize. Les esclaves instruits dans quelque métier montent de vingt-cinq à soixante-dix. Le prix des femmes est d'ordinaire d'un tiers supérieur à celui des mâles.

Les droits payés par tête, à Zanzibar, varient suivant la provenance : les Wahiao, les Wangindo et autres, importés du Kilwa, ne payent qu'un dollar; de Mrima et de la région maritime ils en payent deux, et trois d'Unyamwezi, d'Ujiji et des autres régions de l'intérieur. Au dépôt central d'Unyanyembé, les prix sont beaucoup moins élevés; il y a aussi des marchés où les hommes se vendent plus cher que les jeunes gens qui ne sont pas encore adultes. Dans les marchés les moins chers, tels que Karagwa et Urori, on a un enfant pour trois vêtements et une petite mesure de grains de corail; un homme coûte le double et on ne prend pas les vieux noirs. Le nombre des esclaves annuellement introduits à Zanzibar varie entre dix et vingt mille. La perte par morts et désertions est évaluée à trente pour cent.

Peut-être un grand déploiement de forces pourrait-il frapper l'esclavage et le faire momentanément disparaître de Zanzibar. Aussi les Arabes, exploiteurs de l'Afrique, ont en horreur les Anglais et leur abolition de la traite. Mais ce ne sont pas les effets, ce sont les causes qu'il faudrait atteindre ; autrement ni flottes, ni traités, ne pourront avoir raison du trafic des hommes à la côte et bien moins encore dans l'intérieur. Dans les circonstances présentes, c'est en vain qu'on essayerait de cicatriser cette plaie toujours saignante ; le remède n'est pas dans la force, peut-être se trouvera-t-il, à son heure, dans la persuasion, la douceur, la bienveillance des enseignements. Mais combien cette heure est lointaine encore! Quelle misère, quelle dégradation, quelle négation de tous devoirs, de tous sentiments humains, de toute conscience, dans ce vaste continent! Les tribus variées et nombreuses y vivent dans une permanente inimitié : le fort se jette sur le faible et il le vend à la première caravane qui passe. Une telle barbarie ne saurait être le dernier terme de la destinée de tant d'êtres humains ; c'est à nos sociétés, sans doute mieux douées, mieux élevées, plus favorisées, de relever ces malheureux hommes, de dresser leur visage vers Dieu et de leur enseigner leurs devoirs. L'énergie de la charité chrétienne ne semble pas incapable de ce miracle ; mais quel temps, quelles séries de générations, quels efforts et quelle patience ne faudra-t-il pas pour opérer de si grands changements dans l'histoire actuelle du monde? Ne désespérons pas cependant, ce serait de la faiblesse ; et peut-être le redressement de tant de misère et d'horreurs se trouvera-t-il à la dernière étape de la marche que les hommes poursuivent sur cette terre ; peut-être sera-ce le couronnement de l'œuvre qu'accomplit la civilisation.

Sur les bords du Tanganyika aussi bien que dans tout le reste du continent, les familles noires sont très-diverses et très-nombreuses ; ainsi, dans cette région, on compte les Wajiji, les Wavinza, les Wakaranga, les Watuta, les Wahuha, les Wafipa. La science se perdrait à tenter l'explication de l'ethnologie africaine. Les Wajiji sont une population rude et très-barbare ; les chefs se couvrent les bras, la poitrine, le dos, de tatouages en lignes, en cercles, en raies entre-croisées. Ils se frottent d'huile ; la propreté n'est pas une vertu de l'Afrique ; leurs cheveux coupés ras sont disposés en croissants, en ronds, en lignes elliptiques, en boutons. Ils ont très-peu de poil sur la figure, et s'appliquent, hommes et femmes, de la terre rouge ou de la craie, ce qui les rend hideux. Les plus riches portent des étoffes de coton achetées aux caravanes ; les femmes revêtent une sorte de robe appelée *tobé*. Les pauvres gens portent des peaux de moutons, de chèvres, de cerfs, de léopards, de singes, attachées avec des cornes sur les deux épaules. Souvent ils y laissent la queue et les jambes, qui pendent derrière eux. A Ujiji on fait un grand usage des filaments intérieurs des écorces de certaines essences, qu'on laisse macérer ; ces étoffes indigènes remplacent le coton. On les appelle *mbugu* ; elles ont l'avantage d'être imperméables ; pour leur donner de la souplesse on les graisse avec du mauvais beurre.

Dans l'Unyamwezi il y a deux races distinctes : les Wakimbu et les Wanyamwezi. Les premiers ne sont pas indigènes ; ce sont des immigrants qui quittèrent leur pays et obtinrent la permission de s'établir dans l'Unyamwezi, il y a une vingtaine de *masikas*, c'est-à-dire de saisons de pluies. On compte ainsi les années par saisons dans cette partie de l'Afrique. C'est une population généralement pauvre, adonnée aux travaux pénibles. Les tribus Wanyamwezi, propriétaires naturels du sol, sont la race typique de cette partie de l'Afrique. L'activité, le commerce, une industrie relative, assurent leur supériorité sur les autres races. Ils sont couleur de sépia et leurs traits ne portent pas les caractères sémitiques des populations du littoral. Leurs cheveux crépus sont tressés en boucles ou en nattes, et pendent, comme des franges, sur le cou ; le poil est court et rare. C'est une population grande et vigoureuse ; les femmes sont remarquables par l'allongement des seins. Les hommes portent sur la figure une double ligne de coupures faite avec des couteaux ou des rasoirs, et s'étendant le long des tempes et du sourcil sur les joues jusqu'à la mâchoire inférieure ; quelquefois une troisième ligne coupe le front jusqu'à la naissance du nez. Les hommes se décorent en se frottant la face de charbon de bois ; les femmes préfèrent le bleu, dont elles se font autour des yeux des petites cicatrices perpendiculaires. Ces sauvages se déforment les dents comme tant d'autres ; ils leur donnent une forme triangulaire, et les femmes s'arrachent les incisives inférieures ; ils s'élargissent les lobes des oreilles. Leurs vêtements consistent en peaux plus qu'en étoffes, excepté pour les chefs et les classes riches ; les femmes portent un long *tobé* bien drapé ; les enfants restent nus, et les jeunes filles ne se couvrent pas la poitrine. Les petits enfants, là comme dans tout l'est de l'Afrique, sont suspendus dans une peau rattachée par des courroies sur le dos de la mère.

Les ornements favoris consistent en colliers de corail rouge, d'œufs de pigeons, de coquilles, en dents de jeunes hippopotames. Des anneaux de cuivre massif entourent les poignets et les avant-bras, et des cercles d'ivoire sont placés au-dessous du coude. Les chevilles sont entourées de clochettes et d'anneaux de fil de cuivre et de fer que l'on appelle *sumbos*. Dans leurs demeures beaucoup portent de petits objets creux où sont déposés des charmes donnés par le *moanga*, médecin. Les armes de ce peuple consistent en longues lances, en arcs, en flèches barbelées et empoisonnées ; ils ont aussi des couteaux à double lame. Ils font aussi usage de petites haches, moins fréquemment cependant que les tribus à l'ouest du Tanganejika. Le bouclier est de même peu usité. Cette race est belliqueuse et douée d'un grand courage.

La femme près de devenir mère quitte sa hutte et se retire dans les jungles. Elle revient quelques heures après, portant dans un sac, sur son dos, le nouveau-né, et sur sa tête du bois à brûler. Les jumeaux, très-communs dans la race cafre, le sont beaucoup moins ici. On en tue toujours un. Si une femme meurt sans enfants, le veuf peut réclamer de ses parents la somme qu'il leur avait donnée pour l'avoir en mariage; s'il y a un enfant, c'est lui qui hérite. Les naissances sont célébrées par de copieuses libations de *pombé*. Les mères allaitent leurs enfants jusqu'à la fin de la seconde année; à l'âge de quatre ans, l'enfant commence à s'exercer avec de petites flèches et de petites lances, dont la grandeur et le poids sont graduellement augmentés. C'est toute son éducation. Les noms sont donnés sans cérémonie, et la plupart du temps les indigènes prennent ceux de leurs visiteurs arabes. La circoncision n'est pas en usage. L'enfant est la propriété de son père, qui a droit de le vendre ou de le tuer. Dans les contrées plus septentrionales, notamment dans l'Usukuma, on retrouve un singulier usage, que déjà le docteur Baikie nous a montré à l'autre extrémité du continent, chez quelques populations de la Tchadda, c'est l'héritage par le neveu maternel; l'enfant hérite du frère de sa mère. Par une autre coutume qui semble la ruine de toute constitution sociale, les Wanyanewezi abandonnent la succession de leurs biens aux enfants illégitimes qu'ils ont eus d'esclaves ou de concubines; ils disent que c'est parce que ceux-là n'ont ni ressources ni protection. Dès que les garçons peuvent marcher, ils s'assemblent en troupes; à l'âge de dix ans ils commencent à garder les troupeaux, et bientôt, secouant la dépendance paternelle, ils aspirent à bâtir une hutte, à planter du tabac; il n'y a pas un garçon qui, vers dix ans, ne gagne déjà sa vie.

Les filles demeurent jusqu'à leur puberté dans la maison de leur père; mais ensuite toutes celles d'un même village qui sont à l'état adulte, généralement au nombre de sept à onze, se réunissent et se bâtissent chacune une hutte où elles puissent recevoir leurs amants hors de la surveillance de leur famille. Quand une d'entre elles est près de devenir mère, le jeune homme qui l'a vue est tenu à l'épouser sous peine d'amende, il en paye une aussi au père si elle meurt dans l'enfantement. Pour épouser, le jeune homme a également un prix à payer, qui varie, suivant les avantages et les qualités de la belle, entre une et dix vaches. La cérémonie du mariage est ensuite célébrée, à grand renfort de tam-tam, par des danses et le *pombé*. La polygamie est en usage pour les gens riches. L'épouse a la charge des bestiaux, des chèvres, de la volaille; c'est la femme qui sème et qui travaille la terre; chacun cultive son tabac. Les veuves quittent leur demeure, leurs biens, et demandent les ressources de leur existence à la prostitution.

Primitivement quand un indigène était mort, ses proches traînaient le cadavre par la tête dans une jungle où les hyènes et les autres bêtes fauves ne tardaient pas à le faire disparaître. Les Wanyamwezi étaient hostiles à la combustion pratiquée par les Arabes, et la traitaient de profanation. Mais ceux-ci ont réussi à la faire prévaloir légalement, et même à l'imposer à leurs hôtes. Aujourd'hui le défunt, la tête tournée vers le village où est née sa mère, est brûlé avec ses armes. Si c'est un personnage d'importance, on égorge en son honneur un bœuf et une brebis qui servent à un festin de funérailles, et on enveloppe ses cendres de leurs peaux. Les chefs de toutes ces peuplades, qui prennent uniformément le titre de sultans, sont également brûlés, et des rites cruels assombrissent leurs funérailles : trois femmes esclaves sont brûlées vives sur leur bûcher, pour leur épargner, dit-on, les ennuis de la solitude. De larges libations de *pombé* complètent la cérémonie.

On sait combien les sauvages de l'Afrique sont passionnés pour les danses et pour leur grossière musique; ceux de l'est et du centre ne le cèdent sur ce point à aucune autre peuplade. Quand la lune commence à se lever, ils sortent de leur torpeur, quittent leurs jeux, et, bondissant comme des chacals, appellent par le bruit de leurs cris et de leurs instruments primitifs les filles qui accourent et dansent, tantôt seules, tantôt mêlées à l'autre sexe. Il est remarquable que les danses dans l'Unyamwezi ont un caractère de gravité qu'on ne leur connaît guère ailleurs. Leur musique se compose des combinaisons de sons les plus monotones; c'est une sorte de récitatif, coupé par des chœurs en voix de basse; les notes élevées leur échappent. Les instruments de musique sont d'importation étrangère ; ils viennent de la côte, et même de Madagascar. Ce sont le *zezé* ou *banjo*, dont les sons ressemblent à ceux du *rubabah* monocorde des Arabes, qui paraît être le rude ancêtre de la guitare espagnole. C'est un long manche sur lequel court une corde, rattachée à une gourde ; il paraît qu'il donne six notes ; nous ne saurions indiquer la manière de s'en servir. Le *kinanda*, dont il existe deux sortes, est une sorte de prototype de harpe ou de lyre ; il consiste en une boîte longue de treize pouces, large de cinq ou six, profonde de deux, et qui n'a pas moins de onze ou douze cordes. L'artiste en joue à l'aide d'un archet en canne, long d'un pied, tenant l'instrument dans la main gauche. Comme le *zezé*, le *kinanda* est enrichi de dessins ou d'ornements en cuivre. Il y a aussi des tambours qui ne sont revêtus de peau que d'un côté, et beaucoup d'autres instruments encore, le *paddle*, le *stool*, le *kidete*, le *sange*, qu'il serait trop difficile de décrire.

L'industrie de ces sauvages consiste dans la fabrication de quelques nattes, de ces étoffes de fibre d'écorce dont nous avons déjà parlé, de poteries ; les calebasses servent aussi souvent à cet usage. L'Ujiji produit un excellent cuivre rouge qui est jugé digne d'être exporté par Zanzibar jusqu'en Europe ; les armes sont faites du fer indigène. Mais le produit dans la fabrication duquel l'Afrique orientale excelle le plus est celle des pipes ; elle en fait de toutes formes, de toute grandeur, et souvent fort gracieuses; ils les teignent de diverses couleurs, et quelquefois ils leur mettent des tubes de cuivre et de fer.

Tels sont les indigènes de l'Afrique centrale. On voit combien M. Burton nous a rapporté sur eux de renseignements neufs et abondants. Nous allons maintenant suivre les voyageurs dans leurs explorations sur le grand lac.

CHAPITRE IX

LES LACS TANGANYIKA ET NYANZA

Difficultés de l'exploration du lac. — Les embarcations indigènes. — Le pays d'Urundi. — Wafanya. — Populations anthropophages. — Le nord du lac. — L'Uvira. — Le Nyanza. — Retour des voyageurs. — MM. Roscher et de Decken. — Le voyageur du Chaillu à la côte occidentale.

C'est seulement après le *masika*, saison des pluies, que le Tanganyika devient navigable. A son extrémité septentrionale se décharge un cours d'eau que l'on dit très-important; mais les indigènes d'Ujiji se refusent absolument à s'y rendre parce que les tribus riveraines leur sont hostiles et qu'elles sont réputées anthropophages. Cependant M. Burton avait la ferme volonté de pousser jusqu'à ce point mystérieux son exploration ; enfin, après bien des pourparlers, un chef, appelé Kaunena, s'engagea, au prix, il est vrai, d'une somme exorbitante, à le conduire à Uvira, l'*ultima Thule* de la navigation du lac. Pour deux canots de petite dimension, ce guide exigea trente-trois bracelets de la valeur de soixante dollars, trente-six colliers de perles de verre, vingt vêtements et sept cent soixante-dix *dittos* ou porcelaines blanches; ce sont des coquillages semblables aux cauris de la côte occidentale. Il réclama de plus, pour le retour, une forte récompense, s'il avait bien rempli sa promesse; enfin, Burton mit le comble à ses encouragements en lui jetant sur les épaules une magnifique pièce d'étoffe écarlate, ce qui lui causa la joie la plus vive. Le capitaine et chaque homme de l'équipage reçurent, outre leur ration, huit vêtements, cent soixante-dix *kheté* de perles bleues, quarante porcelaines. L'interprète Sayfu se fit donner, pour sa part, la quantité extravagante de huit vêtements et de vingt-sept livres de porcelaines blanches et bleues. Les équipages des deux canots consistaient en cinquante-cinq hommes; c'était le double de ce qui était nécessaire, mais le prix était si avantageux, que la tribu entière fût volontiers venue.

Les canots se composent simplement des troncs, creusés à la hache, d'un gros arbre qui croît en abondance sur le territoire de Wagoma, en face Ujiji; d'autres, plus grands, sont faits de planches grossièrement taillées et rattachées avec des cordes de palmier. M. Burton put alors justement déplorer la perte d'une embarcation de fer qu'avait emportée l'expédition. Les canots indigènes n'ont ni mâts ni voiles; à l'arrière, dans un cercle de cuivre, est enfermé le gouvernail; des bandes de bois de palmier, élevées au-dessus du bordage, servent à protéger la cargaison, qui souvent consiste en sel. La manœuvre se fait avec des rames longues de six pieds et faites d'un fort bâton à l'extrémité duquel s'allonge un morceau de bois, en forme de trèfle, large comme la main. Les rameurs sont assis sur des bancs ; ils manœuvrent maladroitement leurs espèces de pagaies, et ne cessent d'inonder, par les éclaboussures, le canot et l'équipage. Ces embarcations présentent peu de sécurité, et on y entend presque toujours le cri : *Lenga !* videz l'eau ! Au centre, on laisse un espace vide, long de six pieds, où sont entassés les objets de rechange et les provisions. Ces canots sont tout à fait primitifs et doivent remonter à une haute antiquité.

Trois principales stations sont en communication avec Ujiji sur le lac. Ce sont : au nord, Uvira, marché d'ivoire et d'esclaves ; les îles de Kivira et de Kasenge, sur le bord occidental du lac, et la terre de Marunga, au sud.

Les mauvais canots d'Ujiji cabotent le long des côtes et ne se risquent à passer à l'autre bord que lorsque le temps est beau. Le rivage oriental du lac, le long duquel on naviguait, est composé d'un terrain rouge, sur lequel, çà et là, se dressent de grands blocs de grès ; au delà d'une plage, dont le sable quartzeux a des reflets de diamant, on voit, dans la plaine, se dresser des villages de pêcheurs. Ils sont ordinairement bâtis à l'entrée des vallées et des ravins, et la mer vient les battre. Au delà du sable, le sol est couvert de gazon, les huttes sont de terre et n'ont pas d'autre ameublement que des nattes et quelques outils de pêche.

A quelque distance, au nord-ouest, près d'un lieu appelé Wafanya, l'Ujiji fait place à l'Urundi. La population de ce nouveau pays est inhospitalière et insolente. Le chef de Wafanya vint en personne, précédé de son étendard, une lance au bout de laquelle pendait une longue queue faite des fibres blanche d'une écorce, et suivi d'une escorte de quarante à cinquante jeunes guerriers armés de lances et d'arcs. Il venait réclamer le présent dû par les étrangers qui débarquaient sur son territoire et reçut quatre vêtements, deux colliers et trois bracelets de corail, en échange desquels il donna, suivant l'usage, une chèvre. Les déprédations habituellement exercées par ces sauvages et leurs voisins, les autres riverains septentrionaux du lac, entravent toutes relations de commerce avec les régions situées plus au sud.

A Wafanya, les canots se préparèrent à traverser le lac, qui est coupé en deux stations par l'île Ubwari. La constante humidité de l'atmosphère entretient dans cette île de continuels brouillards. Elle est longue de quarante kilomètres, large de six ou huit, et composée d'une arête de rochers, avec des bords abrupts coupés çà et là de gorges étroites et profondes. Elle est couverte, du sommet au rivage, de verdure; sa végétation dépasse encore en profusion celle des bords du lac, et elle a des parties bien cultivées. Ses habitants sont très-redoutés; on dit que, derrière les arbres épais qui bordent le rivage, ils sont toujours à l'affût d'une proie humaine. Cependant les voyageurs descendirent sur deux points de l'île, à Mzima, sur la côte orientale, et à Mtuwwa, au nord-ouest, sans avoir à se plaindre des indigènes. Ceux-ci, que l'on appelle Wabwari, ne forment pas une belle race ; ils sont vêtus du *mbugu*, auquel pendent des franges taillées en queue de léopards. Les femmes attachent, avec une corde, leurs seins, de manière à leur donner une hideuse inclinaison. Elles sont couvertes d'une peau de chèvre ou d'une jupe de grossière étoffe d'écorce d'arbre. Les femmes des chefs portent des bracelets de cuivre et des ornements en perles. A Mtuwwa, le sultan de l'île réclama pour droit de visite un bracelet et deux vêtements.

De ce point, les canots se dirigèrent vers le rivage occidental, où ils atteignirent Murivumba, dans l'Ubembé. C'est une contrée dont les hommes, le climat, les moustiques, les crocodiles, sont, à ce qu'il paraît, également redoutables. Les indigènes y sont anthropophages; ils abandonnent à la nature sauvage un sol extrêmement fertile, et se repaissent des plus ignobles aliments, la vermine, les insectes, la chair putréfiée. Quant à la chair humaine, ils la mangent crue, tandis que leurs voisins, les Wadoe la préfèrent cuite. La population, qui se porta en foule au-devant des canots, avait un aspect sale, chétif et dégradé; pour la faire tenir en repos, le chef indigène d'un des canots tira sur elle un coup de fusil, et tous firent entendre d'effroyables hurlements.

A partir de ce pays anthropophage, les canots se mirent à côtoyer le rivage occidental du lac, et ils arrivèrent, après dix heures de navigation, à la frontière méridionale de l'Uvira. Le peuple de ce pays est policé relativement à ceux des environs ; le commerce y a une grande activité et la ville d'Uvira est un des premiers marchés d'ivoire de cette région. On y vend aussi des esclaves, des grains, des étoffes d'écorce, des ouvrages de fer. L'importation consiste en perles, sel, tabac, coton, étoffes. L'ivoire vaut son poids de cuivre ; le travail de ce métal est une des principales industries de ce pays. On y fabrique aussi des nattes, des corbeilles et des paniers. Les marchandises y sont, relativement aux pays voisins, à très-bas prix.

Les trois fils du sultan d'Uvira vinrent voir M. Burton. C'étaient trois hommes de formes athlétiques, les plus beaux types de la race noire de ces contrées. Leurs traits étaient agréables, réguliers et d'un noir de jais éclatant. Ils étaient bien drapés dans de larges vêtements d'écorce rouge, leur prunelle avait des tons d'opale, leurs dents étaient blanches comme l'ivoire et une profusion de colliers et de bracelets massifs chargeaient leurs bras et leurs jambes. Des colliers de dents d'hippopotames entouraient leur cou.

M. Burton subissait en ce moment un cruel désappointement : on n'était plus qu'à une très-faible distance de la pointe septentrionale du lac ; ses bords, en se resserrant, indiquaient qu'il allait finir, et les équipages se refusaient à avancer davantage. Kannena, sommé de remplir ses engagements, répondait que les populations de ces bords sont tellement sauvages, que tous les hommes refuseraient d'aller y risquer leur vie, et ni les promesses ni les menaces ne purent changer sa détermination. M. Burton eut du moins quelque consolation à pouvoir interroger les jeunes fils du sultan sur un pays qu'ils connaissaient bien. Ils purent lui affirmer que le Rusizi, la rivière mystérieuse du nord, n'est pas une décharge, mais un affluent du lac, contrairement à des assertions apportées par des Arabes. Maruta, le sultan d'Uvira, et les trois géants, ses fils, ne manquèrent pas de réclamer le présent de bienvenue; ils reçurent douze vêtements, des colliers de verre et trente colliers de corail. En échange ils envoyèrent des chèvres et du lait.

Lorsque l'expédition quitta Uvira, en avril, on était aux dernières convulsions de la saison humide, et de terribles tempêtes bouleversaient encore les eaux du lac. Les canots eurent à en subir une des plus violentes. A la suite d'un calme plat, survint un vent froid; le ciel était obscurci par des nuages que de temps en temps déchiraient les éclairs; la pluie tomba d'abord en ondées, puis par torrents, et le vent soulevait de grandes vagues. Les équipages, atterrés, trempés, poussaient des cris, et ils ne recouvrèrent la raison que quand l'orage eut cessé. Le retour de l'expédition s'effectua avec assez de promptitude; neuf jours après son départ d'Uvira, elle rentrait dans Ujiji.

L'exploration du lac Tanganyika a eu l'important résultat de nous faire connaître avec certitude l'état topographique de l'Afrique intérieure. Depuis qu'on avait appris par les récits arabes et indigènes l'existence d'une mer intérieure, on était tombé dans plusieurs erreurs; cette mer, on l'appelait Unyamesi, Nyanza, Ukerewé. Ces noms provenaient d'une confusion; Tanganyika est celui que lui donnent les populations riveraines et le seul qui lui convienne. Le lac Nyanza est une nappe d'eau distincte, séparée du Tanganyika par la chaîne des montagnes de l'Usukuma.

La partie que l'on connaît de ce lac coupe le deuxième degré de latitude sud; il est très-probable qu'il traverse l'équateur, que la haute chaîne à laquelle appartiennent les pics Kilimandjaro, Kénia, Ambolola, en forme le bassin, et que de ses eaux s'échappent les filets qui forment le Nil à sa naissance. M. Speke a poussé une reconnaissance sur les côtes méridionales, où il a visité l'Uquinba, l'Usabi, l'Ukindi, en s'arrêtant aux stations de Salawe, Nera, Urima, Ukumbi. Dans le lac même il a vu la partie méridionale des îles Ukerewé et Mazita. L'élévation de cette nappe d'eau est vraiment extraordinaire; elle est de 3,750 pieds au dessus du niveau de la mer; à laquelle le lac Tanganyika n'est inférieur que de 1,850 pieds. Sa partie septentrionale est inconnue même des populations qui en peuplent la côte sud. Elles disent qu'il faut un mois de navigation pour le traverser. Les Arabes de Kazeh prétendent que ce lac reçoit à la hauteur de l'équateur une rivière appelée Kitanguré. Dans la saison des pluies le Nyanza déborde et prend une grande extension; sa profondeur passe pour être considérable; ses rivages sont plats ou bordés de montagnes peu élevées. Son eau est douce ; elle a des teintes bleues et claires qui sous le vent du sud-est s'assombrissent, mais jamais elles ne prennent les couleurs verte et rouge du Nil. Les îles d'Ukerewé et de Mazita sont bien peuplées et leurs habitants font un grand commerce d'ivoire. Le marché le plus important de cette précieuse denrée se trouve à Urudi, sur la côte orientale.

La barbarie des riverains de ce lac a, suivant les récits des Arabes, causé souvent de graves dommages : il y a quelques années, une caravane de cinq cents hommes, venue dans le pays de Wakuba, après un très-long voyage, se prit de querelle avec les indigènes : elle était munie de fusils; mais, quand elle eut usé sa poudre, elle fut dispersée et beaucoup de ceux qui la composaient périrent. Quelques-uns parvinrent à se réfugier à Unyanyembé et à Kazeh. Depuis ce temps les Arabes ne se hasardaient qu'avec beaucoup de précautions sur les bords du lac.

Le Tanganyika a une eau douce et limpide très-agréable à boire. Il est très-profond et il n'est pas facile d'y pratiquer des sondages. Les affluents sont nombreux ; il est le grand réservoir de tous les cours d'eaux et de tous les torrents de cette partie de l'Afrique que la dépression du sol lui amène. M. Burton pense qu'il est le résultat d'un grand déchirement volcanique; l'infériorité de son niveau par rapport à la mer semble peu favorable à cette hypothèse. On ne lui connaît pas d'affluent ; par conséquent il ne communique pas avec les autres lacs de l'intérieur. Mais après la saison des pluies il recule ses limites. La persistance alternative des vents de l'est et de l'ouest jette ses vagues à vingt ou trente pieds de son lit sur les rives plates, c'est ce qui a fait croire aux Arabes que ces mers intérieures avaient un mouvement de flux et de reflux qui en réalité n'existe pas.

Aussitôt après le retour de leur expédition navale à Ujiji, nos voyageurs firent leurs préparatifs de départ; ils étaient pressés de rentrer sur le théâtre de la civilisation blanche. Ils quittèrent à la fin de mai 1858 ces régions de l'Afrique intérieure, sur lesquelles ils rapportaient tant de notions neuves et précieuses. L'Unyanyembé, Kazeh, les autres principales stations de leur voyage, les revirent. C'est de Kazeh que Speke, s'engageant dans la direction du nord, alla visiter les régions qui bordent le lac Nyanza. Burton, durement éprouvé par les fatigues multipliées du précédent voyage, ne put se joindre à son compagnon; mais il mit son séjour auprès des Arabes de Kazeh, à profit, pour recueillir des informations sur les États situés au nord de ceux qu'il avait visités. Il apprit ainsi que Kibuga, capitale de l'Uganda, est à cinquante trois stations d'Ujiji et qu'elle en est séparée par l'Usui et le Karagwah. Ce royaume nègre est celui qui forme la lisière septentrionale du lac Nyanza et il est riverain des rivières Kitangure et Kitangule, affluents du lac; il est entièrement situé sous l'équateur. Les montagnes s'y élèvent à une hauteur de 2,500 mètres; elles sont entrecoupées de gorges et de vallées assez fertiles,

les plaines et les jungles y sont rares. Peut-être ces montagnes sont-elles celles qu'il convient de regarder comme répondant à ce que le géographe Ptolémée appelait montagnes de la Lune et dont le vice-consul anglais à Khartoum, M. Petherick, croit avoir atteint les premières ramifications en remontant le Nil. Si ce fait se trouvait vérifié, les reconnaissances des voyageurs européens seraient bien près de se rejoindre; du nord et du sud ils commenceraient à se donner la main par-dessus l'équateur.

C'est ainsi, en utilisant par l'étude des renseignements indigènes les nombreuses haltes forcées de leur retour, que nos explorateurs atteignirent, en février 1859, les côtes de l'océan Indien qui allait les emmener loin de cette Afrique qu'ils ont contribué à nous faire connaître.

En rentrant au milieu de nous, ces voyageurs n'avaient cependant pas l'intention de prendre un long repos; dès 1861 ils sont repartis, M. Burton, en Amérique, où il a visité le pays des Mormons; M. Speke, s'adjoignant un nouveau compagnon, M. Grant, est reparti pour les régions des lacs. Les dernières nouvelles nous le montraient près d'Ugogo.

A ces efforts tentés pour pénétrer dans l'Afrique par sa côte orientale s'en rattachent quelques autres qui n'ont pas eu des résultats aussi heureux et dont plusieurs ont coûté la vie à leurs auteurs. A ce titre elles méritent d'être rappelées. En 1858, un jeune Allemand, M. Roscher, entreprit aussi de rechercher les sources du

Nil. Il se rendit à Zanzibar, recourut à l'expérience du docteur Rebmann, et, sur les indications de ce savant voyageur, prit la route du Kilimandjaro avec l'intention de mesurer les hauteurs de la chaîne à laquelle ce pic puissant appartient et de vérifier s'il est réellement chargé de neiges. Une fièvre violente, qui le saisit à Kiloa, le força de retourner à Zanzibar. Rétabli, il modifia ses premiers plans et se dirigea vers le lac Nyanza, en prenant sur sa route de nombreux relevés astronomiques; déjà il était parvenu en un lieu appelé N'gombo, à peu de distance du but de son voyage, au mois de mars 1860, et il s'apprêtait à redescendre vers le Tanganyika, quand il a été lâchement assassiné par un indigène.

Un de ses compatriotes, le baron de Decken, s'apprêtait en ce moment même à le rejoindre. La nouvelle du triste sort de l'infortuné Roscher n'a pas retenu ce nouveau soldat de la science. M. de Decken s'est rendu à Quilao, au sud de Zanzibar, en octobre 1860, et, accompagné d'une nombreuse caravane il s'est engagé dans l'intérieur. Arrivé en un lieu appelé Nesuelé, la mauvaise volonté de ses porteurs et la trahison de son guide le forcèrent de revenir sur ses pas. Cet insuccès n'a pas découragé le voyageur; il s'est proposé de repartir dans l'ouest, par une route plus septentrionale, dans la direction des monts Kénia et Kilimandjaro où il est récemment parvenu.

A ces explorations de l'Afrique équatoriale s'en rattache encore une qui a été dirigée, par la côte occidentale, sous l'équateur même, au-dessus du Congo. Son auteur est un Américain, d'origine française, M. A. du Chaillu. Les savants ont adressé quelques objections à la relation du voyageur; ils lui ont reproché de ne pas fixer avec une assez complète précision ses indications géographiques et ont cru voir dans ses récits quelques traces d'exagération. Mais, comme il est incontestable que M. du Chaillu a fait en Afrique un long séjour et qu'il en a rapporté les plus riches collections, propres à nous donner des notions très-neuves sur l'histoire naturelle de ces lointaines régions, nous ne saurions méconnaître les obligations dues à ce voyageur, et ses découvertes méritent de nous arrêter.

M. du Chaillu commença ses explorations par la côte qui fait face à Fernando-Pô. Longeant la sierra de Cristal, il traversa les diverses embouchures du Muni, du Munda et les forêts épaisses et pernicieuses de palétuviers qui croissent sur ses bords; puis il fit une halte à l'établissement français du Gabon. M. du Chaillu fait observer que cette embouchure forme un estuaire profond et bien abrité où peuvent mouiller les plus grands navires. La rive droite du fleuve est couverte d'une admirable végétation; la rive gauche est basse et couverte de marécages. Les tribus riveraines du Gabon sont belles, les hommes y sont grands et forts; cependant elles dépérissent journellement sous les funestes influences de la polygamie, des guerres intestines et des superstitions. En 1858 un chef de ces tribus mourut, et on égorgea soixante nègres sur sa tombe sous prétexte qu'ils lui avaient jeté un sort. L'antique tribu des Ndina n'a plus aujourd'hui que trois représentants.

Au delà de l'équateur le voyageur parcourut un pays accidenté et parsemé de lagunes où abondent les crocodiles et les hippopotames. Au sud de cette région débouchent dans la mer trois branches, le Nazareth, le Mejias et le Vaz, que jusqu'ici on croyait des fleuves distincts et qui ne sont que les bouches distinctes d'un même delta. Ce delta fut exploré par le voyageur qui pénétra, en remontant le cours principal, appelé Rembo, jusqu'à la ville de Goubie, à près de 200 kilomètres de la côte. Dans cette région, sur les bords du haut-Rembo, M. du Chaillu, à la tête d'une petite armée que le chef d'une tribu puissante mit obligeamment sous ses ordres, accomplit ces beaux exploits de chasse qui lui ont livré des spécimens de tous les animaux rares de cette contrée et particulièrement ces gorilles dont il a rapporté les dépouilles et qui sont les plus forts, les plus terribles des quadrumanes connus. Ces dépouilles, glorieux trophées, rapportés par le voyageur, ont été longtemps exposées au musée de New-York, et nous pouvons aujourd'hui les contempler dans une salle mise par la Société de géographie de Londres à la disposition du voyageur. M. du Chaillu s'avança à une grande profondeur encore dans l'est, visitant les tribus des Apingi et celle des Achira. L'épaisseur infranchissable des forêts mit enfin un terme à son voyage; il y avait quatre ans qu'il parcourait ces contrées qui jamais n'avaient vu de blancs avant lui, et il avait pénétré à 800 kilomètres de la côte.

Enfin, une tentative a été faite en 1858, pour remonter le Congo. Un officier de la marine anglaise, M. Hunt, s'est engagé dans ce fleuve sur le petit vapeur *Alecto*. Il nous apprend qu'à partir de Punta de Luisa, les cartes deviennent, à raison de leur inexactitude, des guides dangereux. Le Congo dessine de nombreux contours, et il est embarrassé d'une succession de rapides qui quelquefois le changent en véritable cataracte. A celles de Gallala le fleuve a cent quatre-vingt-deux mètres de large, il est bordé par des rives escarpées qui dominent de grands entassements de rochers, l'eau bouillonne au milieu des obstacles et se précipite avec violence, donnant un grandiose spectacle. Le pays avoisinant est fertile, couvert d'une luxuriante végétation. On voit les antilopes passer en longues bandes; les indigènes étaient craintifs et fuyaient devant la vapeur du petit steamer. Les hippopotames, les crocodiles, une espèce de grande loutre, sont les hôtes de ce fleuve comme dans toute l'Afrique intertropicale.

CHAPITRE X

LE DÉSERT

Anciennes explorations. — La régence de Tunis. — Excursion autour de Tripoli. — Monuments romains. — Les wadis. — Aspect du désert. — Une église romane dans l'oasis de Mizda. — Les Touaregs. — Danger que court Barth. — L'oasis de Ghat. — L'état d'Agadés. — Le sultan Abd-el-Kader.

Hérodote raconte que des jeunes hommes du peuple des Nasamons dans la Syrte, poussés par l'esprit d'aventures, se hasardèrent à pénétrer dans l'intérieur de l'Afrique, et qu'après avoir traversé une vaste région habitée seulement par des bêtes féroces, ils parvinrent à une contrée marécageuse peuplée de petits hommes noirs, arrosée par un fleuve où abondaient les crocodiles et couverte d'arbres fruitiers. C'est également de la Syrte, devenue le golfe de la Sidre, que sont partis les explorateurs qui, de 1850 à 1855, ont fouillé en tous sens l'Afrique centrale, ajoutant d'immenses développements aux vagues renseignements de l'historien grec. Entre eux et lui, dans la durée des vingt-trois siècles qui les séparent, les connaissances relatives à l'Afrique intérieure ne s'étaient pas enrichies de notions bien considérables ni surtout bien positives jusqu'au temps de Denham et de Clapperton. L'infatigable voyageur arabe du moyen âge Ebn-Batuta et, après lui, Léon l'Africain ont suivi le cours du Niger, ils ont même vu Tombouctou ; ils savent que l'intérieur de la Nigritie est occupée par une grande mer, mais rien d'assez certain ne résulte de leurs récits. Les Anglais se décidèrent alors à pénétrer eux-mêmes dans le centre de l'Afrique, et à soulever de leurs mains le voile dont cette région s'enveloppait. L'expédition de Denham, Oudney et Clapperton, de 1822 à 1824, eut pour conséquence de préciser la situation et l'étendue du lac Tchad et de ses affluents, d'établir quelques relations avec le Bornu, pays baigné par cette mer intérieure, de faire parvenir à l'Europe le nom de plusieurs autres États, la plupart inexplorés, d'apporter des révélations neuves et inattendues sur la population, les habitudes, l'état social des pays africains, enfin de faire espérer que peut-être il ne serait pas impossible d'ouvrir, avec les peuplades de ce monde reculé des relations de commerce. Afin de contrôler les assertions, de compléter les faits recueillis par ces explorateurs, le gouvernement anglais décida en 1849 l'envoi d'une nouvelle expédition, et c'est à cette entreprise exécutée avec un courage et une persévérance supérieurs à tous les éloges que MM. Richardson, Barth, Overweg et Vogel ont eu, avec des fortunes diverses, la gloire d'attacher leurs noms. Richardson s'était déjà fait connaître par un voyage heureusement accompli en 1846 et 1847 de Mourzouk, capitale du Fezzan, aux oasis de Ghat et de Ghadamès dans le désert. M. Barth, un des jeunes érudits les plus distingués de l'Allemagne, s'était aussi familiarisé avec la vie nomade par le long parcours du littoral de la Méditerranée et de la mer Noire; il avait vécu avec les caravanes, parlé l'arabe, étudié la langue berbère : on ne pouvait être mieux préparé pour le voyage qu'il allait entreprendre. Overweg, géologue et naturaliste allemand, n'avait pas encore eu l'occasion d'acquérir l'expérience des contrées de l'Afrique, mais il était plein d'ardeur juvénile. Quant à Vogel, Allemand comme les deux derniers, c'était un astronome et un physicien de vingt-deux ans. Il ne participa pas tout d'abord à la mission, et ne partit que lorsque la mort de Richardson, en 1851, eut fait un premier vide dans les rangs de la petite expédition.

De ces quatre voyageurs, un seul est revenu : c'est Barth; seul il a eu le bonheur de rentrer en Europe, de revoir sa patrie et sa famille, de dérouler intacts et complets les trésors de science qu'il avait amassés, de présenter aux hommes intelligents et instruits de l'Europe, qui durant cinq années ont eu les yeux tournés avec sollicitude vers les régions qu'il explorait, son ample butin. Le journal de Richardson a été publié, mais ce n'est qu'un document incomplet, puisque l'auteur est mort à mi-chemin. Les notes d'Overweg auraient eu besoin, pour être coordonnées et mises à profit, d'une main que la mort a glacée. Vogel, ce noble jeune homme auquel le climat avait pardonné, est misérablement tombé sous les coups d'un sauvage féroce. Les doutes si longtemps prolongés, au sujet de sa destinée, ne sont hélas! plus possibles. Ses notes au moins, legs de sa science et de son courage, seront-elles sauvées? Cela même n'est guère plus probable. Toutefois, au point de vue spécial de notre curiosité, nous n'avons pas à nous plaindre; Barth rapporte à lui seul de quoi nous surprendre et nous instruire : archéologie, ethnologie, découvertes géographiques, descriptions, détails pittoresques, les élémens les plus variés sont semés dans la relation de son voyage. Dans la multitude des faits que cet ouvrage embrasse et des pays où il promène le lecteur, il y a trois grands centres qui se détachent particulièrement : le désert, le Tchad et le Niger, et c'est sous ces divisions, tracées pour plus de clarté, que nous allons le suivre.

Dans les derniers jours de décembre 1849, Barth et Overweg, précédant en Afrique M. Richardson, qui ne devait pas tarder à les rejoindre, se trouvaient à Tunis, d'où ils partirent le 30 du même mois, après quelques préparatifs. La première heure de 1850 les trouva cheminant déjà loin du monde avec lequel ils venaient de rompre, le visage tourné vers l'inconnu, et près de la Syrte, sur une des stations de la route qui allait les mener de Tunis à Tripoli, ils échangèrent leurs poignées de main et leurs vœux pour le succès de leur vie nouvelle.

Rien de triste et de désolé comme les États demi-barbares de l'Afrique septentrionale ; celui de Tunis, malgré les efforts assez élevés de son bey actuel, n'échappe pas à cette dégradation séculaire. En revanche la nature ne lui a pas refusé ses dons : une superbe végétation y déploie toute sa magnificence, et les Romains y ont laissé des vestiges de leur puissance et de leur grandeur ; mais le luxe de la nature et les débris du passé ne font que rendre plus affligeant le contraste de la misère présente : peu ou pas d'industrie, quelques chétives demeures, une population misérable qui végète sous la dure oppression des soldats du bey. Il est surprenant de voir combien peu la proximité des peuples européens et le contact de la mer qui baigne les pays les plus civilisés du monde, a profité aux États musulmans qui bordent le littoral de la Méditerranée. Toutefois M. Barth affirmé que la régence de Tripoli est dans un état beaucoup moins déplorable que celle de Tunis. Sur cette terre semée jadis de villes fameuses, les Romains ont tracé partout leur forte empreinte ; on trouve des tronçons d'aqueducs, des tombeaux, des portiques non-seulement sur la côte, mais même bien avant dans le désert.

A Tripoli, où nos voyageurs arrivèrent après une navigation de quelques jours et un voyage par terre, qui ne furent ni sans ennui, ni sans périls, il fallut attendre pendant un mois M. Richardson, que les derniers préparatifs de l'expédition retenaient encore. Ce délai, les impatients voyageurs l'employèrent en excursions dans un assez large rayon autour de la ville. Ils se dirigèrent dans le sud-ouest d'abord, à seize ou dix-huit milles[1] à travers une contrée aride et sablonneuse entrecoupée de bouquets de verdure, jusqu'à la chaîne de montagnes du Jebel-Yefren et du Ghurian, dont les pics bouleversés fournissent de pittoresques points de vue; la nature y déchaîne de temps en temps des ouragans tels que des torrents se creusent des lits dans ce sol de roc et de pierre, et ramassent une masse d'eau suffisante pour se précipiter, à travers plusieurs lieues de sable, jusqu'à la mer. Cette contrée est habitée par de belliqueux montagnards, Arabes et Berbères, qui ne subissent qu'avec impatience l'oppression des soldats turcs du bey, et dont les villages, pendus aux flancs des montagnes, perdus dans les ravins, souvent dévastés, sont toujours des foyers de rébellion. Des monuments du temps des Antonins s'y dressent encore. Le château Ghurian, une des places fortes du pays, est assis sur des montagnes droites comme des falaises; alentour sont éparses, dans des sites pittoresques, au milieu de plantations de figuiers, d'amandiers, de vignes, d'arbres particuliers à la contrée, les demeures souterraines qui servent de refuge à des juifs et à des Berbères vivant là en bonne intelligence depuis un temps immémorial; ces derniers ont adopté les croyances juives.

---

[1] Le mille anglais est de 69 1/2 au degré et vaut 1,610 mètres.

Plus loin vers l'est, en s'avançant dans une plaine riche en vieux souvenirs, on rencontre un monument d'architecture étrange qui ne saurait être rapporté ni aux temps arabes, ni à la domination romaine : sur une base commune plantée dans la terre s'élèvent deux piliers quadrangulaires hauts de dix pieds, un peu inclinés l'un vers l'autre, et sur lesquels est jetée en travers une pierre massive longue de six pieds six pouces ; d'autres pierres, les unes plates, les autres hautes et creusées à leur surface, gisent au pied du monument principal, dont l'ensemble présente une frappante analogie avec nos monuments celtiques. Selon toute présomption, ces constructions doivent leur origine à des croyances religieuses, et elles indiquent ou l'énorme extension d'une des vieilles familles du globe, ou seulement peut-être l'existence chez des peuples divers d'une religion simple et uniforme dans l'expression de ses croyances primitives. Quelques-unes laissent apercevoir des traces d'art ; ce sont des mains romaines qui, plus tard, auront orné de quelques sculptures leur style rude et grossier. Plus loin, sur le bord d'un ravin, se dressent des colonnes du plus pur ionique ; là où s'étendaient quelques riants ombrages, où s'ouvrait un vallon, les grands personnages romains de l'Afrique se plaisaient à bâtir leurs monuments funéraires ; le plus remarquable par ses proportions est celui qu'on appelle *Kasr-Doga* ; il n'a pas moins de quarante-sept pieds de long sur trente et un de large ; les Arabes en ont fait jadis un château. De ce point quelques journées de marche ramènent à la côte et conduisent à Lebda, l'antique et illustre Leptis ; de là, les voyageurs regagnèrent Tripoli en suivant le bord de la mer.

Sur ces entrefaites, les instruments étaient arrivés d'Angleterre, précédant les armes, les présents destinés aux souverains et aux chefs de tribus et le reste du matériel, dans lequel était compris un bateau de fer démonté et destiné à naviguer sur le Tchad[1]. Munis de tentes assez basses pour résister à la violence des vents et intérieurement doublées pour arrêter les rayons du soleil, Barth et Overweg, bientôt rejoints par M. Richardson, prirent définitivement la direction du sud, et les premiers jours d'avril les virent sur leurs chameaux, suivis seulement de deux domestiques et des conducteurs de leurs bêtes de somme, dans le chemin qui conduit les caravanes au Fezzan, contrée située au midi de Tripoli, et qui n'est elle-même qu'une des plus grandes oasis répandues dans le désert.

Des plaines rocheuses ou calcaires coupées de montagnes sablonneuses dans lesquelles des torrents ont creusé de larges ravins presque constamment à sec, et que l'on appelle *wadis*; des chaînes bouleversées d'où s'élancent des pics de formes bizarres, un aspect général de désolation ; puis, de loin en loin, au milieu de ce

---

[1] L'orthographe de ce nom et de beaucoup d'autres varie selon les relations de voyage. Nous avons de préférence adopté celle de M. Barth, qui à un long séjour dans l'Afrique centrale joint les garanties que peuvent offrir de profondes connaissances philologiques.

paysage dévasté, un frais vallon, un site alpestre de toute beauté; partout où le sol est argileux et ne laisse pas filtrer l'eau, une verte oasis avec sa riante perspective de palmiers, de champs d'orge et de froment : tel est le désert; ce n'est pas une plaine uniforme et déprimée, comme on est porté à se le représenter. En y pénétrant par le nord, on monte toujours, et certains points au centre du Sahara ont jusqu'à deux mille pieds au-dessus du niveau de la mer. Plus loin, dans les parties fertiles du Soudan, le sol s'abaisse pour se relever ensuite de nouveau, non plus cette fois en un large plateau, mais en une chaîne de hautes montagnes parallèle à la ligne de l'équateur, dont elle est voisine, et derrière laquelle l'Afrique dérobe les derniers et les moins pénétrables des mystères que lui arrache un à un et avec tant de difficultés la curiosité européenne. La petite oasis de Mizda, la première que rencontrèrent les trois voyageurs, a été large et florissante; mais ses puits sont négligés, et la vie s'en retire. M. Barth pense qu'on doit l'identifier avec le Musti-Komè (Μοῦστα Κωμή) oriental de Ptolémée; les Romains, les Arabes, les chrétiens même y ont laissé des traces de leur passage. Quel est l'apôtre ignoré qui vint prêcher dans ce coin du désert, l'architecte inconnu qui bâtit sur une pointe de rocher l'église ou le couvent dont on voit encore les grands débris? Les voûtes mutilées, les pleins-cintres, les chapiteaux, dont les dessins bizarres ne sont pas sans ressemblance avec nos chapiteaux romans, peuvent seuls répondre. Cette église ou plutôt ce monastère a une abside, trois nefs, deux étages, dont le plus élevé est divisé en cellules, et l'ensemble de l'édifice figure une sorte de carré de quarante-trois pieds de côté. M. Barth en reporte l'origine vers le douzième siècle.

En continuant d'avancer dans le désert, on trouve un beau sépulcre et une tour, souvenirs solitaires de la grandeur romaine; puis, en pénétrant plus avant encore dans le midi, le voyageur voit apparaître, non sans émerveillement, un des plus beaux spécimens de l'art antique. C'est encore un tombeau. Il a trois étages reposant sur une base de trois marches de pierre dans laquelle est creusée une chambre sépulcrale, et le tout n'a guère moins que quarante-huit pieds. Du côté le plus orné, qui était la façade principale, l'étage inférieur se compose de six rangées de larges pierres encadrées par deux colonnes. Deux animaux sauvages, semblables à des panthères, y sont représentés les griffes appuyées sur une urne; au-dessus sont sculptées des scènes de chasse; la frise est formée de rosettes, avec des centaures, un coq, des guirlandes de raisins, des moulures. L'étage supérieur offre une fausse porte richement ornée et surmontée de deux génies soutenant une couronne, puis un buste d'homme et un buste de femme contenus dans une même niche; au-dessus, des grappes de raisin, une frise de l'ordre ionique et des moulures; enfin, pour couronnement de l'édifice, une pyramide dont le temps n'a mutilé que les dernières pierres. Les Arabes eux-mêmes ont respecté ce monument, qu'on ne peut, dit M. Barth, contempler dans cette solitude, sur le penchant d'un plateau escarpé, sans se sentir saisi d'une émotion et d'une vénération profondes. Plus loin, on trouve encore un autre sépulcre, moins élevé, de proportions moins belles, très-orné cependant, et qui, même en Italie ou en Gaule, attirerait l'attention des voyageurs. Il est vrai que près de là s'élève Ghariya, qui fut une station romaine fortifiée, comme l'attestent des tours, des murailles ornées de sculptures, et une porte massive, d'un très-beau travail, ouvrant encore son large plein-cintre, surmontée d'une couronne dans laquelle est gravée la légende très-lisible : PRO. AFR. ILL. (*provincia Africæ illustris*). Le caractère général de ces constructions et les débris d'une inscription attestent qu'elles ne sont pas postérieures au règne d'Alexandre Sévère. Auguste, les Antonins, les Sévères, telles sont les époques où la vie et la civilisation débordèrent des fertiles rivages de la Méditerranée jusque dans le désert, et où ces merveilleux artistes de l'antiquité, en qui semble avoir été inné le goût des proportions et de l'harmonie, semaient d'une main prodigue les chefs-d'œuvre si loin de l'Italie. Ghariya est à un peu plus du 30° degré de latitude nord et sur la limite du Hammada, région dont le nom signifie plaine de sables. Une vieille coutume veut qu'à l'entrée de cette plaine les pèlerins venant du nord, et qui n'ont jamais franchi les barrières du Sahara, ajoutent leur pierre à un monceau que depuis des siècles y accumulent les voyageurs. Ainsi firent nos Européens, et s'engageant dans ce Hammada sablonneux, sans eau et coupé de peu de wadis, ils atteignirent la ville relativement grande de Ederi, bâtie dans une situation pittoresque sur le flanc d'une montagne et entourée de jardins. Au delà de Jerma, située dans une fertile oasis, et qui paraît être l'antique Garama de Pline et de Strabon, ils virent le monument le plus méridional de la domination romaine. Enfin, dans les premiers jours de mai, ils atteignirent Mourzouk, d'où ils ne repartirent qu'au milieu de juin.

La cause de ce long délai était dans la difficulté de se procurer une escorte et d'obtenir des sûretés pour traverser sans péril la partie du désert où règnent les Tawareks. Le projet de nos voyageurs n'était pas d'aller en ligne droite au Soudan, mais bien de visiter, en inclinant vers le sud-ouest, une contrée qui, dans le désert même, présente un grand degré d'intérêt : l'État d'Aïr et sa capitale Agadès, où pas un Européen encore n'avait pénétré. Les principales étapes de ce grand trajet devaient être les oasis de Ghat, Asiu et Tintellust. Comme Mourzouk est un des principaux entrepôts du commerce qui se fait à travers le désert et le point où se rencontrent la plupart des caravanes qui sillonnent le Sahara, M. Barth et ses compagnons trouvèrent à se placer sous la protection de quelques marchands appartenant à la tribu des Tinylkum, laquelle a le monopole des transactions entre le Tripoli et le Soudan.

La population de l'Afrique septentrionale, particulièrement celle du Fezzan et des oasis, appartient à la grande famille berbère, issue du mélange d'individus de la race sémitique avec des tribus indigènes. Son établissement remonte à des temps dont l'histoire n'a pas gardé le souvenir. Libyens, Numides, Maures, Gétules, tous ces peuples de l'antiquité sont des Berbères ; mais les Arabes vinrent : ils refoulèrent les uns, se mêlèrent aux autres, et imposèrent à la plupart leurs croyances. Cette révolution paraît s'être accomplie vers le milieu du onzième siècle de notre ère. Parmi les vaincus berbères que la conquête arabe chassait devant elle, se trouvaient les nombreuses tribus qui aujourd'hui font la loi au désert, et que l'on désigne sous le nom commun de Tarki ou Touaregs. Cette appellation, que l'on voit apparaître pour la première fois dans des historiens arabes qui écrivaient il y a trois ou quatre cents ans, n'est pas celle que ces hommes se donnent à eux-mêmes ; ils ont conservé le vieux nom de Mazighs ou Amazighs, sous lequel les anciens avaient déjà appris à les connaître. Quant au mot *Touareg*, il paraît signifier apostat, et faire allusion à leur conversion du christianisme à la religion de Mahomet. Ce sont des musulmans fanatiques, mais de peu d'instruction. Toutes leurs connaissances religieuses se résument dans cette profession de foi : « Il y a un Dieu, et Mahomet est son prophète. » Du christianisme ils ont retenu les mots *Mesi* (Messie), dont ils ont fait un des noms de la Divinité, et *angelus*, avec la signification d'ange. Des superstitions de leur premier âge se mêlent à leurs croyances. Avec le nom de *Mesi*, ils en donnent à Dieu un autre qui rappelle l'Ammon égyptien, et

11.

M. Barth a trouvé dans le désert des sculptures primitives qui, par le caractère du dessin, semblent accuser des rapports, sinon de race, du moins de contact avec l'antique Égypte. Ils se divisent et subdivisent en un nombre incroyable de tribus et de sections qui sont considérées comme plus ou moins nobles suivant qu'elles sont plus ou moins pures de mélange avec les races noires. Les plus illustres et les plus puissantes sont celles des Askars, dont les femmes sont remarquables par leur beauté, et les Imoshagh, qui, de même que les anciens Spartiates faisaient travailler à leur profit les Laconiens, ne subsistent que du travail de leurs esclaves et du tribut qu'ils prélèvent sur les caravanes depuis un temps antérieur à Léon l'Africain. La race puissante des Kelowi, qui domine dans l'Aïr ou Asben, a cela de particulier qu'elle est entièrement sédentaire, ce que la syllabe préfixe *kel* indique dans le langage berbère. Chez les Askars et les Kelowi subsiste une coutume très-bizarre, dont on trouve aussi quelques traces chez certains peuples de l'antiquité : c'est la transmission du pouvoir, non du père à son fils, mais au fils de sa sœur. Tacite nous apprend que le lien de parenté qui rattache le neveu à l'oncle maternel était presque aussi sacré chez les Germains que celui qui unit le fils au père, et que, dans certains cas même, au fils on préférait le neveu. Cette préférence n'allait cependant pas jusqu'à substituer celui-ci à celui-là dans les successions. Aujourd'hui à la côte de Malabar, ce mode singulier d'hérédité est en pratique.

Montés sur leurs *méheris*, chameaux rapides, les Touaregs sillonnent en tous sens le désert; les uns s'adonnent au commerce, les autres rançonnent les caravanes, les chefs font payer le passage sur leur territoire par un tribut qui souvent ne préserve pas les marchands des exactions, du pillage et quelquefois même du meurtre. C'est ainsi qu'une petite caravane du peuple des Tébus, qui habite une partie plus orientale du désert, fut massacrée aux environs d'Asiu peu de temps après le passage du docteur Barth et de ses compagnons : les Touaregs Hadanara, désappointés de n'avoir rien pu extorquer aux Européens, se jetèrent sur les malheureux Tébus, les tuèrent et s'emparèrent de dix chameaux et d'une trentaine d'esclaves que ceux-ci menaient avec eux. Les déprédations des Touaregs ne sont du reste pas limitées au désert; ils font des incursions jusque dans le cœur du Soudan; l'Etat de Kanem, qui s'étend sur le rivage septentrional du Tchad, est particulièrement en butte à leurs ravages. Nous y retrouverons plus loin ces terribles dévastateurs. Dans le désert même, il est rare qu'ils procèdent à force ouverte : en général ils s'insinuent dans une caravane, y suscitent des querelles et profitent du désordre pour exercer leurs brigandages. Leurs armes sont la lance, l'épée et de grands boucliers de peau d'antilope en forme de carré long: la plupart possèdent aussi des fusils de fabrique anglaise; mais pour beaucoup c'est, faute de munitions, moins une arme qu'un ornement. Leur long vêtement, le morceau d'étoffe dont ils se couvrent le bas du visage et l'habitude qu'ils ont de se raser une partie de la tête contribuent à rendre leur aspect plus farouche. Ce dernier usage paraît constituer un nouveau rapprochement entre eux et les *Maxues* d'Hérodote, qui se rasaient un côté de la tête. Tels sont les hôtes au milieu desquels les trois Européens étaient condamnés à vivre pendant plusieurs mois ; leur bagage, leurs armes, les lourdes caisses contenant des instruments, du biscuit, des objets utiles à eux seuls, mais qui étaient supposées pleines de trésors, excitaient toutes les convoitises, et il leur fallait un courage et une patience sans bornes, une vigilance infatigable pour échapper aux embûches et surmonter le mauvais vouloir de leurs compagnons ou même de leurs serviteurs, de tous les brigands et fanatiques dont ils étaient entourés.

Le jour, tandis que la caravane, déroulant sa longue file de chameaux, cheminait avec lenteur, les voyageurs, tantôt en avant, tantôt en arrière, couraient sur leurs hautes montures partout où quelque objet attirait leur curiosité ; Overweg étudiait la nature des terrains, marne, grès ou calcaires ; M. Richardson inspectait le bagage, surveillant surtout avec sollicitude son bateau, dont les pièces démontées se balançaient sur le dos de ses chameaux ; Barth, causant avec les plus intelligents et les moins farouches de ses compagnons, tâchait d'en tirer quelque renseignement sur leur langage et leur histoire, et amassait des matériaux pour débrouiller l'ethnologie obscure de ces contrées, ou bien il s'arrêtait pour dessiner un site pittoresque. Le soir, on plantait les tentes auprès d'un puits ou de l'un de ces larges rocs que le temps et les orages ont creusés, bassins naturels dans lesquels l'eau du ciel se conserve claire et transparente; des dattes, des figues, un peu de riz ou de farine, la pâte agréable et rafraîchissante appelée *summita*, quelquefois un oiseau tué près du puits, composaient le repas. Les Tinylkum, qui sont de fervents musulmans, mêlant leurs voix pour la prière, faisaient entendre une cadence mélodieuse, interrompue tantôt par de grandes exclamations, tantôt par une plainte douce et mélancolique. Bientôt les bruits s'éteignaient, mais quand le silence avait repris possession du désert, l'heure du repos n'avait pas encore sonné pour les Européens : dans les passages périlleux, il fallait veiller à tour de rôle à la sûreté du petit camp, des bêtes de somme et des bagages. De plus, bien que la marche du jour eût été pénible ou dangereuse, la chaleur accablante, bien que la nuit fût fraîche et même froide, comme il arrive si souvent dans le désert, il y avait une tâche dont celui des voyageurs qui est revenu semble ne s'être jamais départi : c'était de résumer les travaux de la journée, de réunir ces notes auxquelles nous devons la relation ou mieux le journal savant, clair et précis de ce grand voyage.

La route qui mène de Mourzouk à R'at coupe le désert presqu'en ligne droite de l'est à l'ouest. A mi-chemin environ entre ces deux stations se dressent, dans un endroit appelé Telisaghé, de grands blocs de grès sur lesquels des dessins sont profondément creusés. Le plus grand de tous représente un groupe de trois personnages : à gauche, un homme à tête de taureau, avec de longues cornes ; son bras droit est remplacé par une sorte d'aviron, sa main gauche tient une flèche et un arc ou un bouclier ; entre ses jambes, une longue queue pend de son corps étroit. Il est penché en avant, et tous ses mouvements accusent une certaine vivacité. En face de ce curieux personnage s'en trouve un autre plus petit, mais non moins remarquable : homme jusqu'aux épaules, il a une tête qui rappelle celle de l'ibis égyptien, sans cependant lui être identique. Cette petite tête pointue a deux oreilles et une sorte de capuchon. La main droite tient un arc ; le bras gauche est replié sur le corps. Entre ces deux animaux demi-humains placés dans une attitude hostile est un bouvillon dont les jambes grossièrement dessinées, se terminent en pointe. Ailleurs un bloc, qui n'a pas moins de douze pieds de long sur cinq de haut, représente un troupeau de bœufs dans les positions les plus variées : d'autres blocs figurent encore des bœufs, des chevaux, des ânes. Ces sculptures ne sauraient être reportées à l'époque romaine ; elles rappellent plutôt l'art égyptien. En tout cas, elles confirment un fait curieux indiqué déjà par un passage de saint Augustin. *Les rois des Garamantes aiment à faire usage des taureaux.* Au milieu des bêtes de somme figurées dans ces sculptures, aucun chameau n'apparaît.

Au delà de l'endroit où se voient ces sculptures intéressantes, le chemin suivi par notre caravane se poursuivait sur un plateau terminé à pic par des rocs perpendiculaires de forme fantastique; il traversait ensuite une plaine aride et couverte de cailloux, puis il s'enfonçait dans une région de hautes montagnes dont les pics, jetés en désordre, revêtent des formes bizarres et pittoresques. L'un d'eux, le mont Idinen, apparaît de loin comme un immense château, avec des groupes de tours et de hautes murailles : il a frappé l'imagination des indigènes, qui le croient hanté par des génies et qui l'appellent le palais des démons. Barth, espérant y trouver des sculptures ou des inscriptions, résolut d'aller visiter le château enchanté. Les Touaregs essayèrent de l'en détourner, et pas un ne voulut lui servir de guide; il n'en persista pas moins dans son dessein, et, après s'être fait indiquer la marche que la caravane allait suivre et la direction dans laquelle se trouvait le puits près duquel elle devait camper, il partit seul, muni d'un peu d'eau et de biscuit.

Devant lui s'ouvrait une plaine nue et désolée, couverte de cailloux noirs, à laquelle succédaient quelques herbages où sa présence fit lever de belles antilopes, puis des ravins, des ondulations de terrain semées de larges blocs de rochers ; mais le mont Idinen était plus éloigné que la perspective ne l'eût fait croire, et le pied de la montagne enchantée semblait toujours reculer. Il était dix heures, et le soleil commençait à répandre toute sa chaleur, nulle part le moindre ombrage ; Barth, fatigué et désappointé, dut faire appel à toute son énergie pour descendre au fond d'un ravin qui lui barrait le passage et remonter l'autre bord. Enfin il arriva tout épuisé sur la crête de l'Idinen : pas d'inscriptions ou de sculptures, seulement une vue magnifique ; mais de quelque côté qu'il tournât les regards, aucune trace de la caravane. Il s'assit un instant pour reprendre des forces et faire un léger repas ; par malheur son biscuit et ses figues n'étaient plus mangeables, et sa provision d'eau était si petite qu'il n'eut pas de quoi apaiser sa soif. Cependant le jour avançait ; dans la crainte que la caravane, le croyant sur les devants, ne poursuivît sa marche, il redescendit et s'engagea dans le ravin qui, d'après les incations de ses guides, devait le conduire au puits, il était alors environ midi, la chaleur était accablante, le voyageur avait une soif ardente, et le peu d'eau qu'il avait pris n'avait guère restauré ses forces. A la longue il atteignit le creux de la vallée, mais pas un être vivant n'apparaissait aussi loin qu'il pût étendre ses regards. Incertain de la direction qu'il devait suivre, il cria, monta sur une hauteur couronnée par un buisson d'éthel et déchargea ses pistolets, mais il ne reçut aucune réponse. Un fort vent d'est lui apportait des bouffées d'une chaleur mortelle. Il traversa quelques monticules de sable, gravit une autre hauteur et tira de nouveau. Pas de réponse. Il crut que la caravane pouvait être encore dans l'est et prit cette direction. En cet endroit, la vallée était fertile et couverte d'une riche végétation; dans un coin se trouvaient quelques huttes faites avec des branches d'éthel. Barth se dirigea avec empressement de ce côté; elles étaient vides. Entièrement épuisé, il s'assit alors sur le bord d'une plaine nue d'où sa vue plongeait dans toute la profondeur du wadi et attendit avec confiance la caravane. Un moment il crut voir une file de chameaux; ce n'était qu'une illusion. Le soleil allait disparaître. Incapable de faire quelques pas sans être obligé de s'asseoir, il ne put que choisir entre les huttes ou un éthel qui se trouvait à peu de distance pour passer la nuit; il préféra l'arbre comme se trouvant sur un lieu plus élevé et dominant un plus vaste espace; il voulait faire du feu, mais ses forces ne lui permirent pas de rassembler le bois nécessaire; la fièvre s'emparait de lui, et il était abattu.

« Après être resté à terre une heure ou deux, dit-il, je me levai quand les ténèbres furent entièrement venues; regardant autour de moi, je découvris, à ma grande joie, un large feu dans le sud-ouest, en bas de la vallée. Plein de l'espoir que ce devaient être mes compagnons, je déchargeai mon pistolet pour me mettre en communication avec eux, et j'écoutai le long roulement de la détonation comptant qu'il arriverait à leurs oreilles; mais je n'entendis pas de réponse, tout restait silencieux : je voyais la flamme monter vers le ciel et m'indiquer où je trouverais mon salut sans pouvoir mettre à profit ce signal. Après une longue attente, je tirai un second coup, qui resta aussi sans réponse. Je m'étendis à terre avec résignation, remettant ma vie aux soins du Tout-Miséricordieux. Ce fut en vain que je cherchai le repos; plein d'inquiétude, pris par la fièvre, je m'agitais sur le sol, attendant avec anxiété et terreur l'aube du jour suivant. Enfin cette longue nuit arriva à son terme; l'aurore commença à poindre, partout le calme et le silence; je pensai que c'était le moment le plus propice pour faire parvenir un signal à mes amis; je rassemblai toutes mes forces, mis dans mon pistolet une grosse charge, et tirai — une fois, — deux fois. Le bruit me semblait devoir réveiller les morts de leur tombe, tant il était répercuté par la chaîne de montagnes et roulait le long du wadi; mais pas de réponse. Je ne savais plus quelle idée me faire de la distance, considérable apparemment, qui me séparait de mes compagnons, puisqu'ils n'avaient pas entendu mes coups de feu. Le soleil, que j'avais moitié désiré, moitié attendu avec terreur, se leva enfin. Ma situation devint plus misérable avec la chaleur; je me traînais, changeant à chaque instant de position, pour trouver un peu d'ombre sous les branches sans feuilles de mon arbre. Vers midi, à peine un restant d'ombrage, juste pour abriter ma tête; je souffrais toutes les tortures de la soif, et suçai un peu de mon sang. Enfin je perdis connaissance, et tombai dans une espèce de délire d'où je ne sortis que lorsque le soleil s'effaça derrière les montagnes. A ce moment, je recouvrais mes sens, et, me traînant de dessous l'arbre, je jetais un mélancolique regard sur la plaine, quand soudain retentit le cri d'un chameau. De ma vie je n'ai entendu plus délicieuse musique. Je me soulevai un peu de terre, et vis un Tarki passant près de moi et jetant les regards de tous côtés. Il avait suivi mes traces sur le sable, puis les avait perdues sur le sol caillouteux, et ne savait plus dans quelle direction me chercher. J'ouvris ma bouche desséchée, et criai autant que mes forces épuisées le permettaient : *Aman! aman!* (de l'eau! de l'eau!) J'eus le bonheur d'entendre la réponse : *Iwah! iwah!* et en quelques instants le Tarki fut à mon côté, lavant et arrosant ma tête, tandis que je poussais un cri involontaire et non interrompu de *el hamdu lillahi! el hamdu lillahi!* »

Le libérateur de M. Barth le coucha sur son chameau, et rejoignit la caravane, où l'on désespérait de revoir l'imprudent voyageur qui, durant trois jours, ne put presque ni parler ni manger, tant sa gorge était desséchée. Peu à peu cependant ses forces se rétablirent, et lorsque peu après on arriva à R'at, il avait recouvré sa vigueur.

Ghat ou mieux R'at, si l'on voulait reproduire dans toute sa sincérité la prononciation indigène, n'est pas une grande ville : elle ne compte guère plus de deux cent cinquante maisons ; néanmoins son commerce est considérable, et il le serait bien plus encore si la jalousie des Tawatis, habitants d'une oasis située plus à l'ouest dans le désert, ne lui interdisait le chemin direct de

Tombouctou. Elle est située dans une assez jolie position, avec ses jardins et ses bandes de palmiers, au pied de la longue ligne rocheuse des monts Akakus ; mais la culture n'y est pas aussi développée qu'elle pourrait l'être avec plus de soin et une meilleure distribution des eaux. Après quelques négociations avec les chefs tawareks, l'expédition put reprendre sa marche à travers le désert, cheminant tantôt dans des plaines de sable et de cailloux, tantôt dans de profonds ravins bordés de montagnes cyclopéennes ; les tempêtes de sables, les fantasmagories du mirage étaient les accidents journaliers de sa marche. Quelquefois, quand la chaleur était trop accablante, on plantait la tente à midi, et l'on poursuivait la route aux clartés de la lune. A mesure qu'on avançait dans le sud, le changement de climat devenait plus sensible : des arbres et des plantes de transition entre le désert et les régions tropicales se mêlaient aux palmiers et aux éthels, on rencontrait de grands troupeaux de bœufs sauvages, des autruches ; mais c'est plus loin encore, tout au sud de l'Aïr, que les premières girafes commencent à se montrer. Le tonnerre grondait, le sommet des montagnes s'enveloppait de nuages ; cependant les tempêtes de sable étaient plus fréquentes encore que les averses de pluie.

Au delà d'Asiu, les difficultés naturelles se trouvaient en grande partie surmontées ; mais d'autres dangers attendaient nos voyageurs : les Tawareks, contenus jusqu'ici par les négociations et les présents, devenaient chaque jour plus exigeants, des bandes menaçantes s'approchaient de la caravane, leurs émissaires se mêlaient aux compagnons des Européens, et cherchaient à exciter leur fanatisme. La nuit, on campait en ordre de bataille, les pièces du bateau placées de façon à protéger les tentes, et il fallait veiller à tour de rôle pour se tenir en garde contre une attaque, ou au moins contre le vol des chameaux. Les voyageurs, sans leurs bons fusils armés de baïonnettes qui effrayaient particulièrement les brigands, n'eussent pas impunément franchi les limites de l'Aïr ou Asben, qui sont infestées de pillards. Enfin Annur, le chef de Tintellust, envoya une escorte, qui permit aux voyageurs d'entrer sains et saufs dans cette ville, une des plus considérables de l'Aïr après la capitale Agadès. Visiter Agadès était un des vœux les plus chers de l'expédition. Barth obtint la faveur de se joindre à une caravane qui se dirigeait vers cette ville, et il partit emportant quelques présents pour le sultan d'Aïr, afin d'en obtenir des lettres de protection auprès des chefs des contrées circonvoisines. L'Aïr présente une succession alternative de riches vallées et de montagnes rocheuses. Septembre y est la saison de pluies abondantes, qui montrent que cette contrée appartient autant à la région du Soudan qu'au désert. Les bœufs y sont d'un usage assez fréquent, les antilopes très-nombreuses ; des singes, des chacals, des lièvres, des pigeons, des cygnes sauvages, tels sont les animaux que M. Barth eut occasion d'y voir. Il y rencontra aussi des lions : le lion d'Aïr est de petite taille, sans crinière et timide. Dans les riches vallées, à côté des beaux bouquets du palmier appelé *dum*, le voyageur trouva un remarquable spécimen de l'arbre appelé dans le Hausa *baure*, qu'il ne faut pas confondre avec le baobab d'Adanson. C'est une sorte de figuier à feuille épaisse du plus beau vert. Celui que mesura Barth avait vingt-six pieds de circonférence à huit pieds du sol, et quatre-vingts de hauteur ; il se terminait par une abondante et vaste couronne. L'asclépias gigantesque, qui ne se montre que dans les endroits susceptibles de culture, témoignait de la fertilité du sol. Quand les arbres étaient moins serrés, des melons sauvages couvraient la terre. On voyait aussi çà et là quelques champs de blé, restes d'une culture qui a été plus étendue qu'elle ne l'est aujourd'hui. Il faut sept jours à une caravane pour faire le chemin qui sépare Tintellust d'Agadès. Près de la route qui conduit de l'une à l'autre ville gisent les ruines d'Asodi, qui avait, il y a encore peu d'années, une grande renommée d'étendue et d'importance. De ses mille maisons d'argile et de pierre, quatre-vingts à peu près sont habitées maintenant.

Agadès, cette ville située à la limite du désert et du Soudan, rendez-vous des races les plus différentes d'origine et de caractère, est elle-même dans un état de complète décadence. De loin Barth avait admiré son superbe minaret ; ses compagnons lui avaient dit que l'illustre ville comptait autrefois soixante-dix mosquées ; mais soixante aujourd'hui sont abandonnées et en ruines, des quartiers entiers sont déserts, et sur les murs croulants, dans l'emplacement à moitié vide des marchés, de grands vautours au cou nu et rouge, au plumage grisâtre, guettent leur proie sans être inquiétés. La ville est bâtie sur un plateau élevé; sa fondation ne remonte pas au delà du quatorzième siècle et paraît devoir être attribuée aux Berbères, qui en firent l'entrepôt d'un commerce florissant avec Gogo, ancienne capitale du grand Etat de Songhay et située bien plus à l'ouest, à peu près à la même latitude, sur le Niger. Le sort d'Agadès a été lié à celui de cette ville. Il y a environ soixante-dix ans, Gogo est tombée au pouvoir des terribles Touaregs, qui l'ont dépeuplée et ruinée. De ce moment date pour Agadès le déclin de sa prospérité; sa population, qui tirait autant son origine de la race noire du Songhay que des Berbères, a émigré vers le sud et particulièrement dans des villes du Hausa que nous retrouverons dans le cours de ce voyage : Katsena, Tasawa, Maradi, Kano. Elle ne conserve guère aujourd'hui, d'après l'estimation de M. Barth, que sept mille âmes.

C'est quelque chose d'assez bizarre que la situation du sultan d'Agadès. Son élection dépend, et il en était déjà ainsi du temps de Léon l'Africain, du caprice et des intrigues des chefs touaregs. La ville n'a même pas voix délibérative dans cette circonstance. Ces turbulents vassaux ont établi en principe que ce sultan serait choisi dans une famille de grande noblesse que la tradition veut être venue jadis de Stamboul, mais qui n'habite ni dans

Agadès, ni même dans l'Aïr ; on conçoit combien la position de ce chef est précaire et difficile au milieu de tribus toujours en guerre. Abd-el-Kader, sultan à l'investiture duquel M. Barth assista, avait déjà régné, puis il avait été déposé, et il le fut de nouveau trois ans après la visite du voyageur. Les revenus de ce triste souverain consistent dans le *kulabu* (c'est la contribution d'une peau de bœuf que doit lui offrir chaque famille à son avénement), puis en un tribut plus considérable, mais très-incertain, prélevé sur la tribu dégradée des Imghad, ilotes de l'Aïr, en droits sur les charges de chameaux entrant dans Agadès, les vivres exceptés, en un petit impôt sur le sel, grand article de commerce dans toute cette partie de l'Afrique, enfin en amendes imposées aux maraudeurs, aux tribus sans lois, et en général à tous ceux qui sont plus faibles que lui. Voici le personnel de sa cour : le *kokoy-gerégeré*, sorte de vizir qui prélève la taxe sur les marchandises importées dans la place : il accompagne la caravane de sel qui va d'Agadès à Sokoto; le *kokoy-kaïna*, chef des eunuques ; les *fadawa-n-serki*, aides de camp; un *kadi* et des chefs de guerre.

Le sultan Abd-el-Kader était un homme bienveillant, de peu d'énergie, mais plein de dignité. Abd-el-Kerim, c'est-à-dire Barth, car l'Européen avait pris ce nom[1], plus commode à prononcer pour les indigènes, lui fut présenté en audience. Pour cette entrevue, le voyageur

---

[1] Ce nom signifie le serviteur du Miséricordieux.

déploya tout le luxe de son costume africain : sandales richement ornées, burnous blanc sur tobé noir. Le sultan, vêtu d'une chemise grise et d'un vêtement blanc, la tête entourée d'un châle de même couleur, le reçut dans une salle basse dont le toit est soutenu par deux colonnes massives d'argile, de forme primitive et légèrement amincies sous le simple *abacus* qui les couronnes. Il était assis entre une des colonnes et le mur. Après les salutations, le voyageur prit un siége, et la conversation s'engagea dans la langue hausa, qui est une de celles dont l'emploi est le plus fréquent à Agadès. Barth exposa comment l'Angleterre, bien que placée à une grande distance, désirait entrer en relation d'amitié et de commerce avec les chefs et les hommes puissants de toute la terre. Le sultan dit que dans son pays retiré il n'avait jamais entendu parler de l'Angleterre; malgré tout son pouvoir, et n'avait pas soupçonné que « poudre anglaise » vint de là. Il s'étonna que, dans un âge encore jeune, Barth eût accompli déjà de si grands voyages, exprima son indignation en entendant le récit des exactions que les Touaregs de la frontière d'Asben avaient fait subir aux voyageurs, et se montra constamment plein de grâce et de bienveillance. Plus tard, lorsqu'après vingt jours passés à Agadès Barth songea à quitter cette ville, le sultan, pressé d'écrire au gouvernement anglais, ne fit à cet égard que de vagues promesses, qu'il ne tint pas, mais il donna à son visiteur, pour le sultan de Sokoto et d'autres chefs, des lettres de recommandation qui, si elles ne furent pas très-efficaces, marquaient du moins sa bonne volonté.

En général, à part des accès de fanatisme excités par la présence d'un chrétien, la population d'Agadès se montra assez bienveillante : on s'aperçoit qu'au sang berbère se trouve mêlé celui de races plus douces. Barth trouva même parmi les habitants quelques hommes véritablement intelligents dont il put tirer des renseignements utiles sur des contrées situées à une grande distance. Un des indigènes des vallées de l'Aïr, avec lequel il eut occasion de converser de l'Égypte, que celui-ci avait visitée dans un pèlerinage, reconnaissait la supériorité de civilisation de ce pays sur le sien ; mais il avait observé aussi que la misère est plus fréquente dans les grands centres de population, et il ajoutait avec un certain orgueil que peu d'hommes en Aïr étaient aussi misérables que toute une classe de la population du Caire. Un autre, un *mallem* tolérant, qualité qui n'est pas ordinaire dans cette classe religieuse de lettrés musulmans, se plaisait dans ses fréquentes conversations avec Barth, à amener l'entretien sur des sujets de religion. Il manifesta un jour son profond étonnement de voir tant d'inimitié entre musulmans et chrétiens, quand il existait tant de rapprochements entre les points essentiels de leur croyance. « C'est, lui répondit Barth, que partout les hommes attachent plus d'importance aux pratiques extérieures qu'aux dogmes mêmes de la religion. » Tous les jeunes garçons fréquentent les écoles et reçoivent de l'instruction, mais c'est l'instruction musulmane; elle consiste uniquement dans la lecture et l'étude du livre sacré. Bien des fois, en traversant la ville, Barth entendit résonner les voix perçantes d'une cinquantaine d'enfants répétant avec énergie et enthousiasme les versets du Koran que leur maître avait écrits pour eux sur des tablettes de bois.

Un goût très-vif pour la danse et la musique est encore un point de ressemblance entre les habitants d'Agadès et les peuples du Soudan. Les femmes ne sont pas astreintes à la réclusion, et il s'en faut que les mœurs soient chastes. Après le départ du sultan pour une expédition contre les tribus du voisinage, les femmes ne gardèrent plus aucune réserve à l'égard du voyageur. Un matin, cinq ou six vinrent dans sa maison lui faire des propositions plus que légères. « Deux d'entre elles, dit-il, étaient vraiment jolies et bien faites, avec de beaux cheveux noirs tombant en tresses, des yeux animés et un beau teint; mais je savais trop quelle réserve est imposée à l'Européen qui veut être respecté dans ces contrées pour me laisser tenter par ces filles folâtres. Le mieux pour le visiteur de ces régions, ajoute M. Barth, soit pour son confort, soit pour imposer du respect aux indigènes, serait qu'il menât sa femme avec lui : les naturels, dans leur simplicité, ne comprennent pas qu'on vive seul; les Touaregs de l'ouest, qui en général sont de mœurs rigides et bien différentes de celles des Kelowis, ne me reprochaient que mon célibat. » Aux femmes sont abandonnés tous les travaux de cuir, la sellerie exceptée, et l'on voit sur les marchés d'Agadès des ouvrages élégants et pleins de délicatesse sortis de leurs mains. Quantité de petits ouvrages en bois, des coupes, des plats, des cuillers, témoignent, par l'élégance de leur forme et la richesse de leur ornementation, du goût des artisans de l'Aïr. Sur les marchés de la ville, on n'emploie pas, comme intermédiaire pour les échanges, l'argent ou les coquilles, mais bien le millet, le duka, et d'autres sortes de grains. La mosquée principale, celle dont le minaret indique de loin la ville d'Agadès, ne fut pas d'un accès facile pour le voyageur, cependant il obtint la faveur de voir de près ce minaret, qui est l'un des plus curieux spécimens d'architecture africaine. C'est une tour carrée et large de trente pieds environ à sa base, largeur qui décroît à mesure qu'elle s'élève, mais en conservant un léger gonflement au milieu de l'édifice, dont les côtés dessinent ainsi des lignes légèrement courbes. Elle peut avoir quatre-vingt-dix ou quatre-vingt-quinze pieds de hauteur ; on la voit s'élancer de la terrasse formée par le toit peu élevé de la mosquée, à l'intérieur de laquelle quatre piliers massifs la supportent. Sept ouvertures, pratiquées sur chacun des côtés, lui donnent du jour. Cette immense construction est tout entière d'argile. Pour lui donner plus de solidité, on a disposé d'étage en étage treize rangées de poutres de palmier qui la traversent dans toute sa largeur et réunissent les murailles entre elles. L'extrémité de ces poutres ressort extérieurement de trois ou quatre pieds, ce qui augmente l'effet bizarre que produit le monument.

Après avoir bien visité Agadès et récolté une ample moisson de faits intéressants, le docteur Barth, muni des lettres de recommandation du sultan Abd el-Kader, regagna, sous la protection de ses guides, Tintellust par le chemin qu'il avait déjà suivi. Dans cette ville, il retrouva ses compagnons, avec lesquels il ne tarda pas à reprendre le chemin du sud.

CHAPITRE XI

LE LAC TCHAD

Hausas et Kanuris. — Séparation des voyageurs. — La ville de Katsena. — Kano. — Industrie indigène. — Conquêtes des Pulo. — Mort de Richardson. — Le Bornou et sa capitale. — Kukawa. — Le sultan et son visir. — Le lac Tchad. — Histoire du Bornou.

La région dont le Tchad occupe le centre est habitée, dans la partie que traversèrent M. Barth et ses compagnons, par deux grandes races : la race des Kanuris, qui confine au rivage occidental du lac, et celle des Hausas, qui s'étend à l'ouest de celle-ci. Cette distinction est d'autant plus utile à établir que ces races présentent entre elles de grandes différences morales et physiques, bien qu'également noires. Les Hausas sont gais, vifs, industrieux; leur langage, un des plus harmonieux et des plus flexibles de ceux qui se parlent dans l'intérieur de l'Afrique, est répandu bien au delà de leurs limites. Les Kanuris sont indolents, tristes, grossiers; leurs femmes sont laides, plates, elles ont les narines ouvertes et les os saillants. Les premiers ont perdu leur indépendance; leurs sept royaumes ont été subjugués par cette race des Fellani, Fulbé, Fellatahs, Pulo, dont nous avons rencontré déjà les bandes envahissantes avec le docteur Baikie, que nous retrouvons ici, et dont il sera souvent question dans tout le reste de ce voyage. Tasawa, Katsena, Kano, Gober, où nous allons suivre l'expédition, étaient des royaumes hausas, et ne sont plus que des provinces fulbés. Au contraire les Kanuris, dont les deux principales provinces, le Kanem et le Bornu, sont réunies sous la même domination, ont réussi, non sans de grandes luttes, à échapper à la conquête des Fellani. C'est au sud du Bornu que se trouve l'Adamawa, acquisition récente des Fellani. Enfin nous ajouterons, pour éclairer de notre mieux le théâtre de l'expédition, que le Waday et le Bagirmi s'étendent, le premier au nord-est, le second au sud-est du Tchad ; le Waday confine par l'ouest au Darfour, qui lui-même touche au Sennaar et rejoint ainsi les régions du haut Nil.

Nous avons laissé les trois voyageurs dans le midi de l'Aïr. Les retards apportés à leur marche par les interminables délais de leurs compagnons indigènes les retinrent longuement dans les environs de Tintellust, et ce fut seulement en janvier 1851 qu'ils traversèrent par un temps froid, où plus d'une fois le thermomètre tomba presque à zéro, le Tagama, dont les habitants, bien que musulmans, venaient leur proposer leurs femmes ou leurs sœurs en échange de quelque présent, puis le Damergu, province tributaire de l'Asben, dont elle est le grenier. La fertilité, les productions, les animaux de ce pays le rattachent pleinement au Soudan. Les girafes y sont en assez grand nombre pour que les naturels mangent la chair de cet animal. Arrivés à la station de Tagelel, les trois voyageurs songèrent à se séparer pour multiplier le résultat de leurs travaux. Richardson résolut de se diriger par Zinder, dans l'est, vers le Tchad; Overweg dut pénétrer dans l'ouest jusqu'à Gober et à Mariadi; entre eux, Barth prit au sud la direction de Katsena et de Kano. La capitale du Bornu, Kukawa, qui devait être le centre de leurs voyages dans le Soudan, ainsi que jadis elle l'avait été de ceux de Denham, Oudney et Clapperton, fut désignée comme lieu de rendez-vous général.

Barth et Overweg ne se séparèrent que vers Tasawa, qui est le chef-lieu d'une province du même nom placée sous la domination des Fellani. Du Tasawa, qui ne présente rien de très-particulier, Barth poursuivit sa marche sans quitter la caravane qu'il accompagnait depuis Tagelel, et entra dans la vaste cité de Katsena. C'est une ville à portes étroites, à longues murailles; les maisons y sont rares et entourées de champs en culture. Il en est ainsi de toutes les villes du Soudan : elles embrassent dans leur circonférence des champs et de grands jardins, en sorte qu'une portion seulement de leur enceinte est peuplée. Katsena pourrait contenir cent mille âmes, elle n'en compte pas plus de sept ou huit mille. Il est vrai que, depuis son assujettissement aux Fellani, elle est considérablement déchue de son importance. M. Barth eut tout le loisir de se renseigner à ce sujet dans le séjour involontaire de plus d'un mois qu'il y fit. Le gouverneur le retint après le départ de sa caravane, fit des difficultés pour lui permettre de passer outre, et prétendit qu'il était nécessaire de prendre les ordres de son maître l'émir Al-Moumenim, sultan de Sokoto et suzerain de tout l'empire des Fellani. Au fond de cette mauvaise volonté à l'égard du voyageur, il y avait le désir d'en obtenir un présent supérieur à celui qui avait été offert. A ce moment, les Européens n'avaient plus que des ressources très-bornées après leurs longues dépenses et les extorsions des Touaregs; d'ailleurs tout le bagage principal était resté aux mains de M. Richardson. Il fallut cependant que Barth se procurât un caftan, une veste, un tapis, un châle, et qu'il se dessaisît en outre d'une partie des remèdes que contenait sa petite pharmacie de voyage. Le gouverneur alors ne demandait plus que deux choses : une médecine pour augmenter sa vigueur virile et quelques fusées volantes, qu'il appelait médecine de guerre et jugeait propres à terrifier ses ennemis; mais à cet égard il ne put être satisfait, M. Barth ne portait ni fusées ni cantharides.

Le temps de ce séjour forcé, le voyageur le mit à profit pour étudier l'histoire de l'État jadis puissant et célèbre dont Katsena est la capitale; les documents de cette histoire sont d'autant plus rares que les Fellani les détruisirent pour la plupart après leur conquête, dans l'intention d'anéantir les souvenirs nationaux. Toutefois le savant voyageur put reconnaître que l'État de Katsena remonte au commencement du septième siècle de l'hégire, c'est-à-dire au milieu environ du treizième siècle de notre ère; trois cents ans plus tard, l'islamisme y pénétra. Après une période de prospérité, le Katsena tomba sous la dépendance du Bornu; ses princes durent un tribut de cent esclaves au chef de cet État à leur avénement. Son commerce toutefois resta florissant; la fertilité de son sol et sa belle situation géographique sur la ligne de partage des eaux du Tchad et du Niger étaient pour lui un gage de bien-être, quand, au commencement de ce siècle, en 1807, les Fellani l'envahirent. L'action exercée par ces conquérants a été très-diverse, selon les parties du Soudan dans lesquelles ils se sont établis : dans les pays sauvages et païens, ils ont apporté une civilisation relative; dans les États musulmans au contraire, ils ont exercé une influence généralement funeste; il en a été ainsi pour Katsena. Kano, située à trente ou trente-cinq lieues dans le sud-est, et qui, avant d'être une des principales villes de l'empire fellani, était le chef-lieu d'un État hausa, a été beaucoup plus heureuse. Sa prospérité commerciale, favorisée par une position géographique non moins avantageuse que celle de sa voisine, n'a cessé de se développer; la vie et la richesse, en se retirant de Katsena, se sont en partie reportées vers elle; aussi sa population, son activité, son industrie, l'extension donnée à l'écoulement de ses produits la maintiennent au premier rang entre les villes les plus riches du Soudan. Les Européens, dans l'orgueil d'ailleurs assez légitime de leur civilisation, se sont longtemps imaginé qu'au milieu de cette terre des noirs où végètent tant de races dégradées, il n'y avait que misère et barbarie, et lorsqu'au commencement des temps modernes, Léon l'Africain, lorsqu'à une époque contemporaine, notre compatriote Caillié, vinrent nous raconter les merveilles de Tombouctou, on cria à l'exagération, tout au moins on crut à une exception. On se trompait : Oudney et Clapperton nous ont déjà fait revenir de notre erreur, et ce ne sera pas un des moindres résultats du voyage de M. Barth et de ses compagnons que d'avoir déroulé sous nos yeux le tableau des sociétés africaines, dont quelques-unes, actives, turbulentes, industrieuses, sont bien moins éloignées de la civilisation que nous ne l'avions cru. Tombouctou même n'est pas une ville de premier ordre ; il y en a de plus populeuses, de plus commerçantes, de plus riches, et à ce triple titre Kano lui est bien supérieure.

Lorsque, délivré enfin des dangereuses importunités de son hôte de Katsena, le docteur Barth put se remettre en chemin, il arriva aux portes de Kano, à travers un pays de toute beauté, alternativement couvert de bois épais et de larges cultures : des villages serrés l'un contre l'autre de chaque côté de la route, des piétons, des cavaliers, un mouvement ininterrompu, annonçaient l'approche d'une grande ville. Dès le lendemain de son arrivée, le voyageur, monté sur son petit cheval, fit, accompagné d'un guide, une longue promenade à travers les quartiers et les marchés; du haut de sa selle, il dominait les cours intérieures des maisons, car les murailles ne sont pas hautes, et la vie publique et privée des habitants se déroulait tout entière sous ses yeux. « C'est, dit-il, le tableau le plus animé d'un petit monde bien différent dans sa forme extérieure de tout ce que l'on voit dans les villes d'Europe, et qui néanmoins n'en diffère pas beaucoup par le fond. » C'étaient des rangées de boutiques abondamment approvisionnées, où se mêlaient et se pressaient des acheteurs et des vendeurs, de visages, de teint, de costumes variés, tous âpres au gain et s'efforçant de se tromper l'un l'autre; sous un auvent, une foule d'esclaves entassés demi nus, alignés comme du bétail, jetant des regards désespérés sur les acheteurs. Un riche gouverneur vêtu de soie s'avance sur un cheval fougueux, suivi d'une troupe d'esclaves insolents; riches et pauvres se coudoient. Ici un riche cottage; là, dans une cour ombragée par un arbre, une matrone drapée dans une belle robe de coton noir s'occupe à préparer le repas et presse ses esclaves femelles, tandis que des enfants tout nus sur le sable jouent avec des animaux; des écuelles de bois bien propres sont rangées dans un coin. Plus loin, une fille parée d'une façon qui attire l'œil, avec de nombreux colliers autour du cou, les cheveux capricieusement arrangés et surmontés d'un diadème, une robe de couleur tranchante et traînant sur le sable, provoque avec un rire lascif les passants, tandis qu'à deux pas de là un malheureux se traîne rongé d'ulcères ou d'éléphantiasis.

La population libre de Kano est estimée par M. Barth à trente mille âmes; le chiffre en est doublé de janvier en avril, dans la période d'activité commerciale, par les étrangers, qui y affluent de très-loin, et le nombre des esclaves peut être de quatre mille environ; il est en général beaucoup moins considérable dans les villes que dans les campagnes. Les Fellani, après avoir assujetti Kano, s'y sont logés dans un quartier à part; ils se sont adjugé les emplois politiques et administratifs, plus une partie du territoire, mais ils ont laissé à la population indigène sa liberté et la faculté de s'enrichir par le commerce. L'étendue de la ville est considérable et tout à fait hors de proportion avec le chiffre de ses habitants, à cause des champs et des cultures qui entourent les maisons. Celles-ci sont bâties en argile, de forme carrée, avec un seul étage surmonté d'une terrasse; elles ont toutes une cour rectangulaire entourée de murs dont l'élévation ne met pas leur intérieur à l'abri de la curiosité des passants. Il y a aussi des huttes circulaires composées d'un simple rez-de-chaussée et couvertes d'un toit de chaume conique. Au beau milieu de la ville se trouve une grande lagune malsaine à laquelle les habitants n'ont pas l'air de prendre garde, bien que son dessèchement dût certainement exercer une heureuse influence sur leur santé.

La principale industrie de Kano consiste dans le

tissage du coton et la teinture; cette ville exporte les robes qu'elle fabrique et qu'elle colore avec l'indigo à Mourzouk, R'at, Tripoli, Tombouctou et jusqu'à la côte d'Arguin. Elle en fournit le Bornou malgré sa production indigène, le Igbira et le Igbo, ces contrées du Niger qu'a visitées le docteur Baikie. Enfin elle a envahi l'Adamawa et ne s'est trouvée arrêtée que par la nudité complète des hommes tout à fait sauvages qui habitent au delà de ce pays. Les Européens ont souvent parlé des belles étoffes de coton teint de Tombouctou : on croyait qu'elles y étaient des produits indigènes; c'était une erreur : elles y viennent de Kano par R'at, et font cet immense détour parce que la route directe est trop dangereuse. Cette exportation est estimée au minimum par M. Barth à trois cents charges de chameaux par an. Outre ces étoffes, on fait encore à Kano de jolis ouvrages de cuir, des sacs de forme et de dessin très-élégants teints en rouge avec un végétal, des sandales qui s'exportent jusque dans le nord de l'Afrique. Le commerce des esclaves y est très-actif, et si jamais les Anglais ou d'autres Européens s'installent dans cette partie de l'Afrique, ils auront fort à faire pour empêcher la traite, il est même bien à craindre que le sentiment d'humanité qui s'oppose à ce triste trafic ne soit un des plus grands obstacles à l'établissement de leur influence sur les indigènes.

Kano s'enrichit encore comme entrepositaire du commerce que font autour d'elle les pays circonvoisins : les caravanes qui portent le cuivre du Waday, le sel, l'ivoire, le natron, ce sel de soude si abondant aux environs du Tchad, passent par ses murs. Ce n'est pas avec les noirs, les Arabes et les Berbères seulement que cette ville est en relations de commerce. Les Américains, ces marchands toujours à l'affût des bonnes entreprises, entretiennent depuis bien longtemps un commerce d'échanges par intermédiaires avec les États du Soudan tout aussi bien qu'avec les peuplades de l'Afrique australe, et ils payent le natron, l'ivoire, le coton et les esclaves, qui sont un des principaux objets de leur trafic, avec des rasoirs, des mauvaises lames de sabres, des couteaux, des ciseaux, des aiguilles, des miroirs.

Le gouverneur fellani de Kano est un des plus puissants entre les douze grands vassaux de l'émir suzerain dit Al-Mouménim de Sokoto. Toutefois son autorité n'est pas absolue : on peut appeler de ses jugements à Sokoto. Il est vrai que c'est là un recours tout à fait illusoire par l'impossibilité d'en profiter à cause de la distance; mais le gouverneur est en outre entouré d'un conseil qu'il doit consulter dans les circonstances importantes. Les campagnes qui avoisinent la ville et qui l'alimentent d'indigo et de coton sont fertiles et bien cultivées; on les appelle le jardin de l'Afrique centrale. Les esclaves y sont très-nombreux, mais là, ainsi que dans les autres États du Soudan et en général dans tous les pays musulmans, on les traite avec beaucoup de douceur.

Les embarras financiers furent le plus grave souci de M. Barth pendant son séjour à Kano; toutefois il était parvenu à contracter quelques emprunts auprès des gens de sa caravane ou des amis noirs qu'il s'était créés dans le pays, et il avait eu bien soin de tenir en réserve les présents destinés au puissant gouverneur de Kano et à son frère, vizir et premier dignitaire de sa cour, afin d'échapper aux difficultés qui l'avaient arrêté à Katsena. Il offrit au premier une sorte de burnous noir orné de broderies de soie et d'or, plus un bonnet rouge, un châle blanc avec une belle bordure rouge, une pièce de mousseline blanche, de l'huile de rose, une livre de clous de girofle, du benjoin, un rasoir, des ciseaux, un petit couteau fermant, un grand miroir; et le vizir reçut un présent à peu près semblable. On voit qu'il ne faut pas se présenter les mains vides devant les majestés africaines. Libre de poursuivre sa route, et guéri à peu près d'une fièvre persistante dont il avait longtemps souffert, le voyageur se dirigea de l'ouest à l'est, vers le Bornou et sa ville capitale Koukawa, où les anciennes relations du souverain avec Oudney, Denham et Clapperton promettaient à l'expédition anglo-germaine une réception amicale. Barth avait franchi à Gummel la frontière du Bornou, traversé la province, la ville de Masena, et accompli une grande partie de son itinéraire, quand il reçut la douloureuse nouvelle de la mort de M. Richardson.

Celui-ci, parti du Damergu au milieu de janvier, comme ses compagnons, avait atteint Zinder, ville de dix mille âmes, située à l'est de Tasawa et dépendante du Bornou. De là il dirigea ses bagages sur Koukawa, dont, à cause de l'affaiblissement déjà sensible de ses forces, il ne put prendre le chemin qu'après un mois de repos. Il voyageait à cheval, et les alternatives de chaleur brûlante dans le jour et de froid assez vif pendant la nuit étaient très-préjudiciables à sa santé. Il changea de monture, troqua son cheval, qui le fatiguait, contre un chameau, se traita à sa guise, en prenant quelques médecines, sans connaissance exacte ni de sa maladie ni des remèdes qui pouvaient lui convenir, et poursuivit sa route; mais de station en station il était plus malade et plus épuisé. Arrivé au village de Ngurutuwa, à quelques journées seulement de la capitale du Bornou, il se sentit à bout de forces et comprit qu'il n'irait pas plus loin. Il fit dresser sa tente, se coucha, et dit à son serviteur qu'il allait mourir. En effet, trois jours après, dans la nuit du 4 mars 1851, il rendait le dernier soupir. Lorsque M. Barth reçut cette triste nouvelle, il prit aussitôt la route de Ngurutuwa. Il trouva la tombe de Richardson placée à l'ombre d'un grand arbre et entourée d'une haie vive. Les naturels savaient qu'un chrétien était enterré là; ils étaient pleins de respect, et Barth fit quelques petits présents à l'un d'entre eux qui promit de prendre soin du tombeau de l'*homme blanc*.

Ce fut l'esprit plein des graves réflexions causées par ce douloureux épisode que Barth atteignit Koukawa, bien résolu à conduire jusqu'au bout son entreprise malgré les dangers trop évidents qu'elle présentait. Overweg ne tarda pas à le rejoindre, après avoir traversé la ville jadis illustre de Gober et le pays en partie sauvage de Mariadi, où quelques tribus païennes ont réussi, par leur courage et leur opiniâtreté, à échapper à la domination des Fellani. Il montra la même fermeté. Les deux compatriotes furent reçus avec une grande bienveillance par le cheikh de Bornou et par son vizir; les relations d'amitié entamées jadis par l'expédition de 1825 furent reprises, et un traité de commerce avec la Grande-Bretagne fut signé. Toutefois une cause de dissentiment se glissa au milieu de ce bon accord : le cheikh avait retenu les bagages de Richardson, parmi lesquels se trouvaient les subsides et toutes les ressources de l'expédition; il en avait fait dresser un très-exact inventaire, mais il refusait de rien restituer, et éludait toutes les réclamations des deux voyageurs. Ce ne fut qu'après de nombreuses démarches que ceux-ci purent rentrer en possession de leur bien, encore y en eut-il une partie notable qui dut être abandonnée. La montre de Richardson avait surtout tenté le cheikh; il en parait sa ceinture, ne la quittait ni jour ni nuit, et le vizir fit entendre à M. Barth qu'il ferait sagement de ne pas la réclamer. A part ce nuage, la réception faite aux voyageurs fut, comme nous l'avons dit, très-bienveillante. Ils eurent la jouissance d'une maison spéciale, destinée à servir de séjour aux envoyés et aux voyageurs futurs de l'Angleterre. Les habitants montrèrent envers eux beaucoup de cordialité, et Barth put se créer un grand nombre d'amis, dont les entretiens lui fournirent, selon son usage, de précieux renseignements.

Au nombre des plus intimes se trouvait le vizir Haj-Beshir, ministre favori du cheikh Omar et après lui le plus important personnage du Bornou. Ce n'était pas un ministre intègre et de vertus accomplies : il était peu courageux, peu actif, très-intéressé, et généralement détesté des courtisans, qu'il s'aliénait sans mesure par ses abus de pouvoir. Sa passion dominante était celle des femmes; son harem, qui n'en contenait pas moins de trois ou quatre cents, était une sorte de musée ethnologique, tant il contenait de filles de tribus et de pays divers. Haj-Beshir avait jusqu'à une Circassienne, et ce n'était pas de celle-là qu'il était le moins fier. M. Barth, qu'il écoutait fort volontiers, car il avait aussi des qualités, et entre autres celle d'aimer à s'instruire, lui remontrait souvent qu'il devrait mieux protéger les frontières septentrionales du Bornou contre les Touaregs, dont les bandes déprédatrices s'avançaient jusqu'aux bords du Tchad. Le voyageur tâchait en outre de lui donner quelques leçons d'économie politique ou d'administration. Le ministre convenait de l'utilité des avis, de la justesse des observations de son ami européen, et s'engageait à faire de son mieux, mais il ne tardait pas à retomber dans son indolence, et il lui en coûta cher. Il perdit d'un coup sa place et ses femmes, et périt peu après misérablement. Cette catastrophe eut lieu en 1853. Un frère du cheikh Omar, du nom d'Abd-el-Rhaman, se révolta. Omar, expulsé un instant, reprit ensuite le dessus : il rentra dans Koukawa, tua son frère et ressaisit le pouvoir;

mais dans la lutte le pauvre vizir avait été pris par ses ennemis, qui lui avaient tranché la tête.

L'histoire du Bornou, à laquelle M. Barth a consacré de très-profondes études, est loin de manquer d'intérêt, et, par plus d'une étrange analogie avec certains faits de nos histoires européennes, elle atteste une fois de plus combien il est vrai que, dans des pays bien différents, sous les formes extérieures les plus diverses, les hommes sont au fond partout les mêmes. Cette histoire nous offre la succession de trois dynasties. La première, celle des Kanuris, s'établit primitivement dans le Kanem, la province la plus septentrionale du Bornou ; elle subsista sans bruit et sans gloire jusqu'à ce que, au commencement du douzième siècle, un de ses princes répandit au loin, sous l'impulsion de l'islamisme, sa puissance et sa renommée. L'élément aristocratique, représenté par douze grands officiers, prit de trop grands développements, et, après des alternatives de grandeur et de misère, la dynastie des Kanuris s'éteignit à la fin du quatorzième siècle, dans les troubles et les régicides. Elle fut remplacée par celle des Bulala, dont le souverain Ali-Dunamami a été la plus grande illustration, et qui se maintint puissante et respectée jusqu'à la fin du dernier siècle ; mais quand les Fellani, s'avançant en conquérants du fond des régions de l'ouest, vinrent frapper aux frontières du Bornou, elle n'avait plus l'énergie nécessaire pour résister à ses envahisseurs. Sous le roi Ali, qui mourut en 1793, et dont la principale illustration est d'avoir laissé trois cents fils, l'armée presque entière avait été exterminée dans une expédition désastreuse contre le Mandara. Aussi, lorsqu'en 1808, sous son successeur Ahmed, les Fellani envahirent le Bornou, l'indépendance de cet État était gravement menacée. Déjà l'une des capitales de l'empire était tombée au pouvoir des conquérants, quand un simple sujet, Mohammed-el-Amin-Kanemi, réunit autour de lui quelques aventuriers et quelques patriotes, et parvint à les arrêter.

Libérateur de son pays, il joua à l'égard du prince le rôle d'un Guise ou d'un Héristal : il lui laissa les honneurs et garda la puissance. Dunama, fils et successeur d'Ahmed, tenta en vain de se défaire par l'assassinat de son redoutable sujet ; il voulut ensuite échapper par la fuite à cette tutelle et changer de séjour. Mohammed l'arrêta, le ramena dans sa capitale et le déposa. Il ne prit cependant pas la dignité royale ; il en disposa en faveur d'un oncle du roi déchu ; bientôt il déposa celui-ci à son tour, restaura Dunama, puis à sa mort il lui donna pour successeur Ibrahim, un de ses frères. Tandis que ces fantômes de souverains végétaient sans pouvoir, lui-même bâtissait, non loin du Tchad, une ville qui, du nom d'une espèce de *baobab*, a pris le nom de Kouka ou de Koukawa, et qui est la capitale actuelle du Bornou ; en mêmetemps, dans des guerres avec le Bagirmi et le Waday, il s'efforça de ressaisir les provinces que le Bornou avait autrefois possédées. En 1826, il fut battu par le sultan Bello, chef de l'empire des Fellani, et il mourut neuf ans après, choisissant Omar pour successeur entre ses quarante-trois fils. Celui-ci a complété la révolution commencée par son père : aux faibles représentants de la dynastie des Bulala, il a substitué la dynastie des Kanemis, sans daigner cependant prendre le titre de sultan ; on l'appelle simplement le cheikh Omar. C'est un prince de peu d'énergie, et il est possible que d'ici à quelques années de nouvelles révolutions intestines ensanglantent le Bornou.

Au sud et près de sa résidence de Koukawa, Omar a, non loin du Tchad, un autre séjour favori où il passe une partie de l'année. C'est en l'accompagnant à cette résidence, qui porte le nom de Ngornu, que M. Barth eut la première occasion de voir le lac. Dans une excursion qui dura de trois à quatre jours, il en suivit les bords, qui ne sont qu'une longue série de marécages peuplés d'éléphants et d'hippopotames ; la grande eau, qui n'a guère plus d'une ou deux brasses de profondeur, ne se trouve qu'à quelque distance de terre. A l'intérieur du lac existe tout un archipel d'îles basses et sablonneuses qui, dans la saison sèche, se rejoignent, se couvrent de hautes herbes et forment d'immenses pâturages. Elles sont habitées par une race d'hommes particuliers qui non-seulement ont conservé dans cette retraite une sorte d'indépendance, mais encore exercent des pirateries sur tous les rivages, excepté sur celui de la province de Kanem, avec les habitants de laquelle ils entretiennent des relations de commerce et d'amitié. On appelle ces hommes Jedinas ou Buddumas. Barth en vit plusieurs : ils sont de grande taille, beaux, bien faits, de visage intelligent ; ils se couvrent simplement d'un tablier de cuir, et ils portent au cou un collier de perles blanches qui, joint à l'éclat d'ivoire de leurs dents, fait un agréable contraste avec leur peau noire comme du jais. Pour naviguer sur le lac, ils se servent de barques formées de petites planches reliées entre elles par des cordes, et dont les interstices sont bouchés avec de la mousse ; elles peuvent contenir une douzaine hommes. Le lac est élevé de huit cent trente pieds au-dessus de la mer; l'époque de son plus large débordement est fin octobre et novembre. Ses eaux sont douces et nourrissent plusieurs variétés de crocodiles; il est très-poissonneux, ainsi que les *komadugus* et cours d'eau qui s'y déversent. Enfin sur ses bords MM. Overweg et Barth purent s'offrir le luxe de la soupe à la tortue.

CHAPITRE XII

LES RÉGIONS CENTRALES DU SOUDAN.

L'Adamawa et sa capitale Yola. — Le Binué et le Faro. — Leur utilité prochaine pour les relations de l'Afrique intérieure. — Entrevue de M. Barth avec le cheikh d'Adamawa. — Retour au Bornou. — Exploration des bords du Tchad. — Produits de ces contrées. — Chasse aux esclaves dans le Mandara. — Les affluents du Tchad. — Voyage au Bagirmi. — Mort d'Overweg.

L'occasion d'une autre excursion bien plus considérable et plus importante ne tarda pas à être offerte à M. Barth : des envoyés du gouverneur fellani de l'Adamawa étaient venus présenter au cheikh des réclamations relatives à un territoire en litige; ils repartaient pour Yola, capitale de leur pays, en compagnie d'un officier d'Omar chargé à son tour d'exposer au gouverneur les prétentions de son maître. La longue guerre entre les Fellani et les Bornouans était enfin apaisée : les premiers semblaient avoir renoncé à la conquête d'un pays énergiquement défendu, mais la bonne intelligence n'était pas pour cela pleinement rétablie, et Barth ne l'éprouva que trop. La région méridionale du Bornou, laquelle confine à l'Adamawa, est aride et triste. Des hommes d'une race particulière habitent la frontière ; on les appelle Shuwas : ce sont des Arabes qui, s'avançant graduellement de l'est par le Darfour, le Waday et le Bagirmi, ont pénétré jusque-là et s'y sont établis depuis plusieurs siècles sans se mêler aux peuplades qui les entourent. Les mœurs et le langage de leurs ancêtres se sont conservés plus purs au milieu d'eux que chez les Arabes nomades de l'Afrique. Ils sont puissants, car ils peuvent mettre sur pied jusqu'à vingt mille hommes de cavalerie légère, et, bien que nominalement sujets du Bornou, ils vivent en fort bonne intelligence avec les Fellani. Près d'eux, dans la région marécageuse qui précède les premières hauteurs de l'Adamawa, se trouvent quelques tribus païennes misérables, végétant dans des huttes dont l'ouverture n'a pas plus d'un pied de haut, et dans lesquelles on s'introduit en rampant. Ces pauvres gens sont de mœurs assez douces, mais d'un caractère d'autant plus sauvage que les Fellani et les Bornouans les pillent également et les emmènent par grands troupeaux en esclavage.

Du Bornou à l'Adamawa, le climat et la configuration du sol changent entièrement : à des plaines basses et coupées par des *komadugus*, grands déversoirs naturels des cours d'eau, recevant leur trop plein dans la saison des pluies et leur rendant à la saison sèche les eaux qu'ils tenaient en réserve, succède une région montagneuse très-fertile et arrosée par le Faro et le Binué, ces deux rivières considérables qui, après s'être réunies, vont grossir le Niger, et que nous avons déjà en partie suivies avec la *Pleiad*. Par un heureux hasard, Barth allait les traverser juste à leur confluent. Il en avait entendu vanter la largeur par les naturels, mais ses prévisions furent bien dépassées. Au delà de la chaîne de montagnes qui est la limite septentrionale de l'Adamawa s'ouvre une région plate où se dressent seulement çà et là, d'une façon inattendue et bizarre, quelques pics isolés : c'est là que le Binué (mère des eaux, telle est la signification de son nom) coule entre une berge élevée de trente pieds qu'il dépasse et recouvre dans ses grands débordements et une rive plate qui devient alors un lac à perte de vue; de nombreux et larges marécages attestent ces inondations périodiques. C'est en septembre que les eaux commencent à monter.

M. Barth passa les deux rivières en juin et les revit en juillet : le Binué avait alors deux cent cinquante mètres de large et une profondeur moyenne de onze pieds ; le Faro, beaucoup plus rapide, se répandait sur un lit de cent cinquante mètres, mais avec deux ou trois pieds seulement de profondeur. Le premier vient du sud-est et doit prendre sa source à une grande distance, car les indigènes ne savent rien de son origine ; le second sort, à ce que disent les natifs, d'un groupe de montagnes situées à sept journées de marche, et qu'on appelle les monts Lebul; puis il coule au pied de l'Atlantica, groupe montagneux habité par des tribus païennes, et dont les sommets n'atteignent pas moins de neuf mille pieds. M. Barth les avait presque constamment en vue pendant son itinéraire jusqu'à Yola. Les deux rivières, après leur réunion, arrosent le pied d'une autre grande montagne, le Bagelé, qui n'est plus qu'une île à l'époque des inondations. Le Faro ne rendra jamais de grands services à cause de son impétuosité et de son peu de profondeur ; nous avons vu qu'il n'en est pas de même du Binué : c'est l'artère destinée à porter le commerce européen dans le cœur du Soudan, le grand chemin futur de l'Afrique centrale, sans que désormais il y ait à redouter ni les fatigues du désert ni les déprédations des Touaregs. Nous savons déjà qu'il conduit jusqu'auprès de Yola ; est-il navigable beaucoup plus loin dans l'est? C'est ce que de prochaines recherches renouvelées sur cette rivière, ne tarderont pas à nous apprendre.

Les moyens de navigation employés par les naturels sur ces grands cours d'eau sont tout à fait primitifs : ils consistent en troncs d'arbres creusés, longs de vingt-cinq à trente pieds, hauts de deux pieds seulement, et larges de seize pouces. C'est sur trois de ces barques informes que M. Barth et ses compagnons de voyage durent traverser les quatre cents mètres d'eau qui leur barraient le passage ; quant aux chevaux et aux chameaux, ils passèrent à la nage, non sans courir de grands risques de se noyer, surtout les chameaux. Les rivières franchies, il n'y avait plus que trois petites marches pour atteindre Yola.

Dans cette ville, la bienveillance du cheikh de Bornou et la présence d'un officier de ce souverain furent pour M. Barth une très-mauvaise recommandation. Toutefois le gouverneur ne montra pas d'abord de trop mauvaises dispositions : il consentit à recevoir le voyageur, et lui donna audience dans une salle de son palais d'argile, assis entre deux larges piliers carrés sous une lourde charpente, et ayant à ses côtés son frère, un des principaux personnages de l'État. M. Barth, après les salutations d'usage, lui remit la lettre d'introduction du cheikh Omar, qui le présentait comme un chrétien pieux et instruit voyageant pour admirer les œuvres du Tout-Puissant, et qui avait entendu raconter des merveilles de l'Adamawa. Le gouverneur lut la lettre, et la tendit sans rien dire à son frère. Alors l'officier du Bornou présenta ses lettres à son tour. A peine celles-ci furent-elles lues, que le gouverneur entra dans le plus violent accès de colère; il adressa des reproches à l'officier, lui dit que les réclamations de son maître étaient injustes, et que si le cheikh voulait la guerre, il était prêt. Puis sa colère se tourna contre le chrétien, qu'il accusa d'avoir des motifs autres que ceux qu'il avouait pour venir en Adamawa. Enfin, après deux heures de discussion relative aux frontières, l'ambassade fut congédiée.

Le lendemain même, M. Barth reçut l'ordre de repartir de Yola et de l'Adamawa, sous prétexte qu'il n'avait pas pour y venir l'autorisation de l'émir de Sokoto. Le personnage chargé de remplir cette mission auprès du voyageur ajouta qu'une lettre du sultan de Stamboul, ou même de son propre souverain, l'aurait beaucoup mieux servi que la recommandation malencontreuse du cheik de Bornou. Enfin, en le quittant, il lui insinua que le gouverneur serait, malgré la dureté de son procédé, disposé à lui faire quelques présents et à recevoir en échange ceux qui pouvaient lui être destinés ; mais M. Barth montra une grande fermeté : il répondit qu'il était venu comme ambassadeur d'une puissance lointaine, et non comme un marchand pour faire du commerce, et quoique très-souffrant d'une fièvre violente, et pouvant à peine se tenir à cheval, il fit ses préparatifs de départ.

Installé sur sa selle, les pieds dans ses larges étriers, il se mit en chemin; deux fois il tomba en défaillance; mais sa force de volonté, la quinine à larges doses et la vigueur de son tempérament surmontèrent le mal. Les habitants le suivaient en foule, lui demandant des charmes et des talismans. Beaucoup de ces pauvres gens, convertis depuis peu à l'islamisme, ne faisaient pas de distinction entre un chrétien et un musulman, et lui demandaient sa bénédiction. Ses chameaux, les premiers qu'on eût encore vus à Yola, excitaient une grande admiration, et des femmes passaient sous leur cou pour en être bénies, les regardant comme des animaux sacrés. Yola est une ville ouverte, de création récente, contenant environ douze mille habitants. Ses huttes, faites de roseaux et couvertes de chaume, sont entourées de champs cultivés ; la maison du gouverneur et de son frère seules sont en argile. Cette ville a trois milles de long de l'est à l'ouest, et la plaine marécageuse dans laquelle elle s'étend est inondée dans la saison des grandes pluies. Ce sont les conquérants fellani qui l'ont bâtie, et son nom n'est autre que celui d'un des principaux quartiers de Kano.

L'ancienne capitale du pays, sur laquelle Denham avait obtenu quelques renseignements, était Gurin. Le nom d'Adamawa aussi est nouveau : la province qui le porte et qui l'a pris de son conquérant fellani, il y a trente ou quarante ans, s'appelait primitivement Fumbina. C'était un État païen fondé sur les ruines d'États plus petits, dont le plus important était le Kokomi ; sa soumission aux Fellani n'est pas complète, et il y a dans les montagnes plusieurs tribus païennes toujours en guerre avec les conquérants auxquelles elles ont résisté jusqu'ici avec succès. Le commerce et l'industrie sont peu développés dans l'Adamawa : c'est avant tout un pays agricole ; il est un des plus beaux et des plus fertiles de l'Afrique centrale, accidenté, bien arrosé ; le sorgho qui en est la principale céréale, atteint jusqu'à dix pieds ; on y cultive le coton, mais non l'indigo. Les Fellani ont établi dans toute la contrée l'esclavage sur une immense échelle : les riches propriétaires comptent leurs esclaves par milliers, et l'on trouve dans le voisinage des villes de grands villages autour desquels ceux-ci cultivent le sol et élèvent du bétail au profit de leurs maîtres ; ils ont des surveillants, des chefs, et partent souvent en bandes pour faire des chasses ou *ghazzias*, et recruter de nouveaux esclaves sur les territoires païens. Parmi les animaux domestiques se remarque une espèce de bœuf gris, et haut de trois pieds. Les éléphants, les rhinocéros, les bœufs sauvages peuplent les forêts de l'Adamawa; dans les eaux du Binué et de ses affluents, on trouve un cétacé appelé *ayu*, qui est une espèce de lamentin; enfin M. Barth apprit que dans les montagnes il y a des mines de fer.

Le retour du voyageur au Bornou ne s'effectua pas sans péril : l'escorte de Fellani qui l'avait rendu redoutable aux populations inoffensives l'avait par compensation protégé contre l'agression des bandes qui dévastent la frontière des deux États; toutefois sa prudence, et, comme il le dit, sa bonne fortune le préservèrent de tout malheur, et il rentra dans Koukawa, affaibli seulement par la fièvre dont il avait pris le germe au passage du Binué, et qui l'avait durement éprouvé dans son court séjour à Yola. Des marchandises pour la valeur de 100 livres sterling étaient arrivées d'Angleterre sur ces entrefaites : il les vendit de concert avec Overweg, pour acquitter les dettes pressantes contractées depuis plusieurs mois par l'expédition; mais cette vente ne se fit pas sans une grande perte, parce que les voyageurs étaient pressés d'argent. Or les affaires au Bornou se traitent à deux et trois mois, et le payement se fait habituellement en esclaves, denrée que des Européens ne pouvaient accepter.

Réunis, MM. Barth et Overweg entreprirent, dans la région qui borne le Tchad au nord, un voyage destiné à compléter une grande reconnaissance accomplie par ce dernier avec le bateau anglais à travers le lac, et dont malheureusement les notes sont demeurées incomplètes par suite de la mort du jeune voyageur. Les deux Allemands se mirent en route vers le milieu de septembre 1851 pour rejoindre la bande turbulente qui devait les guider et leur servir d'escorte : c'est ainsi qu'une excursion faisait suite à l'autre, et que toutes les circonstances étaient mises à profit. Les pays qui de Koukawa remontent vers le nord et s'étendent vers le bord occidental du Tchad sont riches et fertiles, sans toutefois offrir les points de vue pittoresques et les paysages variés de l'Adamawa. En certains endroits, les figues, les dattes, les raisins, y croissent en abondance ; le *gerreah* est un arbre de la famille des mimosas, dont le fruit, assez semblable à celui du tamarin, combat efficacement la dyssenterie. Avec la graine d'un autre arbre, le *kreb*, on fait en plusieurs contrées un plat succulent qui, dit M. Barth, n'a d'autre inconvénient que d'exiger beaucoup de beurre. Le sorgho n'a pas moins de quinze pieds de haut. Les nombreux komadugus auxquels les débordements périodiques du lac donnent naissance fournissent des quantités de poissons considérables que les naturels font sécher, et qui forment un objet de commerce assez important. Toutefois le natron que produisent les bords du lac, et le sel extrait des cendres lessivées du *cap-*

paris sodata, sont la principale ressource de la contrée.

Le sol et le climat ne sont pas moins favorables aux animaux qu'aux plantes. Un jour les voyageurs firent la rencontre de tout un troupeau d'éléphants qui s'avançait lentement, en bon ordre comme une armée; sur le front marchaient les mâles, reconnaissables à leur taille; cinq d'une grosseur énorme dirigeaient la marche; à peu de distance suivaient les jeunes et les femelles. Un de ces animaux sentit les voyageurs, et aussitôt plusieurs éléphants soulevèrent avec leur trompe des flots de poussière. Ils n'étaient pas moins de quatre-vingt-seize. Les autruches, les gazelles, se montraient en grand nombre; le soir on entendait les rugissements des lions et d'autres bêtes féroces. Une pauvre jeune fille, de la race des Buddumas, qui avait été enlevée pour les plaisirs du vizir Haj-Beshir, car l'escorte des voyageurs avait reçu ordre de ne pas oublier son musée ethnologique, s'échappa une nuit; le lendemain, en la cherchant, on ne trouva plus que ses vêtements en lambeaux, les bêtes féroces l'avaient dévorée. Dans une des marches précédentes, en approchant d'un *gerreah* touffu, les voyageurs s'étaient trouvés en face d'un serpent long de dix-huit pieds sept pouces et de cinq pouces de diamètre; l'animal était suspendu aux branches de l'arbre; plusieurs coups de fusil l'abattirent, on lui coupa la tête, et les nègres l'ouvrirent pour en extraire la graisse, qu'ils disent être excellente. Il va sans dire que les insectes abondent, et les riches herbages qui sollicitent au repos sont couverts de scorpions dont la piqûre est loin d'être sans danger. Au Musgu, dans une excursion postérieure à celle-ci, Barth, piqué au bras par un de ces insectes, fut deux jours comme paralysé. L'expédition se poursuivait ainsi avec grand profit; elle avait contourné tout le rivage septentrional du lac, à une distance très-peu considérable de ses bords, et déjà elle atteignait la région où le Kanem confine au Waday, quand une attaque subite des tribus belliqueuses au milieu desquelles elle s'était engagée la força de rétrograder. Il y eut un combat dans lequel Barth remplit vaillamment le devoir d'officier et de soldat, tandis qu'Overweg s'employait à panser les blessures; mais, il faut l'avouer, malgré les secours de leurs auxiliaires européens, les Sliman, mercenaires au service du Bornou, furent battus, la tente de Barth fut prise, et les voyageurs perdirent une partie de leurs provisions et de leurs bagages. A la suite de cet échec il fallut battre en retraite, et la troupe, reprenant en partie les chemins qu'elle avait déjà suivis, rentra le 14 novembre à Koukawa.

L'occasion d'une autre excursion non moins importante ne tarda pas à se présenter. Au sud-ouest de Koukawa s'étend le Mandara, province montagneuse, dépendante du Bornou et assez connue par la relation de Denham, qui l'a jadis visitée. Le chef de cette province avait refusé son tribut d'esclaves, et le cheikh se proposait de marcher en personne contre les rebelles avec son fidèle vizir et son *serkin-karfi*, sorte de chef de police, qui était le troisième dignitaire de l'État. Celui-ci, nommé Lamino, était un singulier personnage, d'une corpulence énorme, très-dur de caractère, énergique, fort utile à son maître, et qui, en dépit de ses apparences et de ses habitudes peu sentimentales, aimait uniquement une de ses femmes, se plaisait à causer d'amour, et répétait à nos voyageurs qu'un amour partagé est le plus grand bien sur terre. Les chefs, convoqués par le cheikh et stimulés par l'espoir du butin, étaient accourus, suivis de leurs hommes de guerre et accompagnés d'une portion de leur harem, dont ils ne se séparent jamais complétement; le cheik était suivi de douze femmes, et le vizir en avait huit pour sa part dans cette expédition. Quant à Lamino, il n'amenait que sa chère favorite. Les deux Européens furent autorisés à se joindre à l'armée, et l'on se mit en marche dans la direction du sud. Les régions du Bornou méridional sont riches en plantations de coton ; ce précieux végétal abonde dans toutes les parties du Soudan. Les huttes se font remarquer par l'élévation particulière de leurs toits coniques. Des figuiers et de nombreuses variétés d'arbres embellissent le paysage; il y en a de gigantesques : le feuillage d'une espèce de caoutchouc n'a pas moins de soixante-dix à quatre-vingts pieds de diamètre. Une espèce de sorgho, dont on fait du sucre, s'élève de quatorze à vingt-huit pieds. Notre sucre d'Europe, par sa blancheur et sa dureté, excite l'admiration de ceux des naturels de l'Afrique qui en ont vu. Barth, interrogé plus d'une fois à ce sujet, essaya d'expliquer les procédés de notre fabrication; mais chacun témoignait de la surprise et du dégoût en apprenant quel rôle y remplit le noir animal. Les autres industries du pays sont la préparation de la poudre, pour laquelle on emploie particulièrement le charbon d'une espèce de mimosa appelé *kingar*, la confection et la teinture par l'indigo de chemises de coton. L'expédition militaire continuait d'avancer, mais lentement et non sans quelque incertitude; le cheikh s'était flatté qu'une démonstration suffirait pour déterminer la soumission du chef récalcitrant, et il redoutait de s'engager dans les montagnes du Mandara avec son armée, presque entièrement composée de cavaliers. Enfin le différend fut réglé par une sorte de compromis entre le suzerain et son vassal; celui-ci consentit à envoyer un présent de dix belles esclaves. Le cheikh satisfait de ce résultat, résolut de retourner à Koukawa pour s'y reposer de ses glorieuses fatigues; mais pour utiliser son armée, il prescrivit à son vizir de longer le Logone et de s'avancer dans le sud jusqu'au pays des Musgu et des Tuburi, pour y faire un *ghazzia* ou chasse aux esclaves. C'était une vilaine et attristante expédition; cependant elle offrait l'occasion de voir des contrées que Denham avait présentées comme inaccessibles, et malgré leur répugnance nos Européens la suivirent.

Le Musgu est loin d'être aussi montagneux que l'avait pensé le major Denham; il est d'un accès difficile, mais c'est seulement à cause des épaisses forêts et des marécages qui l'entourent. Les grands animaux y abondent, surtout la girafe et l'éléphant ; les voyageurs eurent occasion de manger de la chair de ce dernier animal ; elle rappelle assez celle du porc, seulement elle se digère mal. Le vizir fit don à Overweg d'un petit lion et d'une espèce de chat sauvage que ses gens avaient pris ; ces animaux suivirent quelques jours l'expédition, puis ils périrent.

Les naturels du Musgu sont païens ; sans cesse exposés aux incursions et aux ravages de leurs voisins, qui viennent recruter parmi eux des troupeaux d'esclaves, ils ont pris un aspect particulièrement farouche et sauvage ; ce sont de beaux hommes, vigoureusement constitués, dont la peau est d'un noir sale un peu clair. En beaucoup d'endroits, ils résistaient courageusement aux envahisseurs, dont, à vrai dire, les mauvais fusils, chargés avec des balles d'étain, ne valaient guère mieux que les lances des naturels. Ailleurs ils fuyaient, mais quelquefois en laissant dans leurs huttes désertes des vivres empoisonnés ; c'est ainsi que précédemment ils avaient fait périr beaucoup de leurs ennemis. Leurs villages, entourés de larges champs de riz, sont composés de ces cabanes circulaires et coniques qu'on retrouve ailleurs, et d'une autre espèce de huttes de forme toute particulière ; ce sont des cylindres avec un toit rond surmonté d'une espèce de champignon. A l'armée de Bornou s'étaient joints des corps auxiliaires de Shuwas et de Fellani ; tous ces Africains, pleins d'avidité, accomplissaient à l'envi leur œuvre de dévastation, brûlant les hameaux et détruisant les récoltes ; puis ils mettaient en commun les esclaves et le butin pour en faire le partage à leur retour; leurs brigandages et leur cupidité étaient un spectacle hideux et affligeant. Néanmoins cette déplorable expédition eut un résultat scientifique important : elle permit aux Européens de voir à la partie supérieure de son cours le Serbewel, affluent ou plutôt bras occidental du Shari, principale rivière qui alimente le Tchad. Shari-Eré, peut-être Serbewel, et la plupart des noms que portent les deux branches de ce grand cours d'eau signifient simplement *rivière* dans les idiomes des peuplades qui vivent sur ses bords ; l'appellation qui, selon M. Barth, lui convient le mieux est rivière de Logone. Dans une rapide excursion, Overweg eut occasion de voir le Serbewel dans une partie inférieure de son cours, Barth traversa quelques mois plus tard les deux bras ; l'un et l'autre coulent du sud au nord ; ils sont profonds, navigables, et leur largeur varie de trois à six cents mètres ; un nombre considérable de cours d'eau inférieurs s'y déversent. Si, par un concours d'heureuses circonstances topographiques, le Binué, contournant les montagnes du Mandara, avait, avec le Serbewel, quelque communication navigable, on pourrait aller par voie fluviale de l'Atlantique à l'intérieur du Tchad.

Une telle hypothèse n'est pas dénuée de tout fondement : en 1854, Vogel eut à son tour l'occasion de pénétrer dans le Musgu ; il s'avança au delà du point où s'étaient arrêtés ses compagnons, et signala chez les Tuburi un lac d'assez vaste étendue ; il paraît qu'il se trompait, M. Barth pense, d'après des renseignements positifs, que son compatriote a vu une branche nord-est du Binué après l'inondation, et comme le pays des Tuburi est plat, marécageux et coupé de canaux naturels, rien ne paraît s'opposer à ce que le Serbewel, qui y coule également, s'y puisse trouver en communication avec l'affluent du Niger.

Le retour s'effectua en partie par des chemins différents de ceux que l'expédition avait suivis, ce qui permit à nos voyageurs de rendre leurs observations plus complètes ; partout le pays était fertile et coupé de cours d'eau où les crocodiles pullulent, et qui sont le principal obstacle aux voyages. Les cultures les plus générales sont celles du coton et du tabac ; les femmes ne fument pas moins que les hommes. On était alors au milieu de janvier 1852, et dans les endroits plats et sans abri le froid était très-vif, le thermomètre marquait à six heures du matin dix degrés centigrades, les naturels en souffraient beaucoup, et c'était, dit Barth, quelque chose de déchirant que d'entendre les plaintes des pauvres prisonniers musgus que l'armée traînait avec elle. Ces malheureux étaient au nombre de trois mille environ, dont beaucoup de vieilles femmes et d'enfants de sept à huit ans, car les naturels vigoureux avaient eu le temps de fuir, et beaucoup d'hommes avaient été massacrés. Il y avait en outre dix mille têtes de bétail ; le tout fut partagé par les trois bandes alliées, Bornouans, Fellani et Shuwas, sur le territoire ennemi, puis on se sépara, et chacun rentra dans son pays.

De retour à Koukawa, leur quartier général, les voyageurs se trouvèrent de nouveau aux prises avec les embarras financiers, aucun subside ne leur étant arrivé d'Angleterre. Barth fit réparer sa petite tente, vendit la grande, et, pourvu d'un mince bagage, il se mit en route sous la protection d'une escorte que lui donna le vizir de Bornou, et accompagné pendant la première journée de sa marche par son ami Overweg, qui, de son côté, se préparait à compléter l'exploration du Tchad. Barth allait, se dirigeant à l'est-sud-est, traverser les provinces de Kotoko, de Logone, puis entrer dans le Bagirmi. Sa principale ressource pour se procurer les objets nécessaires à sa subsistance consistait en aiguilles, dont il avait fait venir d'Angleterre une grande quantité, d'après les sages conseils de la relation de M. Baike, voyageur en Abyssinie. Les aiguilles, très-recherchées de tous les Africains et si faciles à transporter en grande quantité, sont un des articles les plus utiles dont puisse se munir un visiteur du Soudan ; Barth leur dut le succès de ce voyage. Sa libéralité envers le pèlerin et les hommes savants, l'habitude où il était de tout payer uniquement avec cette marchandise le firent surnommer, dans le Bagirmi, *Malaribra*, le « prince des Aiguilles. »

Le pays que traversait notre voyageur est plat, coupé de cours d'eau, et présente les mêmes productions animales et végétales que ceux où nous l'avons déjà suivi.

Les maladies vénériennes n'y sont pas rares, pas plus que dans les autres parties du Soudan; la petite vérole exerce aussi de grands ravages dans toute l'Afrique centrale : M. Barth put s'en convaincre dès Agadès; il est assez remarquable que certaines tribus païennes savent s'en préserver par l'inoculation, précaution que le préjugé religieux interdit aux musulmans. Le ver de Guinée, insecte noir qui se loge dans quelque partie du corps, souvent dans l'orteil, et s'y développe, les fièvres, les ophthalmies sont les autres maladies les plus fréquentes du Soudan.

Le Kotoko, situé au sud-est du Tchad, fut autrefois une province puissante ainsi que l'attestent ses villes, aujourd'hui ruinées, mais dont les constructions étaient bien supérieures pour la solidité et l'étendue à celles des pays voisins. Les Shuwas ou Arabes sédentaires s'y sont fixés en grand nombre. Le Logone, situé à l'est-sud-est et tributaire du Bornou, semble être resté dans un état de prospérité et de puissance inférieure; toutefois sa capitale, Logone-Birni, appelée aussi Karnak-Logone, a un quartier remarquablement bâti. C'est à la hauteur de cette ville que M. Barth passa, non sans opposition de la part des riverains, le Serbewel, puis le Shari, dont nous avons mentionné la remarquable largeur. En cet endroit commencèrent pour l'explorateur des embarras et des obstacles qui allèrent croissant dans tout le reste de son excursion : le prince de Logone, plein d'admiration pour sa science et pénétré de sa supériorité, voulut le retenir; il avait deux vieux canons de fer avec leurs affuts provenant on ne sait d'où, dont il était bien fier, et c'est à grand'peine que M. Barth put se défendre de les mettre à l'épreuve. Enfin le voyageur obtint de passer outre; au delà du Shari, il était dans le Bagirmi. On lui fit dire que, pour avancer, l'autorisation du gouverneur était nécessaire. Contraint à un séjour prolongé, il voulut retourner sur ses pas, on l'en empêcha.

L'énorme quantité de crocodiles longs de douze à quinze pieds qui fréquentent les deux rivières et leurs moindres affluents, l'existence d'un grand cétacé analogue et probablement identique à l'ayu du Binué, les ravages causés dans certaines parties de la contrée par un nombre prodigieux de grands vers noirs et jaunes dont les pauvres gens se nourrissent, sont les faits qui méritent le plus d'être signalés. Il y a aussi dans tout le Bagirmi plusieurs espèces de fourmis et de termites qui dévorent tout ce qu'elles approchent; elles firent disparaître une portion des bagages de M. Barth. Ces insectes se bâtissent des demeures de proportions gigantesques. M. Barth affirme en avoir vu non loin d'un lieu appelé Mélé, sur la rive droite du Shari, qui ont deux cents pieds de circonférence et de trente à quarante pieds d'élévation. Les rhinocéros, les éléphants, les girafes, les hyènes, les singes sont très-nombreux. Un matin, en déplaçant son bagage, le voyageur trouva sous un de ses sacs cinq scorpions; enfin, pour compléter l'énumération des bêtes remarquables ou dangereuses de cette contrée, il faut mentionner une espèce de tsé-tsé jaune, cantonné sur les bords de la rivière, et qui n'est pas moins funeste aux animaux domestiques que le tsé-tsé vu par MM. Anderson et Livingstone dans leurs voyages au lac N'gami. — Il y a aussi, comme au cap de Bonne-Espérance, un petit oiseau, le *cuculus indicator*, qui guide les hommes vers les ruches de miel sauvage; au Bagirmi, on l'appelle *shnéter*, et les naturels racontent que c'est une vieille femme qui fut ainsi métamorphosée en cherchant son fils égaré, qu'elle ne cesse d'appeler par son nom : *Shnéter! Shnéter!*

Les habitants du Bagirmi n'appartiennent pas à la race des Kanuris; ils ont des rapports intimes avec des tribus de l'est et sont plus forts et mieux faits que ceux du Bornou. Les femmes surtout sont belles ; elles ont de grands yeux noirs renommés dans tout le Negroland pour leur éclat, des traits réguliers et expressifs; leurs narines ne sont pas larges et déformées par un os ou du corail, comme chez les Bornouannes; elles prennent un soin particulier de l'arrangement de leur chevelure et la relèvent en forme de casque, ce qui leur va à merveille, sans l'enduire de graisse ou de beurre comme les coquettes des contrées avoisinantes. Leur vêtement, d'une grande simplicité, se compose tout simplement d'une robe, *turkedi*, qui se croise et s'attache sur la poitrine; les femmes riches seules en jettent une seconde sur leurs épaules.

« De leurs vertus domestiques, dit M. Barth, je ne saurais

trop parler; ce que l'on en dit n'est pas à leur avantage. Les divorces sont aussi fréquents que les changements d'inclination. »

Cependant notre voyageur était toujours retenu sur les bords du Shari, et sa position devenait chaque jour plus critique. Au retour d'un messager envoyé au lieutenant gouverneur de Masena, le chef du village de Mélé lui enleva ses armes, ses instruments, tout son bagage, le retint prisonnier, et pendant quatre jours le mit aux fers dans sa tente. Le crédit d'un des amis puissants qu'il avait su se créer même dans ce pays lui fit rendre la liberté et accorder la permission de se diriger sur Masena, qui est située à une faible distance dans l'est. Cette capitale est, ainsi que presque tout le pays, dans un état de décadence et de ruine qui résulte de longues guerres civiles. L'affaiblissement du Bagirmi a été mis à profit par ses voisins, et tantôt le Waday, tantôt le Bornou l'ont rendu tributaire. Le sultan actuel, qui s'appelle Abd-el-Kader, ainsi que le sultan d'Aïr, livre annuellement cent esclaves au cheikh Omar.

Le souverain de Masena accorda deux audiences au voyageur, et le traita beaucoup mieux que ne l'avaient fait ses officiers. Il est vrai que le don d'une montre à répétition de Nuremberg, entre autres présents, contribua à l'animer de bonnes dispositions. Il s'informa si le chrétien n'aurait pas apporté un canon, et, sur sa réponse négative, lui demanda s'il en saurait fabriquer un. Il voulut lui faire accepter une belle esclave et un chameau, et sur son refus de recevoir autre chose que des échantillons de produits du pays, il lui envoya un nombre de robes considérable. Enfin, après un mois de délais et d'hésitations, il l'autorisa à retourner au Bornou. Depuis que l'impossibilité de remonter aux sources du Shari ou de pénétrer au Waday était démontrée, Barth n'avait plus d'autre désir que celui de retourner sur ses pas. Ce fut donc avec une vive satisfaction que le 10 août il se mit en marche dans la direction de Koukawa.

Un cruel événement, une douleur que rien ne pouvait égaler, l'attendait dans cette ville : son unique compagnon, son compatriote, allait mourir dans ses bras. La saison des pluies avait été très-préjudiciable à la santé de M. Overweg. Barth fut frappé, en revoyant son ami, de l'altération de ses traits. Il essaya de l'arracher aux influences pernicieuses de la plaine qui entoure Koukawa. Overweg commit une grave imprudence : un jour, en poursuivant des oiseaux d'eau, il fut mouillé et garda jusqu'au soir ses vêtements trempés sur son corps. A partir de ce moment, son sort fut décidé : il se coucha pour ne plus se relever.

Quant à Barth, il avait parcouru les régions les plus difficiles et vu tomber successivement ses deux compagnons. Isolé, accablé de fatigues, il avait enfin droit au repos; il avait découvert des routes nouvelles, noué des relations avec des chefs lointains, recueilli une ample moisson d'observations de toute nature; il avait assez fait pour sa gloire et bien rempli sa mission : il pouvait se tourner vers sa patrie, où l'appelaient ses amis et son vieux père; mais dans l'ouest il y a encore un problème important à résoudre. Il s'agit de déterminer une portion du cours que suit le grand fleuve de l'Afrique occidentale, de voir Sokoto, de pénétrer dans Tombouctou, et, sans ostentation comme sans faiblesse, Barth détourne ses regards de l'Europe et prend la direction du Niger.

CHAPITRE XIII

LE NIGER.

Etat des connaissances sur le Niger à l'arrivée de Barth. — La ville de Sokoto. — Villes riveraines du Niger. — Arrivée à Tombouctou. — La ville au seizième siècle et aujourd'hui. — Séjour du voyageur. — Retour au Bornou. — Arrivée de Vogel. — Sa mort. — Recherches du comte Heuglin.

Lorsque Barth se détermina à porter ses investigations du côté du Niger, l'état de la question en ce qui concerne ce fleuve était celui-ci : le cours supérieur connu jusqu'à Tombouctou, le cours inférieur jusqu'à Jauri et Boussa, lieu où, il y a cinquante-deux ans, périt Mungo-Park. Restait à déterminer le cours du fleuve entre ces villes et à étudier les rapports que le Niger peut avoir avec le bassin du Tchad, soit par lui-même, soit par ses affluents. La découverte du Binué en Adamawa se rattachait à cette deuxième partie du problème. L'inébranlable fermeté, la persévérance de l'étranger inoffensif qui était venu des régions les plus lointaines non pour s'enrichir, mais pour s'instruire de mœurs inconnues, étudier des dialectes, dessiner les cours d'eau et les montagnes, recueillir des plantes et des pierres, ce courage opiniâtre, qui ne cédait pas même devant les menaces de mort, et qu'entretenaient dans sa fermeté la curiosité et l'amour de la science, avaient frappé d'étonnement et de respect les populations sauvages au milieu desquelles notre voyageur avait transporté sa vie laborieuse. Le sultan du Bornou, après avoir tenté vainement de le détourner de son projet et de le retenir, lui donna des chameaux, lui fit d'autres présents, et enjoignit à tous les gouverneurs des villes qu'il aurait à traverser dans ses Etats de le protéger. M. Barth fut prêt à se mettre en route vers la fin de novembre 1852. A cette date, il faisait connaître en Europe son dessein et l'état de ses ressources par une lettre dont voici un fragment : « .... Seul survivant de l'expédition dont aujourd'hui l'accomplissement repose tout entier sur moi, j'ai senti doubler mes forces, et je suis déterminé à pousser jusqu'au bout les résultats que nous avons acquis. Je possède une quantité suffisante de présents, plus deux cents dollars, quatre chameaux, quatre chevaux ; ma santé est dans de bonnes conditions ; j'ai avec moi cinq honnêtes serviteurs dès longtemps éprouvés et bien armés, nous avons de la poudre et du plomb. J'espère avec pleine confiance que je pénétrerai heureusement jusqu'à Tombouctou. »

Une des guerres qui désolent presque constamment ces régions rendant la route qui mène à Kano impraticable, le voyageur prit la direction de Zinder et de Katsena. Il entra heureusement dans Katsena le 6 mars 1853, et, sans presque s'y arrêter, marcha sur Sokoto. A quelque distance de cette ville, M. Barth rencontra le puissant chef fellani qui s'intitule commandeur des croyants, émir Al-Mouménim, et dont l'autorité plus ou moins immédiate s'étend sur la plupart des provinces du Soudan occidental ; c'est Aliyou, fils de Bello.

Ce Bello avait accueilli, il y a une trentaine d'années, Clapperton et ses compagnons avec beaucoup de bienveillance. Il avait facilité leurs voyages, et s'était engagé à protéger de même tous les hôtes que lui enverrait l'Angleterre. Son successeur Aliyou se montra jaloux de remplir cet engagement. Il dit à Barth que, depuis deux ans, il avait reçu la lettre par laquelle le sultan d'Agadès lui faisait connaître la présence des voyageurs, qu'il n'avait cessé de suivre avec intérêt les mouvements de l'expédition. Il ajouta quelques paroles touchant la mort de Richardson et d'Overweg, puis il accorda aux voyageurs l'autorisation de se rendre à Tombouctou, qui dépend de l'empire fellani, de visiter de nouveau et plus complétement l'Adamawa, si l'occasion s'en présentait à son retour, et promit en outre que sa protection serait acquise à tous les Anglais qui voudraient circuler et trafiquer dans les États soumis à sa puissance. Enfin il se montra très-satisfait des présents qui lui furent offerts, et qui consistaient en des burnous de satin et de drap, un caftan, un tapis turc, des pistolets montés en argent, des miroirs, des rasoirs, des ciseaux, des aiguilles, et quelques autres de ces objets qui, vulgaires en Europe, acquièrent une importance et un prix considérables en pénétrant dans le centre de l'Afrique. Le voyageur reçut en échange le présent d'usage, consistant en têtes de bétail, et de plus cent mille de ces petites coquilles appelées cauris, dont, à Sokoto, sept environ équivalent à un centime.

Après cette entrevue satisfaisante, l'émir et le savant européen se séparèrent : le premier s'en allait vers le Mariadi châtier des tribus rebelles, le second se préparait à prendre quelque repos dans la capitale de l'empire des Fellani. Cette capitale est encore Sokoto, mais une rivale s'élève à ses portes même et menace de la détrôner : c'est une résidence impériale qu'on appelle Vourno, et qui compte en ce moment douze ou quinze mille habitants. Plus d'une fois déjà nous avons dit avec quelle rapidité naissent et meurent les villes africaines ; Sokoto et Vourno paraissent devoir fournir un prochain exemple de ce fait. Au temps d'Oudney et de Clapperton, il n'était question que de la première : c'était une de ces villes à large surface, entourées de murs et semées de maisons à terrasses et de cabanes formant des rues irrégulières dont Katsena, Kano et plusieurs autres nous ont fourni plus d'un spécimen. Son origine ne remontait pas à une haute antiquité ; son nom paraît signifier en langage fellani le mot *halte*, et en effet les conquérants de ces pays la bâtirent vers 1805, après s'être emparés de Gober ; mais Bello, qui avait contribué lui-même à sa prospérité, s'en lassa et transporta vers 1831 sa résidence à quelques lieues plus au nord-est, sur une hauteur en pente douce, enveloppée par un pli d'une rivière appelée Reina, où Vourno, cité nouvelle que le caprice d'un souverain peut tuer à son tour, se développe en ce moment.

Sokoto compte cependant encore plus de vingt mille habitants, et son marché n'a pas cessé d'être richement pourvu et très-fréquenté ; quelques maisons en ruines dans les quartiers déserts sont jusqu'ici les seuls indices de décadence dont elle est menacée. Après un séjour de plus d'un mois dans ces deux villes, Barth reprit son voyage dans la direction de l'ouest ; mais le chemin direct de Tombouctou lui était interdit de nouveau par les guerres intestines des tribus, et cette circonstance le contraignit de faire vers le sud-ouest un long détour qui lui permit de visiter la ville et l'État de Gando, que jusqu'ici aucun voyageur n'avait encore mentionnés.

C'est une des provinces de l'Afrique les plus dévastées par la guerre civile, à cause des éléments de trouble et de discorde qu'y a développés le contact des conquérants fellani. D'ailleurs toute cette région est fertile, populeuse, bien arrosée. Barth y suivit les sinuosités du Niger, il franchit ensuite la contrée de Dindina, où s'est depuis fort longtemps fixée une tribu égarée de la famille des Touaregs ; puis il arriva à la grande ville de Say, située sur les confins du territoire de Sabernea, entre de vastes et riches cultures de riz et des forêts sans fin. Say, qui est une des villes importantes de cette région, est bâtie dans une île du Niger. Sa situation est agréable et pittoresque ; d'ailleurs, avec son mélange de huttes et de maisons à terrasses, elle reproduit la physionomie générale de toutes ces villes africaines d'architecture primitive.

Devant le voyageur, dans ce long et monotone itinéraire, les grandes villes se succédaient : après Sokoto étaient venues Say, puis Sebba, Koriâ, Dore et bien d'autres ; des noms de peuplades, inconnues pour la plupart, frappaient son oreille et prenaient place sur ses cartes et dans son journal. A côté de cultures riches et prospères se montraient fréquemment des traces de dévastation laissées par la guerre. Sous ses yeux, le Niger roulait dans un lit immense ses flots tantôt solitaires, tantôt sillonnés par des barques grossières ; partout, dans la vallée de ce grand fleuve que pour la première fois un Européen visitait vers la partie moyenne de son cours, il y avait un mélange étonnant des magnificences de la nature et des œuvres à demi ébauchées d'une société humaine encore dans la période de son enfance. Jusqu'alors Barth n'avait jamais nié sa qualité d'Européen et de chrétien ; mais, pour ne pas être arrêté dans son voyage au moment de toucher au but qu'il s'était proposé, il dut se faire passer pour Arabe et chérif. Enfin, après avoir traversé une région montagneuse qui porte le nom de Hombori, puis des contrées toutes couvertes de marécages et de lacs permanents ou temporaires, le voyageur rejoignit le

Niger. Dans la journée du 1ᵉʳ septembre 1853, il s'embarqua sur un des bras du fleuve, large de deux cent quatre-vingts mètres, le remonta, parvint à un lieu appelé Saraïjano, où le fleuve reprend son étendue moyenne et sa majesté, après avoir été divisé en une multitude de canaux étroits et sinueux tout encombrés de roseaux. Enfin, gagnant l'autre bord, il entra dans une crique située sur la rive septentrionale. C'est là que se trouve Kabara, port de Tombouctou.

Il était temps que M. Barth touchât au terme de son voyage; les fatigues d'un itinéraire de plus de dix mois, des dangers de toute nature, les brusques variations de la température, qui, de midi à trois heures, dépassait souvent 42 degrés centigrades, toutes ces épreuves de chaque jour, auxquelles tant d'autres n'eussent pas résisté, menaçaient d'altérer sa constitution robuste; il était dans un état d'épuisement comparable à celui dans lequel il se trouvait à sa sortie d'Adamawa, et il ne fallait rien moins qu'un long repos pour le remettre. Il envoya au cheikh la lettre de recommandation qu'il tenait de l'émir Al-Mouménim. Cette démarche eut une issue favorable, et il ne tarda pas à apprendre que l'autorisation de séjourner à Tombouctou lui était accordée.

Cette *reine du désert*, cette cité africaine si longtemps fameuse en Europe à l'exclusion de toute autre, doit son grand renom aux voyages et aux récits d'Ebn-Batuta, de Léon l'Africain et de notre compatriote Caillié plutôt qu'à sa véritable importance, car, sous le rapport de l'étendue et de la prospérité commerciale, elle est inférieure à Sokoto, à Kano et à plusieurs autres villes du Soudan central. Son origine n'est pas très-ancienne : la portion du Soudan où elle s'élève subissait, depuis environ un siècle, les influences de l'islamisme, qu'y avaient apporté les Almoravides, quand, dans le sixième siècle de l'hégire, une femme Touareg du nom de Buktou vint, à ce que racontent les traditions locales, s'établir dans une petite oasis près de Niger. La belle situation du lieu à proximité du fleuve et sur la lisière du désert et du Soudan, entre des peuplades agricoles et des tribus nomades et commerçantes, le prédestinait à autant de grandeur qu'en peuvent espérer les villes de l'Afrique centrale. Des huttes se groupèrent autour de celle de la femme Touareg, et le grand Mausa ou Meusé-Souleyman, chef de peuplades mandingues qui de la côte s'étaient avancées dans l'intérieur en subjuguant les territoires qu'elles traversaient, en fit la capitale de ses États.

Ce fut environ cent quarante ans plus tard, au milieu du quatorzième siècle de notre ère, qu'Ebn-Batuta la visita; elle appartenait au royaume de Melli. C'était, au dire de l'Arabe voyageur, une grande ville très-commerçante et renommée par la piété et la science de ses docteurs musulmans, dont beaucoup avaient fait le voyage de la Mecque. Léon l'Africain, qui la vit dans le seizième siècle, nous en fait à son tour un tableau assez avantageux : il nous la montre avec ses petites maisons en terrasses ou recouvertes de chaume semées autour d'un temple de

pierre et de chaux et d'un palais somptueux pour un palais africain. Il ajoute : « La ville est garnie de bou-
« tiques, les artisans y sont nombreux, surtout les tis-
« seurs de coton. Des marchands de Barbarie y transpor-
« tent des draps et d'autres articles venant d'Europe.
« Ce sont des esclaves qui vendent les provisions de bou-
« che. Les habitants sont opulents, et il y a un grand
« nombre d'étrangers fort riches, à ce point que le roi a
« donné en mariage ses filles à deux marchands frères, à
« cause de leurs grands biens. Lui-même est riche et
« puissant. Quand il lui prend fantaisie de passer d'une
« cité à l'autre (car Tombut n'est pas la seule de ses
« États), il monte des chameaux ainsi que ses courti-
« sans, et des estafiers le suivent tenant des chevaux
« en main. Il a une grande infanterie armée d'arcs et
« environ trois mille cavaliers. Il a coutume de faire
« la guerre à tous ceux qui lui refusent le tribut, et
« quand il les a vaincus, il les fait vendre à Tombut,
« y compris les petits enfants. » Après le passage de Léon, Tombut ou Tombouctou subit des alternatives de bonne et de mauvaise fortune : dans la deuxième moitié du dix-septième siècle, elle passa sous la domination des chefs des peuplades bambaras qui s'étendent sur le territoire qu'arrose à sa naissance le Niger; vers les dernières années du même siècle, un empereur marocain s'en empara, et fit de son territoire une province de son empire. A ce moment, le commerce avec le Maroc y développa une grande prospérité : d'innombrables caravanes y

apportaient des articles venus des bords de la Méditerranée en échange des produits de l'intérieur de l'Afrique; mais les Touaregs du désert occidental se révoltèrent contre le Maroc, interceptèrent le commerce entre Tombouctou et la Barbarie, si bien que la ville vit décliner rapidement son importance. Dans l'année 1803, les Mandingues du Bambara s'en emparèrent de nouveau, mais ce ne fut pas pour la garder longtemps.

C'était le temps où cette population de cavaliers et d'agriculteurs, les Fellani, dont l'origine, malaisienne peut-être, est à coup sûr très-distincte de celles des noirs indigènes de l'Afrique, après avoir vécu obscurément pendant des siècles, se levaient dans l'ouest à la voix d'un prophète musulman, et, s'avançant vers l'est, subjuguaient tout sur leur passage. Dans le bassin du Niger, d'où ils allaient déborder, ainsi que nous l'avons vu, jusque dans celui du Tchad, ils s'emparèrent de Tombouctou. Toutefois les Maures défendirent assez vaillamment leur ancienne conquête : chassés pour un temps, ils firent un retour offensif à la suite duquel une sorte de compromis est intervenu entre les anciens maîtres et les nouveaux; ceux-ci ont conservé le pouvoir politique, mais c'est parmi les premiers qu'est choisi le chef religieux. On comprend que cet état de choses, avec la rivalité permanente qui en résulte, est une source de troubles continuels et ne saurait être durable. Il n'existait pas encore lorsque René Caillié pénétra dans cette ville en 1828.

Nous n'avons plus à rappeler à la suite de quelles

épreuves et de quels périls ce voyageur, qui fait tant d'honneur à la France, vit la mystérieuse et terrible cité aux portes de laquelle le major Laing, l'un des Anglais les plus intrépides qui se soient voués à l'exploration de l'Afrique, venait de trouver la mort. Ce qu'il fallut à notre compatriote d'abnégation, de courage et de patience, tous ceux qui ont tenu dans leurs mains sa relation de voyage, simple et modeste, le savent. Cette relation cependant, par une injustice ou une aberration d'esprit singulière, devait être traitée de fable par quelques géographes, et la bonne foi d'un des voyageurs les plus sincères devait être quelque temps suspectée. Mais M. Barth, avec la franchise qui accompagne le véritable mérite, a rendu justice à son devancier et porté témoignage de sa véracité. « Je proclame, écrivait-il à son retour de Tombouctou, M. René Caillié un des plus sincères voyageurs; certainement ce n'était pas un homme scientifique, mais sans instruments, avec les moyens les plus faibles possibles, il a fait plus que personne n'eût pu faire dans des circonstances semblables. »

Voici le tableau que les deux voyageurs, chacun de son côté, font de la ville : « Elle forme, dit Caillié, une espèce de triangle ; les maisons y sont grandes, peu élevées, et consistent seulement en un rez-de-chaussée. Elles sont construites en briques de forme ronde, pétries et séchées au soleil. Les rues sont propres et assez larges pour y laisser passer trois cavaliers de front... Cette ville renferme trois mosquées, dont deux grandes, qui sont surmontées chacune d'une tour en briques. Elle est située dans une immense plaine de sable blanc et mouvant sur lequel croissent seulement de maigres arbrisseaux rabougris... Elle peut contenir dix ou douze mille habitants, tous commerçants ; il y vient souvent aussi beaucoup d'Arabes en caravanes, qui en augmentent momentanément la population. » Lorsque, à son tour, M. Barth a séjourné à Tombouctou, il y a trouvé une population d'environ vingt mille âmes. « La ville, dit-il, est de forme triangulaire : les maisons y sont bâties en terre ou en pierre, la plupart avec des façades assez bien travaillées. Son marché, vanté comme le centre du commerce des caravanes de l'Afrique septentrionale, est moins étendu que celui de Kano, mais les marchandises y paraissent être de qualité supérieure. Le pays où cette ville est située se trouve sur les confins du désert de Sahara, et lui ressemble par la sécheresse et la stérilité, excepté du côté du fleuve, où le sol prend une apparence plus fertile. »

Des faits historiques que nous venons de retracer sommairement, on peut conclure que Tombouctou a décliné en puissance depuis le seizième et le dix-septième siècle. Kano comme marché, Sokoto comme centre politique, ont en partie hérité de son ancienne splendeur. Toutefois, telle qu'elle demeure, elle est encore une des grandes cités du Soudan ; on sait que le gouvernement français a proposé une récompense au voyageur qui y entrera en allant de l'Algérie au Sénégal ou réciproquement, et il serait heureux en effet qu'on pût la relier un jour aux deux foyers de commerce et de civilisation que la France entretient en Afrique.

M. Barth avait reçu un accueil assez favorable à Tombouctou, dont les habitants l'avaient pris pour un envoyé du sultan de Stamboul ; cependant il ne tarda pas à se trouver dans une situation difficile et précaire. Ce n'était pas que le principal cheikh de la ville, le chef fellani, qui, dès l'abord l'avait protégé, eût changé de sentiments à son égard : au contraire, ce musulman éclairé avait appris la véritable qualité de l'Européen et le but scientifique de sa mission sans cesser d'être animé de sentiments bienveillants à son égard ; mais l'anarchie régnait entre les divers chefs, et la présence du chrétien excitait la défiance d'une population fanatique. Pour comble d'ennui, la guerre civile désolait les environs et mettait obstacle au départ. Dans plusieurs lettres datées de 1854, M. Barth faisait savoir à ses amis d'Europe qu'obligé de vivre dans une reclusion continuelle, sans cesse inquiété par une population hostile, accablé des fatigues de son immense voyage, il avait été pris de la fièvre, et que sa santé, un instant rétablie, menaçait de s'altérer profondément. Enfin, après bien des délais et des obstacles, il trouva un moment favorable à son départ, et obtint d'en profiter. Après sept mois de séjour à Tombouctou, il reprit la direction du Bornou, long et pénible, mais unique chemin qui pût lui rouvrir l'accès de l'Europe.

Pendant que Barth redescendait lentement et avec

mille fatigues le cours du grand fleuve, un de ses compatriotes, une jeune homme de vingt ans, parcourait à son tour les régions qui entourent le Tchad, et, cherchant les traces de son compatriote, s'avançait à sa rencontre du côté du Niger. Vogel, Allemand comme Barth et comme Overweg, s'était proposé à l'amirauté anglaise pour prendre en Afrique la place de Richardson, quand on avait appris que celui-ci était tombé sur le champ de bataille de la science. Il était docteur en médecine, botaniste et astronome. Il fut accepté, et le 2 février 1853 il quitta Southampton, se dirigeant sur Tripoli, où il fut rejoint par un personnage de Bornou, qui retournait à Koukawa. De Tripoli à Mourzouk et au Tchad, il suivit l'itinéraire précédemment tracé par le voyageur Denham, rectifiant les positions, relevant les hauteurs, recueillant des observations sur la constitution géologique du sol.

Parvenu à Koukawa, il y fut reçu avec la même bienveillance que ses devanciers. Ne pouvant rejoindre Barth, qui ignorait qu'on lui envoyât un nouveau compagnon et qui se trouvait déjà engagé dans le long chemin de Sokoto à Tombouctou, Vogel résolut de compléter les observations recueillies par ses prédécesseurs sur les régions qui avoisinent le Tchad, et, à peine remis d'une fièvre violente qui l'avait saisi à son arrivée, il se joignit à une expédition que le cheikh du Bornou se préparait à diriger dans le pays des malheureux Musgus. Dans cette expédition le jeune voyageur recueillit de nombreuses observations astronomiques, forma une collection botanique, et constata que les vastes plaines basses et déprimées que le Shari et ses affluents arrosent au sud du Tchad sont formées par une couche calcaire de coquillages d'eau douce, et ont dû, à une époque dont le souvenir traditionnel ne s'est pas conservé parmi les indigènes, être occupées par une vaste mer intérieure.

A son retour à Koukawa, Vogel entendit affirmer que Barth avait péri en revenant de Tombouctou. Soit pour vérifier cette désastreuse nouvelle, qui par bonheur était fausse, soit pour reprendre et continuer l'œuvre de son devancier, Vogel se mit en marche dans la direction du Niger. Barth cependant entrait dans Kano après avoir bravé heureusement tous les genres de périls; les deux voyageurs suivaient, sans le savoir, la même route en sens inverse, et, le 1er décembre 1854, dans une immense forêt qui est située non loin d'une localité appelée Bundi, à mi-chemin entre Kano et la ville de Ngurutuwa, qui avait été la dernière étape de Richardson, les deux compatriotes eurent le bonheur inattendu et inespéré de se voir et de s'embrasser.

Désormais l'un avait accompli sa tâche : chargé d'une ample moisson, devenu justement célèbre, il allait revenir en Europe pour nous instruire et nous charmer. Les sociétés savantes lui tenaient en réserve tous les honneurs et toutes leurs récompenses; Hambourg, sa ville natale, justement fière d'un tel fils, lui décernait une médaille d'or avec cette inscription : *A l'intrépide et heureux explorateur de l'Afrique, le docteur Henri*

Barth, né à Hambourg, le sénat. L'autre était réservé à une triste destinée : animé d'une noble émulation, plein de confiance et se sentant fort de son courage et de sa jeunesse, il se proposait d'agrandir la sphère des découvertes et des observations faites par ceux qui l'avaient précédé. A l'est du Tchad s'étend cette contrée du Waday, où Barth n'a pas pu pénétrer, et qui est aujourd'hui dans le Soudan la seule où les Européens n'aient pas encore séjourné; elle ne nous est connue que par la relation intéressante, mais superficielle, d'un Tunisien, le cheikh Mohammed-el-Toursy. C'est par là que Vogel résolut de se diriger, afin de gagner, s'il était possible, les régions du haut Nil et de compléter avec Barth un ensemble de travaux s'étendant sur tout le Soudan, de Tombouctou à Khartoum, au confluent du Nil Blanc et du Nil Bleu. Effectivement il pénétra dans le Waday, mais il paraît que le sultan de ce pays, pour tirer vengeance d'une prétendue injustice que lui aurait fait subir le consul anglais de Tripoli, s'est saisi du voyageur et la fait décapiter.

A plusieurs reprises cette nouvelle a été contredite : on a fait espérer que le chef du Waday n'avait pas tué Vogel, et qu'il avait l'intention de le mettre à rançon. En voyant au milieu de nous M. Barth, qu'on avait cru longtemps mort, nous avions senti renaître un peu de confiance; mais les années se sont succédé sans que rien vînt confirmer ce faible espoir, et, d'après quelques derniers renseignements; il n'est que trop probable que le sabre d'une brute a tranché la tête de ce jeune homme plein d'intelligence et de savoir, qui s'en allait porter à l'Afrique des espérances d'affranchissement et de civilisation.

De généreux efforts ont été faits depuis la disparition de Vogel, pour acquérir une certitude complète au sujet de sa destinée et au moins pour retrouver ses notes et ses papiers. Ce soin a été un des premiers auxquels se soit reportée une institution allemande de création récente, la *Carl Ritter Stiftung*. Plusieurs savants allemands, parmi lesquels le docteur H. Barth, se sont réunis en société et ont fait appel aux capitaux des amis de la science géographique pour réunir un fonds qui leur permit de diriger en Afrique des explorations. Cette fondation a produit des résultats satisfaisants, et la *Stiftung* a tout d'abord songé à faire rechercher Vogel, ou du moins ce qui peut rester de lui. Elle a fixé son choix, pour cet objet, sur un homme connu déjà par des voyages en Nubie et en Abyssinie, M. le comte Heuglin. Ce voyageur est parti en juillet 1861, accompagné d'un naturaliste, d'un astronome, d'un savant versé dans l'étude des idiomes africains. Aux dernières nouvelles il était près de pénétrer dans le Waday, et c'est là le point difficile, puisque c'est dans cette sauvage contrée que Vogel a trouvé la mort.

CHAPITRE XIV

DE L'ALGÉRIE AU SÉNÉGAL PAR TOMBOUCTOU.

Essais de M. Duveyrier. — Son exploration à R'adamès. — L'interprète Bouderba à R'at. — Le Sénégal. — Améliorations produites par le gouverneur Faidherbe. — Extension de la domination française. — Explorations des régions environnantes. — Le Gabon et la Haute-Cazamance.

Le but que la France propose à ses voyageurs : ouvrir entre l'Algérie et le Sénégal des relations par Tombouctou, a donné lieu déjà à un grand nombre d'efforts qui, pour n'avoir pas encore eu un succès complet, n'en tiennent pas moins une place intéressante dans la série des explorations africaines. Parmi les hommes qui se sont voués à cette pénible tâche, celui qui donne le plus d'espérances par la manière sérieuse dont il s'y est préparé, est un jeune Français, M. Duveyrier. Ce voyageur a mis à profit les travaux et les conseils de son glorieux prédécesseur Barth, il a appris l'arabe et il manie les instruments de précision sans lesquels les données éo graphiques, si curieuses qu'elles soient, ne sauraient avoir un caractère de certitude. Il y a trois ans que M. Duveyrier a quitté la France; il ne s'est engagé encore que sur la lisière du désert et dans ses premières oasis. Il n'y a pas à blâmer de prudents retards qui ont pour but de l'acclimater et de lui apporter des notions plus complètes sur l'état et le caractère des pays où il doit s'engager. De plus le voyageur a été retenue par la guerre du Maroc et par les guerres intestines dont cette partie de l'Afrique a été le théâtre.

Parti de Biskra, il s'est dirigé avec une caravane sur le Djérid, une des provinces les moins connues de la Tunisie, où la première ville à laquelle on arrive par le désert est Nafta, qui ne compte pas moins de 8,000 âmes, et qui a quelque importance commerciale. Le Nefzaoua, district voisin du Djérid est une vaste oasis comprenant plus de cent villages. Le sol y est bien arrosé; au printemps ses marécages abandonnés par les eaux se couvrent de pâturages et entretiennent de nombreux bestiaux. Les habitants, bien que présentant le type nègre, parlent arabe. Ils se bâtissent des maisons en briques crues. Il y a au milieu de leurs villages une sorte de forteresse, le *Bordj*, où leur calife vient s'enfermer à l'époque de la perception des impôts. De là, M. Duveyrier poursuivant sa reconnaissance dans la Tunisie traversa Gabès, qui a été bâtie avec les matériaux de l'antique *Tacape* sur la côte de la Syrte, mentionnée jadis par Pline et par les Itinéraires. La population en est active; les Juifs s'y trouvent en grand nombre.

De Gabès le voyageur traversant des plaines couvertes encore des débris de la domination romaine, entra dans Gafsa, l'ancienne *Capsa*, ville entourée de riches plantations et qui fait un commerce assez actif de dattes, d'huile et de tapis. Il rentra ensuite à Biskra, ayant fait des observations en latitude et en longitude, recueilli des notions d'histoire naturelle, et rassemblé les éléments d'une carte de cette contrée peu connue.

A son retour, le jeune voyageur reçut du général Martimprey une mission qui avait pour but de rattacher à la France les populations errantes du désert et de faciliter nos relations avec le Soudan. Il devait aller trouver les principaux chefs des Touaregs et les exhorter à nouer des relations amicales avec l'Algérie et à diriger vers nos possessions les caravanes du Soudan. Il se rendit d'El-Oued à R'adamès, espérant ensuite pénétrer dans R'at, puis à Aïn-Saleh en traversant le Sahara central pour revenir à Tuggurt par El-Goleâ et Ghardaia. Il gagna R'adamès par la voie de Berezof qui est la plus orientale et la moins connue dans le désert. La partie du Sahara qu'il franchit, longue de 326 kilomètres était entièrement dénuée d'eau; on n'y peut voyager que la nuit à cause de l'intolérable chaleur du jour, et on a à craindre les pillards habitants qui infestent le désert.

R'adamès aux portes du désert, à 250 lieues d'Alger est enveloppée dans une forêt de palmiers et toutes ses rues sont couvertes contre la chaleur. Ses habitants reçurent assez bien leur hôte français et lui donnèrent la permission de se rendre à Tripoli. Celui-ci put visiter le Jèbel Nefoussa, contrée montagneuse longue de quatre jours de marche, encore inexplorée, et qui est couvertes de ruines romaines. Elle a de nombreux villages. Sa principale richesse consiste dans la culture de l'olivier. De retour à R'adamès, le voyageur s'apprêtait à visiter R'ât ; malheureusement le fanatisme aveugle des indigènes lui en a fermé les portes et lui a interdit le chemin d'Aïn-Salah, qui promettait une si abondante moisson de notions nouvelles. Le Français s'était avancé malgré la malveillance des habitants du désert jusque sous les murs de la ville. Nous avons dit qu'on lui en refusa l'entrée; il dut repartir de suite et il a opéré son retour par Mourzouk et Tripoli, où il est rentré en octobre 1861. A son retour à Alger le jeune et courageux voyageur a payé son tribut au cruel climat de l'Afrique. Quelque temps sa vie a été en danger. Aujourd'hui il est rétabli et se prépare à de nouveaux efforts pour pénétrer au cœur du Soudan.

Cette ville de R'ât, devant laquelle M. Duveyrier a dû s'arrêter, avait été quelque temps avant ouverte à un Arabe algérien, interprète au service de l'armée française, auquel nous devons quelques renseignements intéressants sur cette ville africaine. L'interprète Bouderba a franchi en quatre mois les 1395 kilomètres qui séparent R'at d'Alger. Il était parti de Laghouat en août 1858, avec quelques hommes et 25 chameaux portant de l'eau et des provisions. Ce trajet fut pénible ; souvent les puits étaient desséchés ou ils n'offraient qu'une eau impure. Environ à moitié route au delà de l'Oued-Tarat[1] un des plus considérables du désert, dont les berges ont de 40 à 50 mètres de hauteur, et se composent d'un lit d'argile mêlé de grès schisteux, la caravane gravit un plateau aride et parvint à un passage appelé *Idara, Itedjeren*, ce nom signifie « difficile à passer. » C'est un rocher haut de 15 mètres qui est jeté en travers du sillon tracé par les caravanes dans le désert. A son pied est un grand tas de cailloux qui rappelle l'exercice auquel se livrent la plupart des voyageurs. Ils lancent par-dessus le bloc un de ces cailloux, et s'ils le dépassent et envoient la pierre de l'autre côté, ce qui exige une grande vigueur, ils ont l'honneur de voir leur nom inscrit sur le grès tendre du rocher. Plus loin se dresse une suite de rochers se rattachant à la chaîne de R'at, que l'on appelle Ksar-el-Djenoun. C'est là que Barth, égaré dans une course imprudente, tomba épuisé de soif et de fatigue et faillit périr au début de son voyage.

Enfin, le 26 septembre, la caravane atteignit R'at. Cette petite ville est dominée à l'ouest par un mamelon couvert d'un bois de palmiers. Elle est habitée par les Touaregs, qui y ont bâti des maisons de pierre, de terre et de simples tentes de peaux de buffle. La population touareg s'y compose de deux races différentes : l'une conquérante, les *Ihoggar* ou nobles; l'autre conquise, les

---

[1] On appelle de ce nom les lits des torrents qui s'emplissent d'eau pendant les pluies.

Im'rad, qui payent aux premiers une redevance annuelle et lui abandonnent le dixième des produits qu'elle vend et achète. Les premiers semblent par certains caractères se rattacher à la famille caucasique, tandis que les seconds ont évidemment du sang noir. La population stable de R'at ne dépasse guère six cents habitants; mais il faut y ajouter une population flottante assez considérable de marchands, d'industriels, de forgerons, de cordonniers venus principalement de R'adamès et qui, leurs affaires faites, s'en retournent. Beaucoup de caravanes viennent du Fezzan et de l'Égypte, du Bornou et du Hausa. On trouve sur les marchés des soieries, des cotonnades, de la verroterie, de la quincaillerie, de l'ambre jaune, du corail, du cuivre laminé, du musc, des essences, des burnous, des haïks, des armes, des ceintures. Il faut aux caravanes huit jours pour se rendre du Fezzan à R'at.

Les produits venus de loin sont presque tous anglais. Les marchandises de l'Angleterre y pénètrent par la Guinée, la Sénégambie, le Maroc, Tripoli et l'Égypte. Les Anglais ont mis pour atteindre ce but du temps et de la patience, mais ils sont aujourd'hui maîtres du commerce de tout le centre de l'Afrique. Leur premier soin a été de s'assurer des colporteurs à travers ces régions; ils se sont adressés aux marchands de R'adamès, puis des négociants anglais sont venus s'installer à Tripoli et ils n'ont pas craint d'ouvrir à leurs sauvages intermédiaires de larges crédits, certains que l'intérêt les leur ramènerait toujours. En effet, il y a aujourd'hui un grand nombre de maisons qui présentent la singulière association d'Anglais avec des Touaregs ou des Arabes et qui font de grandes fortunes. — L'Angleterre a non-seulement là des débouchés pour ses marchandises, mais encore de nombreux partisans, qui la présentent aux Africains de l'intérieur comme la nation la plus puissante et la seule amie des musulmans.

A ces expéditions dans les oasis du Sahara sur le chemin de Tombouctou, s'ajoutent les tentatives faites par le baron Kraft en 1858. Ce voyageur a revêtu un costume musulman, et pris le nom de Hadj-Skander ; il espère gagner R'adamès et de là Aïn-Salah, puis Tombouctou. C'est, on voit, l'itinéraire que se propose de son côté M. Duveyrier. Nous ne connaissons pas encore les résultats de son entreprise.

Enfin, pour compléter le récit des explorations dans cette partie de l'Afrique, il nous reste à parler des beaux travaux qui se sont exécutés sous la direction du gouverneur du Sénégal, M. Faidherbe. On sait quelle prospérité cet intelligent et habile officier a su donner à notre colonie jusque-là si chétive ; il a réuni à nos possessions le vaste territoire du Oualo, sur la rive gauche du Sénégal, dompté tous les chefs indigènes, supprimé les impôts honteux que la France leur a longtemps payés sous le nom de *coutumes*, étendu notre influence sur le haut Sénégal et sur son grand affluent la Falémé, établi des stations sur ces deux fleuves, jusqu'au fond de la région aurifère du Bambouck et dirigé des explorations de reconnaissance géographique dans toutes les régions avoisinantes.

La position des sources du Sénégal a été déterminée au 10° 50' de latitude et au 13° 40' de longitude ouest de Paris par un des officiers explorateurs, M. Lambert. Le fleuve sort du Fouta-Dialon; il est formé par deux bras, le Bafing et le Bakhoy, il reçoit la Falémé et se jette dans l'Atlantique, après quatre cents lieues de parcours. Les établissements qui s'échelonnent sur le fleuve sont, depuis son origine, Médine, près des rapides de Felou, puis Bakel, Matam, Podor, Dagana et Richard-Toll. Sur la Falémé ont été établis Sénédebou et Kéniéba. Enfin, dans le Oualo, récemment annexé, on a bâti les forts de Lampsar et Merinaghem. Au nord du fleuve se trouvent les tribus arabes et berbères confondues sous le nom de Maures, au sud, les races noires indigènes, Ouolofs et Sérers, qui sont de grands et beaux nègres, très-attachés à la France. Des Toucouleurs, race métis, habitent la grande île à Morfil, dans le Sénégal, et les Peuls, Fellani ou Fellatahs, cette race conquérante qui envahit en ce moment le centre du Soudan et lui porte l'islamisme, s'est répandue dans un grand nombre des États riverains du Sénégal.

Les produits que la colonie tire des pays environnants sont abondants et variés; ils consistent en or, poudre d'or, ivoire, cire, gomme, arachides, graines oléagineuses, indigo, coton, miel, bestiaux. Le chiffre des importations et exportations monte de dix à douze millions. Celui du commerce de Gorée ne s'élève guère à moins de dix millions. La population de la colonie s'élevait, en janvier 1858, à 35,000 âmes.

Les officiers MM. Hazan et Lambert, officiers de l'infanterie de marine, ont visité, en 1859, le Fouta-Djalon, où le Sénégal prend naissance. M. Magne, enseigne de vaisseau, est parti de Bakel et a remonté dans le nord jusqu'au pays des Douaïchs et au Tagan, oasis qui est une des étapes du désert vers le Maroc. M. le lieutenant Pascal a revu les régions aurifères du Bambouk; il a remonté la Falémé et poussé son exploration jusqu'aux cataractes de Gouïna, larges de 400 mètres, hautes de 0.50. Enfin le lieutenant d'infanterie de marine M. Vincent est remonté le long de la côte, dans la direction du Maroc, jusque dans l'Adrar, a visité les principaux campements des Trarzas, Maures à peau rouge, aux traits réguliers, qui habitent cette partie du désert, où ils exercent, quand ils le peuvent, des déprédations sur les caravanes.

Ce voyage, qui n'a pas duré moins de trois mois et demi, a embrassé un parcours qui compte mille kilomètres. Ainsi se nouent entre la France et les États indigènes du voisinage des relations utiles à notre commerce et profitables à leur amélioration. Tandis que l'Angleterre se développe partout le monde avec tant d'activité, c'est une satisfaction bien vive de voir un petit coin où la France prospère, et de pouvoir juger par cet exemple qu'elle n'a pas perdu ses anciennes aptitudes à établir des colonies et à répandre parmi les peuples indigènes sa civilisation.

A M. Faidherbe vient de succéder dans le gouvernement du Sénégal un officier de marine, M. le capitaine de vaisseau Jaureguiberry. Ce nouveau gouverneur a promis de continuer la politique de son prédécesseur. Il a divisé la colonie en sept arrondissements, et réuni aux possessions directes de la France le Cayor, région située au sud du Oualo, dont les indigènes réclamaient sa protection.

Plus au sud que le Sénégal, sur la même côte occidentale de l'Afrique, les officiers de notre marine complètent sur la Gambie et au Gabon les reconnaissances hydrographiques et les notions trop incomplètes que nous possédions sur ces pays. M. Bazouec, lieutenant de vaisseau, a ainsi envoyé à la *Société de Géographie* de Paris de précieux renseignements. Le Gabon, qu'il vient d'explorer, n'est pas un fleuve, mais un bras de mer s'enfonçant à trente-trois milles dans les terres et recevant une multitude de rivières ou criques au fond desquelles remonte la marée, mais dont l'eau est douce à mer basse. Les peuplades riveraines s'appellent Pongoé, Bouloux, Akalais et Pahouins. Les premiers ont descendu le cours de la rivière et sont venus de l'intérieur s'établir sur les rives du Gabon. Ils sont d'un caractère doux et pacifique, polygames; ils appartiennent à la race nègre; leurs villages sont très-voisins des embouchures des affluents du Gabon.

Les Bouloux n'ont qu'un petit nombre de villages;

c'est une famille qui tend à disparaître, anéantie par sa passion effrénée pour les femmes. Ils ne travaillent pas, et chaque indigène passe sa vie au milieu d'un troupeau féminin. Dans un de leurs villages, il ne reste que quatre hommes qui se partagent trente-neuf femmes. Leur population totale est réduite à trois mille individus. Les Akalais, au nombre de soixante mille, s'étendent sur les rivières Bogoé et Oulombo-Empolo. Ils sont plus noirs que les Bouloux. Ils se font continuellement la guerre entre eux de village à village et s'enlèvent leurs femmes. Ils sont d'une habileté remarquable sur l'eau et font assez volontiers avec les étrangers le commerce de l'ivoire et de la cire. La base de leur nourriture est la banane et le poisson; ils prennent et mangent le lamentin, hôte abondant de leurs rivières. Sa chair est, dit-on, succulente en mars et en avril. Ils en conservent des provisions fumées. Ils consomment aussi beaucoup d'ignames et de crevettes. Pour préparer leurs mets ils emploient l'huile de palme et d'odika, sorte de chocolat huileux contenu dans une noix que produit un arbuste à fleurs blanches et à feuilles pointues.

La peuplade des Pahouins ou Faons est la plus nombreuse et la plus importante de tout ce pays. Ils habitent depuis les montagnes de Cristal, le long de la rivière N'Coni, et sont la terreur de toutes les autres populations. Ils sont braves et agressifs; ils se servent de sagaies et commencent à avoir des armes à feu. Avec la peau de l'éléphant ils se font des boucliers. Beaucoup d'entre eux travaillent le fer avec une remarquable habileté. Leurs villages sont propres, leurs cases bien faites; ils consistent en une rue bien alignée à l'extrémité de laquelle se trouvent une ou deux forges. On dit qu'ils sont anthropophages et qu'ils achètent aux Bouloux et aux Akalais des prisonniers en échange de défenses d'éléphant. Leur race est très-distincte de celles qui les entourent : ils ont la peau d'un jaune foncé, avec le nez égyptien, les yeux fendus en amandes, les tempes déprimées, les pommettes saillantes. Ils sont grands, mais le bassin est étroit. Ils sont très-maladroits sur l'eau et ne savent pas nager ; mais, sur terre, ils sont la terreur de toutes les tribus qui les entourent. C'est un peuple chasseur, et ils se repaissent de la chair des éléphants, des antilopes et des singes. Leurs fers de flèches sont trempés dans un poison violent. Voici comment ils chassent l'éléphant : Le *n'gan*, médecin et sorcier de la tribu, attire l'éléphant à l'aide d'un appeau appelé *dibéka* dans un lieu où l'on a préparé des bananes dites *toto*, dont l'éléphant est très-friand. Quand l'animal a cédé à la tentation, il est entouré d'un grand cercle de bambous hauts de dix pieds, pendant que le *n'gan* ne cesse de battre sur un tambour qui a la vertu d'empêcher l'éléphant de voir le piége qu'on lui dresse. Quand cette clôture est terminée, le *n'gan* monte sur un arbre et lance à l'éléphant, sur le cou ou sur l'épine dorsale, une sagaie lourde et pointue ; en même temps toute la population, hommes et femmes, se précipite sur l'animal et le frappe.

Sans doute l'éléphant pourrait de son seul poids renverser la barrière qu'on lui oppose, mais il tourne sans y songer.

L'aviso à vapeur le *Griffon* a remonté, en 1859, près de Gorée, la rivière Haute-Cazamance, au-dessus de l'établissement de Séd'hiou, principal village du pays. Le district de Packao sépare le Cazamance de la Gambie. C'est un riche pays, bien cultivé et grenier des arachides qui alimentent le commerce de la Cazamance; il présente un riant aspect avec ses rivières, ses beaux villages, ses plaines d'arachides, ses forêts de palmiers et de bois de toute essence. Sur la rive gauche du fleuve s'étend un pays renommé par sa sainteté, la Souna, dont les marabouts débitent à tous les habitants de la côte leurs grigris préservateurs; Karantaba, sa ville sainte, est le rendez-vous des apôtres noirs de ce fétichisme. Pendant dix ans ce pays hostile à l'influence française l'a entravée dans son action sur les indigènes. C'est pour en finir que le *Griffon* a remonté le fleuve; en quatre jours l'expédition a été accomplie et la soumission, non-seulement du Souna, mais encore du Packao, du Balmadou et du Yaciné, s'en est suivie. Ces pays riches et fertiles sont désormais entrés sous la domination française.

CHAPITRE XV

TAMATAVE ET LA CÔTE MALGACHE.

Droits de la France sur Madagascar. — Isolement de cette grande île. — But du voyageur Ellis. — La société indigène. — L'*ouvirandra fenestralis*.

La grande île de la mer des Indes, dépendance naturelle du continent africain, se montre, comme lui, opiniâtrement rebelle à l'invasion étrangère. Aux persévérants efforts de l'Europe elle oppose la longue ligne de ses sombres forêts, les deltas marécageux de ses fleuves, l'inimitié ou la circonspection de ses habitants. L'Angleterre, partout ailleurs si heureuse, y a vu presque entièrement échouer jusqu'ici les plus habiles tentatives de sa politique. La France y a planté son drapeau au temps où, avec Richelieu et Colbert, elle était colonisatrice; aujourd'hui même elle y conserve des droits que, tous les cinquante ans, elle renouvelle : c'est ainsi qu'en 1840 notre artillerie a tonné sur ses rivages pour saluer dans une nouvelle prise de possession le nom et les couleurs de la France. Vaine formalité ! Madagascar s'appartient à elle-même. Les Antilles, les îles de l'Océanie, Java, Bornéo, les archipels situés sous l'équateur ont vu leurs rivages occupés, leurs chaînes intérieures pénétrées par la Hollande, l'Espagne, la France, l'Angleterre, tandis que Madagascar, exclusive et fermée, défie la conquête européenne; ses habitants, et faut-il les en blâmer? ont réussi à écarter les envahisseurs. En cela même consiste l'originalité du spectacle que nous présente la grande île : ailleurs nous avons entendu les bruits de la civilisation débordant comme une marée montante, nous avons vu le malheureux sauvage se débattre entre le fusil du *squatter* et la Bible du missionnaire, presque autant épouvanté des austérités prêchées par celui-ci que des coups portés par celui-là. Ici, au contraire, nous sommes en présence d'une société grossière, peu cultivée, parfois cruelle, mais originale, personnelle, n'ayant presque rien emprunté à l'Europe, pleine de méfiance à son égard. Si le sang coule, c'est entre Hovas et Sakalaves, sans que les blancs aient été mis en tiers dans la querelle, et il est presque aussi difficile de pénétrer dans Atanarive, la capitale de la reine Ranavalo, que d'arriver jusqu'à Yédo ou à Pékin.

Visiter Atanarive était le but que se proposait le révérend William Ellis, et pour l'atteindre il a fallu, de 1853 à 1856, que le persévérant voyageur s'y reprît à trois fois. Ce missionnaire, qui a longtemps évangélisé la Polynésie, y a laissé, et particulièrement aux Sandwich, de vifs et bons souvenirs. Était-ce seulement le soin d'intérêts religieux et commerciaux qui cette fois le guidaient et lui faisaient rechercher avec tant d'insistance son admission à la cour hova? Il semble permis d'en douter; mais, alors même que le missionnaire voyageur n'aurait pas cru devoir mettre le public dans la confidence complète des négociations qui pouvaient lui être confiées, sa relation telle qu'il nous l'a donnée n'en est pas moins très-intéressante : elle nous transporte au cœur de l'île, offrant à la fois un spectacle curieux et un nouveau sujet d'étude sur des races assez différentes de celles que nous avons vues jusqu'ici; elle nous permet de nous arrêter encore au grand problème de l'avenir et de la destinée des peuples sauvages ; enfin elle nous fournit, au milieu des détails de la narration, d'utiles éléments pour rechercher quelle part d'influence peut être réservée sur cette terre hostile à la France et à l'Angleterre.

M. William Ellis quitta l'Angleterre en avril 1853. Au cap de Bonne-Espérance, il s'adjoignit un compagnon de voyage, M. Caméron, missionnaire comme lui, auquel un long séjour dans l'île avait rendu la langue malgache familière, et tous deux débarquèrent, au mois de juin suivant, à Port-Louis, capitale de Maurice. Voici quel était à ce moment l'état de Madagascar. Vers 1816, le chef hova Radama avait réussi à dominer la plupart des tribus indépendantes qui se partageaient l'île; puis il avait conclu avec l'Angleterre un traité par lequel il abolissait la traite et admettait les missionnaires, à la condition qu'on lui servirait une subvention annuelle en armes et en munitions. L'Angleterre exerçait ainsi un véritable protectorat et semblait près d'hériter de l'ancienne influence française; mais de grands changements n'avaient pas tardé à survenir : Radama était mort en 1828, et c'était une de ses onze femmes, la reine Ranavalo, qui s'était saisie du pouvoir à la suite d'une révolution de palais. Cette espèce de Catherine II malgache avait déployé une énergie remarquable, comprimant les insurrections, étendant les conquêtes de son prédécesseur, fermant son île. En 1835, elle chassa les missionnaires anglicans et persécuta les chrétiens; en 1843, elle expulsa tous les étrangers qui ne voulurent pas se reconnaître sujets malgaches. La France et l'Angleterre crurent devoir intervenir : on sait quelle fut la triste issue de l'expédition de Tamatave. A partir de ce moment; la reine adopta un système d'isolement complet, au grand détriment du commerce de Bourbon et de Maurice, qui s'approvisionnait à Madagascar de riz et de bétail. Tel était l'état des choses en 1853, lorsque les deux missionnaires tentèrent de pénétrer jusqu'à la résidence royale. Ils se proposaient d'obtenir la remise en vigueur des traités de commerce, de demander l'ouverture d'un port et de régler quelques intérêts religieux. Ils étaient encore chargés, a-t-on dit, de prémunir la reine contre les craintes d'une agression française ; mais la relation du révérend Ellis ne permet pas de juger de l'exactitude de cette assertion. Ils prirent passage sur un des petits bâtiments de 60 à 80 tonneaux qui font le service de l'archipel africain, et après une assez rude traversée, car la mer conserve jusqu'à la hauteur du canal de Mozambique les grosses lames du cap des Tempêtes, ils se trouvèrent en vue de Tamatave.

La ville, entourée de falaises et de montagnes, est bâtie dans une dépression du terrain. Ses maisons de bois et de chaume se détachent du fond sombre et triste des hauteurs voisines, au milieu de bouquets verdoyants de cocotiers, de pandanus et d'autres arbres d'essence tropicale. Non loin d'une vaste bâtisse qui sert de douane et au pied du fort qui protége le mouillage étaient dressées treize longues perches, à l'extrémité desquelles se balançaient des crânes humains; c'était un souvenir du débarquement anglo-français de 1845.

A peine le petit bâtiment avait-il franchi la ligne de récifs qui protége la rade contre la haute mer et pris place au mouillage, qu'un canot se détacha de la côte; il était monté par quelques hommes vêtus de grandes tuniques blanches maintenues à la ceinture par une écharpe. Le *lamba*, sorte de manteau indigène, retombait en plis amples sur leurs épaules; ils ne portaient ni bas ni souliers, et étaient coiffés de chapeaux en jonc tressés aux larges rebords. Un officier, suivi de son secrétaire, monta sur le pont; c'était le maître du port. Il s'enquit du nom du bâtiment, du chiffre de son équipage et de l'objet de sa visite. Ce Malgache s'exprimait en anglais; il avait fait partie d'une ambassade envoyée en Europe en 1837, et se trouvait avoir visité la France et l'Angleterre. Il se mit à causer familièrement, demandant des nouvelles de la politique et des théâtres; il prévint les visiteurs qu'il n'y avait pas grand espoir que la reine se départît de ses mesures rigoureuses tant qu'on ne lui payerait pas une indemnité pour l'attaque de 1845, et il insista sur l'injustice qu'il y avait de la part de nations étrangères à assaillir un peuple parce qu'il prétendait faire prévaloir ses lois sur son territoire. Quant à une adresse que les négociants de Maurice avaient rédigée pour la reine Ranavalo, il ne pouvait pas s'en charger, cela regardait un officier spécial. En effet, cet officier, prévenu de l'incident, se présenta à bord, donna de l'adresse un reçu en langue malgache, et avertit que, pour l'envoyer à Atanarive recevoir la réponse, c'était une affaire de quinze à seize jours; le gouverneur de la ville pouvait seul décider s'il convenait, dans l'intervalle, d'autoriser les communications du schooner avec la côte. Le lendemain, un pavillon blanc hissé sur la douane fit connaître que cette autorisation était accordée, et nos missionnaires purent débarquer.

A terre, ils furent traités fort amicalement. Leur ami, le maître du port, les conduisit à sa demeure, grande et solide construction indigène, longue de cinquante pieds, haute de vingt à trente, entourée d'un vaste enclos consacré à diverses cultures, au milieu desquelles se dressent des étables et des huttes d'esclaves. La façade, sur laquelle s'ouvrent une porte et une série de fenêtres symétriques, est entourée d'un banc et ombragée par une large verandah. Les parois, faites de planches bien jointes, sont tapissées intérieurement par une sorte de tissu tressé avec une plante; dans un coin se trouvait un bois de lit à pieds recouvert de nattes, dans les autres des ustensiles de cuisine, des sacs de riz, des armes indigènes et européennes; au centre, une table assez bien façonnée, sur laquelle étaient disposés des rafraîchissements; enfin, çà et là des siéges faits de nattes en forme de divans carrés. Plusieurs femmes étaient occupées dans diverses parties de cette vaste pièce; elles disparurent à l'entrée des visiteurs. On s'assit, et la conversation venait de s'engager, lorsque entra un nouveau personnage suivi de son cortége. C'était un homme grand et fort de cinquante à soixante ans, dont la physionomie rappelait entièrement le type des insulaires de la mer du Sud. Il était vêtu d'une belle tunique en forme de chemise à collet et à poignets rabattus, recouverte d'une large *lamba* de soie composée de bandes écarlate, rouge-œillet et jaune, avec des franges également diversifiées. Il n'avait pas de chaussures, et portait une casquette bleue avec une visière à filet d'argent et à lacet d'or. Deux de ses gens étaient armés, l'un d'un grand sabre de cavalerie, l'autre d'une lame étroite et courte. Ce personnage était Rainibehevitra, ce qui veut dire le *père des grandes pensées*, chef-juge de Tamatave, *douzième honneur* et le second en dignité dans la ville. Il tendit amicalement la main aux étrangers, excusa le gouverneur de n'avoir pu venir en personne, s'assit et prit part à la conversation, tandis que ses gens se groupaient respectueusement à l'écart, à l'exception cependant de l'un d'entre eux que les devoirs de sa charge retenaient auprès du maître, et qui remplissait un assez singulier office. On s'était remis à parler chemins de fer, marine à vapeur, télégraphie électrique, car l'esprit des insulaires est fort curieux et beaucoup plus ouvert que nous ne sommes portés à le croire, quand, sur un signe presque imperceptible du *père des grandes pensées*, le serviteur allongea avec dextérité un petit bambou long d'un pied, large d'un pouce, bien poli et orné d'anneaux, après en avoir préalablement détaché un couvercle retenu à l'une des extrémités par des fils de soie. Le chef-juge prit le cylindre, versa dans la paume de sa main une petite quantité d'une poudre jaunâtre, et, par un geste rapide, la fit passer sur sa langue sans toucher ses lèvres. C'était un mélange de tabac, de sel et de cendres d'herbes, qui est en grande faveur auprès des gens de toutes conditions. On ne fume pas à Madagascar, mais il n'y a pas un dignitaire qui n'ait dans son cortége un serviteur chargé de lui présenter ce mélange, et les pauvres gens, les plus misérablement vêtus, portent suspendu sur leur poitrine le précieux bambou.

Nos missionnaires furent autorisés à descendre chaque jour à terre, à la condition de retourner le soir à bord, et ils profitèrent de la permission pour visiter en détail Tamatave, dont, outre leurs amis indigènes, deux Français fixés en cet endroit, MM. Provint et de Lastelle, se plurent à leur faire les honneurs. La ville, qui compte environ trois mille âmes, a un aspect assez chétif; les demeures, à l'exception de celles des dignitaires et de quelques résidents étrangers, sont généralement misérables. La plupart des habitants appartiennent, ainsi que ceux de ce littoral, à une tribu betsimasaraka, race robuste et laborieuse, qui fournit en grand nombre des artisans et des laboureurs. Ils sont dominés par les Hovas, qui, débordant des montagnes de l'intérieur vers le commencement de ce siècle, se sont répandus en conquérants sur les rivages. Ceux-ci déploient beaucoup d'activité, d'énergie, et exercent une autorité despotique. Ils ne répugnent pas au commerce, et se plaignaient de ce que le riz et le bétail étaient tombés à vil prix par suite de l'interruption des relations extérieures. Les Américains avaient hérité du commerce anglais et français; mais le chiffre de leurs affaires était insuffisant, parce que les États-Unis fournissent en abondance les mêmes produits que l'île.

Toute la population de cette côte, vainqueurs et vaincus, semble intelligente et industrieuse; il n'est pas rare de voir des indigènes parlant l'anglais ou le français; la plupart aiment à s'entretenir de l'Europe et de l'Amérique; quelques-uns déplorent l'expulsion des missionnaires, la fermeture des écoles et la proscription du christianisme, que Ranavalo a essayé d'étouffer dans le sang, ce qui n'empêche cependant pas son fils, le prince royal, Rakout-Radama, de témoigner un grand penchant pour cette religion. Les découvertes modernes, les notions scientifiques, ne sont pas sans attrait pour ces hommes encore primitifs, et un des amis indigènes de M. Ellis rendit à l'histoire naturelle un service signalé en aidant le voyageur à se procurer un échantillon de l'*ouvirandra fenestralis* : *plante à treillis, feuille à dentelle*.

Cette plante, qui est particulière à Madagascar, où elle ne croît qu'en certains lieux, n'était guère connue encore que par des dessins. M. Ellis, qui est un amateur passionné d'histoire naturelle, avait inscrit ce *desideratum* sur son programme, et comptait bien rapporter au moins comme bénéfice de son expédition quelque spécimen du rare végétal. A peine eut-il mis le pied sur le sol malgache qu'il s'enquit de la plante, présentant aux indigènes un dessin qu'il avait copié sur les planches jointes à la relation de l'amiral Dupetit-Thouars ; mais les uns ne l'avaient jamais vue, les autres prétendaient qu'elle croît dans des lieux inaccessibles. Enfin un des hôtes du missionnaire mit à sa disposition un indigène qui, après quelques jours de recherches, vint annoncer qu'il avait trouvé l'*ouvirandra* sur un petit cours d'eau, mais que les crocodiles étaient en ce lieu si abondants qu'il y aurait grand danger à l'aller quérir. Ce ne pouvait pas être là un obstacle sérieux, et peu après M. Ellis avait en sa possession le plant tant désiré. C'est une racine aquatique large de deux doigts, enfermée dans un petit sac brunâtre, et dont la substance blanche et charnue peut donner, rôtie, un bon aliment. Elle projette dans toutes les directions, à fleur d'eau, ses feuilles gracieuses et légères, longues de neuf à dix pouces, découpées comme une dentelle et passant, selon le degré de leur croissance, par toutes les nuances, depuis le jaune pâle jusqu'au vert foncé. Sur l'eau, l'*ouvirandra* forme un cercle de deux à trois pieds de diamètre, fermé par des feuilles d'un vert olive, tout rempli de feuilles diverses de grandeur et d'éclat, et d'où s'échappent des tiges flexibles terminées par une fleur double. Le voyageur eut la joie de transporter sa plante saine et sauve à Maurice, de l'y conserver vivante, et c'est à la persévérance de ses soins que sont dus les beaux pieds d'*ouvirandra* que nous avons pu admirer dans *Regent's-Park* et *Crystal-Palace*.

Au bout de quinze jours, la réponse de la reine arriva : Sa Majesté demandait comme indemnité, pour l'affaire de Tamatave, 15,000 dollars. A ce prix, elle consentait au renouvellement des relations de commerce. Ce premier point fut seul obtenu ; la reine n'avait répondu sur le reste que d'une façon évasive, sans ôter cependant aux Européens toute espérance de pouvoir par la suite pénétrer dans l'intérieur. En attendant le moment favorable à cette nouvelle expédition, le petit bâtiment remit à la voile, passa sous le cône massif de Bourbon, et ne tarda pas à voir se dessiner dans le lointain les riantes vallées, les montagnes verdoyantes, les blanches villas qui enveloppent Port-Louis. Notre ancienne colonie allait, durant plusieurs mois, retenir le missionnaire, et nous nous arrêterons avec lui dans cette île, qui, au milieu de l'activité que lui ont imprimée ses nouveaux maîtres, conserve bien des traits encore de sa physionomie française.

CHAPITRE XVI

L'ILE DE FRANCE.

Port-Louis. — Population. — Variété des habitants. — Les enseignes françaises. — La tombe de Paul et de Virginie. — Les coolies. — Les Chinois. — Satisfaction accordée à la reine Ranavalo. — Réouverture de Madagascar.

La capitale de l'ancienne île de France s'élève sur les bords d'une baie enfermée de trois côtés par des montagnes que domine le Pouce, piton haut de 2,800 pieds. Son port vaste et sûr est protégé par une citadelle placée au sommet d'un cap escarpé. L'aspect des quais, des constructions, de l'hôtel du gouvernement, vus de la mer, est imposant. A droite et à gauche s'étendent comme deux villes distinctes le camp des *coolies* et celui des créoles; les premiers sont des Indiens amenés de la côte de Malabar, les autres des hommes de couleur de toute nuance venus d'Afrique et de Madagascar, esclaves affranchis et fils d'esclaves. Le quartier des *coolies* est signalé au loin par une espèce de coupole et de minaret, et les huttes des créoles s'échelonnent en amphithéâtre au milieu de la verdure. On ne compte pas moins de dix mille Indiens à Port-Louis, et ce n'est, à ce qu'il paraît, que la huitième partie de ce que l'île entière en contient. Ces hommes sont industrieux, durs au travail, mais ils vivent à part sans se laisser pénétrer par les habitudes étrangères; les ministres anglicans n'obtiennent au milieu d'eux aucun succès, et c'est en vain qu'on a voulu plier leurs enfants à l'éducation anglaise.

La population de Port-Louis, qui ne s'élève pas à moins de soixante mille âmes, est une des plus bigarrées du monde entier. Les quais, les grands magasins, les quartiers populeux présentent dès l'aube un spectacle tout particulier de variété et d'animation. Là se mêlent et se pressent Arabes, Persans, Bengalis, Chinois, marchands de Mascate et de Bombay, de Tranquebar, de Pondichéry, de Madras, de Calcutta, de Canton, de Singapore, acheteurs et vendeurs anglais et français, miliciens anglais, *policemen* vêtus comme ceux de Londres, à l'exception d'une coiffe blanche qui protége leur tête contre les ardeurs du soleil, agents de la police indienne en turbans, en robes blanches serrées par des ceintures bleues. Des colporteurs arabes et indiens, des créoles noirs et jaunes portant sur leur tête de grandes corbeilles, des Chinois avec leurs marchandises, fruits, légumes et gibier, suspendues à une longue perche et se balançant en équilibre sur leurs épaules, sollicitent les acheteurs par des cris où toutes les intonations, tous les vocabulaires sont représentés, mais où cependant le français domine, car les créoles en ont retenu l'usage et l'ont transmis à beaucoup de nouveaux venus. C'est ainsi que sur les boutiques, où ils débitent toute sorte de menues marchandises, la plupart d'entre eux ont placé des enseignes françaises, qui à la vérité ne sont pas toujours d'un style irréprochable, et où le mot *petit*, affectionné des noirs, revient fréquemment : *Au petit Fashionable, au petit Cosmopolite.* Au-dessus de la porte d'un marchand de tabac, on lit *au petit Élégance;* un ferblantier, dont la boutique n'a pas six pieds carrés, a écrit à la fois sur la porte et sur la fenêtre *au petit Espoir;* un marchand de confections, *au temple des Douces;* d'autres, *A bon Diable, A pauvre Diable :* un mercier, *A la Grâce de Dieu*, et un parfumeur, *A la sainte Famille.*

Les noms des domestiques de couleur ne sont pas non plus sans une certaine originalité : ils s'appellent Aristide, Amédée, Adonis, Polydore, et les femmes Cécile où Uranie. Paul et Virginie sont aussi des noms très-répandus, car la touchante fiction de Bernardin de Saint-Pierre est devenue à l'île de France une vivante réalité. Dans le nord de l'île, au delà du piton de la Découverte et du quartier des Pamplemousses, où est aujourd'hui planté un jardin qui est peut-être le plus riche et le plus beau du monde entier, dans lequel les arbustes et les fleurs de l'Afrique, de la Chine, de l'Inde, de l'archipel asiatique, de l'Australie, de l'Amérique du Sud, viennent également bien et charment à la fois le regard, une longue allée de palmiers et de lataniers mène au rivage où la tradition veut que

Virginie soit revenue mourir. Au large se montrent l'île d'Ambre et la passe du Saint-Géran. Une anse du rivage s'appelle la baie des Tombes, parce que c'est là, dit-on, que les deux amants furent ensevelis, et dans un petit jardin, sur le bord d'un ruisseau, sous un groupe de bambous que le vent balance, deux larges pierres sépulcrales surmontées d'urnes funéraires sont appelées les tombes de Paul et de Virginie. Plus d'un étranger va faire ce pèlerinage ; par malheur, ce qui dépoétise un peu ces souvenirs, c'est que quand le visiteur, l'esprit plein d'émotion et de recueillement, se présente pour rendre hommage à l'une des plus touchantes créations de l'imagination humaine, un gardien, allongeant la main, demande : *Sir, six pence if you please!*

Un des endroits les plus intéressants où le visiteur puisse s'arrêter à Port-Louis est le cimetière, situé sur un terrain bas, en dehors de la ville, près de l'entrée méridionale du port ; il se prolonge jusqu'au bord de la mer par une longue avenue de *filao*, sorte de cyprès élancé et maigre dont les feuilles produisent, au moindre souffle de vent, un bruit triste et monotone. Là, des hommes de tous les pays, de toutes les conditions, de toutes les couleurs sont venus prendre leur sépulture, et au milieu des monuments de tous genres, en général bien entretenus et surmontés de vases d'où débordent les fleurs, et surtout l'amarante, on peut çà et là, sur quelques pierres à demi usées par le temps, lire une épitaphe et un nom qui rappellent la France.

C'est aussi l'architecture française qui prévaut dans la ville pour les habitations de la classe aisée; les maisons, protégées par des verandahs ou des ouvrages en treillis, sont de pierre colorée en jaune et forment des rues bien alignées, arrosées par des courants d'eau fraîche et ombragées par des arbres des plus rares essences tropicales. De loin en loin s'ouvrent quelques jardins où la passion des habitants de l'île de France pour les fleurs se manifeste par d'admirables produits. Non loin du lieu de débarquement se tient le marché, véritable bazar où sont accumulés les produits du monde entier. Il occupe deux larges carrés recouverts et coupés chacun par une grande rue. Dans l'un sont accumulés les fruits, les végétaux, les oiseaux les plus variés et les plus riches de la création, tous les légumes, ceux de France, de l'Inde et du Chili. Les marchands sont généralement des *coolies*; on les voit accroupis à terre ou perchés sur des tabourets, les jambes croisées. Dans le même marché se vendent encore les ouvrages de cuivre, de vannerie, les meubles, la coutellerie, la mercerie, l'orfévrerie, la parfumerie. En face, dans l'autre marché, on trouve le pain, le poisson, les crustacés, la viande; les bouchers sont Indiens, à l'exception des marchands de chair de porc, qui sont Chinois. Ce bazar, surtout le matin, est encombré d'acheteurs. Un autre spectacle, également curieux par sa diversité, est celui que donne la *Société d'agriculture des arts et sciences* de Maurice dans son exposition annuelle, qui se tient ordinairement à la fin de l'hiver, en septembre. On y voit tous les produits, depuis les machines anglaises jusqu'aux ouvrages délicats en fibres et en feuilles de cocotier qui sortent des mains des Japonais, des Cochinchinois et des insulaires de l'Océanie ; mais le principal objet du commerce de Maurice, celui qui en fait la richesse, c'est le sucre : cette petite île n'en exporte pas moins de 220 millions de livres par an; c'est la cargaison de trois cents bâtiments de 500 tonneaux.

Les quartiers malabar, chinois et créole ont une physionomie tout à fait différente de la ville principale. Les maisons et les boutiques y sont généralement de bois; les vastes magasins y sont remplacés par des échoppes où se vendent au détail toutes sortes de marchandises. Les *coolies* sont en possession d'un grand nombre d'industries; cependant les Chinois commencent à leur faire concurrence, et ils ont déjà pris le monopole de l'ébénisterie. Le marchand chinois est bien plus actif, bien plus empressé que le marchand malabar : celui-ci se tient indolemment assis, les jambes croisées, au milieu de sa boutique ; autour de lui, les marchandises s'amoncellent en pyramides, et pour servir ses chalands la plupart du temps il n'a qu'à saisir, sans se lever, les objets à portée de sa main. Il n'est pas absolument rare de voir un de ces indolents vendeurs répondre à la demande d'un article : « Là-haut, dans cette pile; mais il fait trop chaud pour l'y aller prendre. » Les tailleurs et les cordonniers, *coolies*, travaillent accroupis et se servent de leurs orteils pour tenir l'étoffe ou le cuir avec une étonnante dextérité. Tous les hommes de cette race travaillent assis ou couchés; il n'y pas jusqu'aux scieurs de pierre qui ne fassent leur besogne accroupis, et il semble que les membres longs et flexibles de ces Indiens, si différents des membres musculeux des créoles, aient sans cesse besoin d'être repliés. Toutes les fois que les marchandises d'une boutique ne craignent pas l'air, on est certain de voir le Malabar s'installer à sa porte au milieu de ses paquets. De même beaucoup d'autres s'en vont par les rues exercer des industries nomades : le barbier, muni de son rasoir, de ses ciseaux et d'un petit miroir, s'établit à l'ombre d'un mur ou sous une natte, si le soleil est vertical, et rase ou coupe au milieu du cercle de ses clients.

Sur les quais, dans les gares, aux portes des magasins, on retrouve encore les *coolies* et les Chinois en concurrence; ils débarquent et rangent les marchandises. Les premiers, qui ne vont guère que par bandes, font entendre en travaillant un chant bas et monotone; les autres, plus robustes, n'interrompent jamais leur travail, même sous le plus ardent soleil; ils vont et viennent sans bruit, n'échangeant que de loin en loin entre eux un cri rauque et guttural.

Les grandes entreprises, les sucreries, les plantations sont entre les mains des Anglais, de beaucoup d'anciens Français et d'un petit nombre de créoles. Parmi ceux-ci, il en est de fort intelligents, qui, sur cette terre active et libre, sous la protection des lois et sans avoir beaucoup à souffrir des préjugés de race, ont déployé en toute sécurité leur intelligence, leur énergie, et amassé quelquefois de grandes fortunes. De ce nombre était l'un des hôtes de M. Ellis, qui n'employait pas moins de trois cent soixante cultivateurs, et cet homme de couleur déployait le plus grand zèle pour répandre au milieu de ses ouvriers et de ses nombreux serviteurs *coolies* et créoles la moralité et les sentiments religieux. Tous ces riches planteurs et négociants ont aux environs de Port-Louis, à Roche-Bois, à Nouvelle-Découverte, à Peter-Botte-Mountain, des villas et des cottages délicieux avec des cascades, des jardins, des points de vue de toute beauté, et semés sur le penchant des pitons volcaniques, au milieu de la plus luxuriante végétation.

C'est dans un tel séjour et avec les nombreux amis qu'il s'y était créés que le révérend Ellis attendait le moment de faire une nouvelle tentative pour pénétrer dans Madagascar. Les négociants de Maurice avaient promptement souscrit les 15,000 dollars réclamés par Ranavalo, et l'un d'entre eux était parti avec M. Caméron pour remettre cette indemnité à la reine. Les envoyés revinrent porteurs d'une lettre de Rainikietaka, *treizième honneur*, officier du palais, qui faisait savoir que la compensation offerte pour l'offense commise par William Kelly et Romain-Desfossés, avec trois vaisseaux, était acceptée, à la condition que l'administration de Maurice reconnaîtrait que son argent ne lui conférait aucun droit ni sur la terre, ni sur le royaume de Madagascar. Les Européens étaient prévenus qu'il leur était interdit de prendre possession d'aucune place, d'aucun port dans les limites de l'île, et d'acheter des produits dont l'exportation était défendue. Les droits sur les objets importés et exportés étaient fixés à 10 pour 100. A ces conditions, la réouverture du commerce était accordée, et la reine consentait à ne pas rétablir la traite et la vente extérieure des esclaves, supprimées par Radama. La lettre contenait en outre ce passage : « ... Un certain Européen français a pris possession d'un lieu à Ibaly, où il a élevé une maison, un magasin, et dont il a fait un port pour les vaisseaux. Nos officiers supérieurs ont été envoyés pour l'expulser et le renvoyer par mer. Nous ne le tuerons pas, mais sa propriété sera confisquée parce qu'il a pris possession d'un port, et nous ne promettons de l'épargner que si lui-même ne tue aucun soldat, car alors ceux-ci pourront le faire périr. Nous avons voulu vous prévenir de ce fait pour que vous n'ayez pas à dire : Pourquoi, quand le commerce vient d'être rouvert, détruisent-ils encore des propriétés d'Européens ? »

Peu de temps après, en signe d'une entière bonne intelligence, l'autorisation vint de faire enlever et d'enterrer les ossements anglais et français qui blanchissaient devant Tamatave. Ce furent les Français de Sainte-Marie, prévenus les premiers, qui eurent le mérite d'enlever ce hideux trophée et de rendre à nos compatriotes les honneurs tardifs de la sépulture. Voyant les circonstances si favorables, M. Ellis fit les préparatifs de son second voyage, et envoya en mai 1854 une lettre aux autorités d'Atanarive pour les informer de l'intention dans laquelle il était de se rendre à Tamatave et demander l'autorisation de visiter la capitale. Sur ces entrefaites, une grande calamité s'était abattue sur Maurice : deux bâtiments transportant de l'Inde des *coolies* avaient apporté avec eux le choléra. Favorisé par de brusques changements de température, il fit un nombre de victimes considérable; souvent le chiffre en dépassait cent par jour. Le tiers de la population avait quitté Port-Louis; tous les véhicules avaient été mis en réquisition par la municipalité pour le transport des cadavres; les magasins, les boutiques, à l'exception de celles des droguistes et des pharmaciens, étaient fermées; les journaux paraissaient imprimés seulement sur une page, qui tout entière était consacrée à donner les noms des principales victimes et à indiquer des remèdes; les églises chrétiennes ne cessaient d'implorer la miséricorde divine, et l'on voyait en longues processions les Indiens et les Chinois porter de l'encens et des offrandes à leurs idoles. Un fait très-remarquable, c'est que le fléau épargna presque complétement ces Asiatiques. Cependant ils étaient nombreux, entassés, dans de mauvaises conditions de propreté et d'hygiène. Les créoles comme les Européens tombèrent par centaines.

Ce fut au commencement de juin, dans un moment où le fléau semblait vouloir sévir avec moins de rigueur, que le missionnaire quitta de nouveau Maurice pour Madagascar.

CHAPITRE XVII

LE LITTORAL.

Retour de M. Ellis à Tamatave. — Le renouvellement de l'année. — Banquet solennel. — Usage de la photographie. — Le marché de Tamatave. — L'aye-aye. — Produits indigènes. — Le bétail de Madagascar. — Forêts et marécages du littoral. — Voyage le long de la côte.

Quand le bâtiment qui portait le voyageur arriva en vue de Tamatave, un employé monta à bord, s'enquit de l'état sanitaire de l'équipage, et signifia que jusqu'à nouvel ordre il fallait rester en quarantaine. Au bout de huit jours, lorsqu'il fut bien constaté qu'aucun symptôme de choléra n'existait à bord, les communications avec la terre furent autorisées, et le missionnaire eut la permission, que la première fois il n'avait pas obtenue, de débarquer son bagage, après cependant une visite préalable de la douane. Un Français, M. Provint, mit à la disposition de M. Ellis une jolie maison indigène, avec son grand toit triangulaire, son verandah soutenu par des colonnes de bois, ses fenêtres symétriques, et ses cloisons faites de planches bien ajustées. Cette habitation s'ouvrait sur une sorte de place qui présentait dès le matin un spectacle de grande animation. De jeunes filles esclaves, à la physionomie agréable et vive, les cheveux tressés en petites nattes ou relevés en épais bandeaux, vêtues de chemises blanches et de jupes de couleur, venaient, portant des bambous longs de sept à huit pieds, chercher de l'eau à un puits protégé par une margelle de bois. Elles puisaient le liquide avec de larges cornes de bœuf, et repartaient avec leurs singuliers vases en équilibre sur chaque épaule.

Le missionnaire fut traité avec une extrême bienveillance. Ses anciennes connaissances se rappelaient à son souvenir par des présents de gibier et de volaille; chacun témoignait du plaisir de le revoir, et, peu de jours après son débarquement, il fut convié avec les autres résidents étrangers à un grand repas donné à l'occasion de l'une des principales fêtes de Madagascar, le renouvellement de l'année, qui est fixé dans l'île au solstice de juin. Dès le 24, tous les travaux cessèrent; les chefs et les officiers de Tamatave, en grand costume, chacun accompagné de sa suite, se faisaient porter en palanquin chez le gouverneur pour lui rendre leurs devoirs. Le peuple avait revêtu ses habits de grande fête ; les hommes en *lambas* blancs, les femmes en jupes de couleur, leurs cheveux noirs tressés en quantité de boucles et de nœuds, ce qui donne à leur physionomie quelque chose d'un peu roide, s'en allaient par groupes de famille visiter leurs parents et leurs amis, comme on fait en Europe.

Vers le soir, toute la population se mit à se baigner, puis des milliers de torches de sapin s'allumèrent dans toutes les directions, à un signal donné, disait-on, de la capitale. Le souverain allume le premier feu, de proche en proche chacun l'imite, et une illumination immense couvre l'île entière. Le lendemain, on échangeait des présents. M. Ellis ne fut pas oublié; il eut pour sa part quantité de volailles et un quartier de bœuf entier, avec la peau et les poils, qui lui était porté de la part des autorités. Enfin, quelques jours après, eut lieu le repas qui devait terminer les fêtes. Les résidents étrangers et les fonctionnaires les plus élevés, vingt convives en tout, hommes et femmes, car celles-ci ne sont pas séquestrées, avaient été invités à la table du gouverneur ; mais comme celui-ci continuait d'être malade, le chef-juge, *père des grandes pensées*, avec lequel nous avons fait précédemment connaissance, fut appelé à remplir à sa place les fonctions de maréchal ou président du festin.

A cinq heures et demie, les convives commencèrent à se présenter dans leurs palanquins au lieu désigné; une double file de soldats, une pièce d'étoffe blanche suspendue aux reins, une écharpe de même couleur sur leurs épaules nues, armés les uns de fusils, les autres d'épées, rendaient les honneurs militaires ; le chef-juge, à l'entrée de la salle, recevait les convives, et une musique de fifres et de tambours jouait les airs nationaux de Madagascar. Les dignitaires et les officiers étaient en costumes militaires, on ne saurait dire en uniformes, car la plus grande diversité régnait dans leurs vêtements, dont certaines parties semblaient empruntées aux milices américaines, aux gardes nationales françaises, aux soldats anglais. L'écarlate prévalait, et les épaulettes d'or ainsi que les plumes au chapeau semblaient de rigueur. Tous, ils eussent été beaucoup mieux recouverts de larges pièces d'étoffe et de *lambas*. De même, les femmes portaient avec une gêne visible quelques oripeaux, débris attardés des modes européennes. Le repas aussi était une imitation européenne ; une seule trace d'originalité consistait dans le service du *jaka*. Une grande table était dressée avec nappe, assiettes, couvert, et le nom des convives inscrit sur un morceau de papier à la place de chacun d'eux. Le missionnaire eut l'honneur de s'asseoir auprès de la maîtresse de la maison, en face de deux officiers, dont l'un parlait l'anglais et l'autre le français assez intelligiblement. On servit un potage, des viandes, des volailles, comme on eût pu le faire à Bourbon ou à Maurice. Seulement le milieu de la table était occupé par un grand plat dans lequel était disposé le *jaka*. On appelle ainsi un morceau de bœuf conservé depuis la fête précédente, c'est-à-dire depuis un an, et coupé en petits morceaux. Manger ensemble le *jaka*, c'est faire alliance et amitié pour l'année entière. Ce bœuf, raccorni et desséché, avait un aspect noirâtre. Dès que chacun eut pris place, le président du festin se leva, prononça un *speech* en l'honneur de la souveraine, saisit délicatement avec deux doigts un morceau du mets national, et fit circuler le plat. Chacun l'imita, et on se mit à manger en silence et avec recueillement. Ensuite le repas suivit son cours avec beaucoup d'animation et de vivacité. Il touchait à sa fin, lorsque entrèrent deux esclaves qui s'assirent aux pieds de la maîtresse de la maison et se mirent à préparer le café. Puis on passa dans une pièce voisine, tapissée de papier français représentant les victoires de Napoléon ; un nouveau *speech* fut prononcé au nom de la reine, après quoi on but des liqueurs à sa santé dans des verres à patte. Le concert de tambours et de clarinettes recommença. Enfin, vers les neuf heures, chacun remonta dans son palanquin.

En retour de tant de bons procédés, le missionnaire laissait sa porte ouverte : aussi du matin au soir sa maison ne désemplissait pas de visiteurs. On y parlait l'anglais, le français, le malgache; beaucoup s'exerçaient à lire, à écrire; les volumes et les journaux illustrés avaient le plus grand succès : c'était à qui contemplerait, dans les numéros de l'*Illustrated London News*, la reine Victoria, lord Palmerston ou les funérailles du duc de Wellington. On sollicitait aussi de l'Européen des consultations médicales, car la petite caisse de médicaments dont il était muni lui donnait un air de grand docteur, et il fallait qu'il soignât des fièvres, des maux de tête, et que de temps à autre il arrachât une dent. En échange, on lui enseignait la vertu des herbes médicinales contre les piqûres des mille-pieds, des scorpions et des autres bêtes venimeuses qui abondent à Madagascar.

Ce qui mit le comble à la popularité du missionnaire, ce fut l'heureux emploi qu'il fit de son appareil photographique. Quand cette machine étrange avait passé par les mains de la douane, elle avait excité une extrême curiosité; ce fut bien autre chose lorsque, l'appareil installé par un beau jour, un des assistants fut invité à se placer en face. C'était un homme qui portait un signe sur la joue. L'expérience achevée, chacun se précipita pour contempler le résultat : l'image était venue à merveille. Quand on vit cette figure si ressemblante, avec son signe particulier, ce fut un cri unanime de joie et d'admiration. Tous voulaient avoir de même leur ressemblance prise par le soleil : les femmes couraient chercher leur peigne et de petits miroirs pour s'ajuster, les hommes tiraient des coffres leurs plus somptueux *lambas* écarlates ou jaunes; seulement ils se montrèrent quelque peu désappointés quand le missionnaire leur fit savoir qu'il n'avait pas le moyen de reproduire ces riches couleurs.

Beaucoup demandaient qu'on les représentât avec leur maison; mais ce n'était pas une opération facile, parce qu'au moment où l'appareil était ajusté, il y avait toujours quelque indiscret qui se jetait au-devant pour figurer dans le tableau. D'ailleurs avait son portrait qui voulait, à la seule condition de permettre au missionnaire de s'en réserver une épreuve, et c'est ainsi que celui-ci a composé une collection ethnologique d'un grand prix, où figurent les types des familles diverses et mélangées qui peuplent Madagascar. On y retrouve le noir aux cheveux laineux, qui évidemment a abordé l'île par le canal de Mozambique ; l'Indien, qui doit y être descendu par les Maldives et les groupes d'îlots et de rochers qui s'échelonnent jusqu'au cap d'Ambre, et le Polynésien, apporté de bien plus loin encore par le Pacifique et la mer des Indes. Le Hova s'y distingue par un angle facial ouvert, un front développé, ses cheveux lisses, ses traits assez bien proportionnés et son teint souvent clair. Ces hommes rappellent les Peuls ou Fellatahs, que les voyageurs Barth et Baïkie nous ont montrés subjuguant l'Afrique intérieure de Tombouctou, sur le Niger, à Yola, dans l'Adamawa. Le rapprochement des langues indique qu'il existe entre les Hovas et les Polynésiens des rapports de famille ; les mêmes mots servent à désigner le cocotier, le pandanus, qui croissent également sur les rivages de Taïti et sur ceux de Madagascar, ainsi que nombre d'autres objets. Toutefois la structure des phrases et la composition des verbes sont bien plus savantes et plus compliquées dans la langue malgache.

Les Sakalaves, habitants de la côte occidentale, semblent appartenir aux races noires de l'Afrique ; cependant ils rappellent par certaines de leurs habitudes, empruntées peut-être à d'autres familles d'émigrés, les populations asiatiques de Ceylan et de l'Inde. Les Betsimasarakas paraissent être le produit d'un mélange noir et malais ; enfin toutes les nuances et toutes les dégradations entre ces divers types peuvent être observées chez les nombreuses tribus que la conquête hova a récemment groupées sous une même dénomination.

Le marché de Tamatave, où se trouvaient rassemblés des produits de l'île entière, présentait aussi un spectacle fort intéressant et propre à faire connaître l'état actuel de l'industrie dans la société malgache. Ce marché se tient journellement sur une grande place; il est abondamment fourni de céréales, surtout de riz et de manioc; les produits étrangers y sont représentés par des cotonnades blanches et imprimées, et ceux de l'industrie indigène par des instruments aratoires, des armes, des *lambas*, des tissus faits de la feuille d'une espèce de palmier appelé *rofia*, qui constituent presque uniquement le costume des classes laborieuses, par des chapeaux de jonc tressé, des nattes, des corbeilles, et par ce mélange de tabac, de cendres et de sel si estimé de toute la population.

Tous ces articles étaient répandus sur le sol ou disposés sur de petites plates-formes de terre et de sable soutenues par des omoplates de bœufs. Des huttes entières étaient remplies de barils d'un arak fait avec du jus de canne fermenté; plusieurs robinets coulaient sans discontinuer, et il était facile de voir, à la tenue de beaucoup d'indigènes, que les lois de tempérance imposées autrefois par Radama étaient tombées en désuétude. Des animaux vivants, dont plusieurs sont d'une grande rareté, ne formaient pas la partie la moins intéressante de cette exposition malgache; dans le nombre se trouvaient des lemurs, animal qui semble, ainsi que l'aye-aye, être particulier à Madagascar. La tête allongée du lemur rappelle celle du renard; il a les oreilles courtes et velues, le corps blanc et noir couvert d'un pelage laineux et abondant, une longue queue touffue, les membres de derrière plus forts que ceux de devant. Son agilité égale celle du singe. On l'apprivoise assez facilement. Il n'en est pas de même de l'aye-aye : c'est un animal extrêmement rare, à la mine éveillée, avec une tête ronde et de larges oreilles, le corps couvert d'un poil roide, la queue touffue, et rappellant aussi le singe par plusieurs de ses habitudes. M. Ellis eut le regret de ne pouvoir joindre un de ces animaux à la riche collection qu'il a emportée de l'île.

Parmi les produits de l'industrie indigène, la vannerie, les nattes et les outils de fer méritent surtout l'attention. L'intérieur de l'île est tellement riche en minerai, qu'il y a une région appelée d'un nom qui signifie la montagne de fer, Ambohimiangavo. Les procédés employés pour travailler ce métal ont fait des progrès, grâce à quelques Européens; ils seraient encore susceptibles de beaucoup d'améliorations; cependant ils fournissent des ouvrages d'un travail assez délicat.

Le marché au bétail, qui venait d'être rouvert, présentait une physionomie particulière; on y voit figurer seulement des bœufs buffalos, avec une bosse entre les épaules. Les indigènes, qui estiment par-dessus tout cette espèce, n'ont jamais voulu permettre l'introduction de celles du Cap ; entre eux, le commerce du bétail n'a aucune activité, et il doit tout son intérêt à l'exportation. Les bâtiments qui viennent prendre un chargement fixent le nombre de têtes qu'ils demandent, et dont le prix est tarifé à 15 dollars chacune par l'administration, ce qui semble un taux bien élevé pour Madagascar. Ordinairement, c'est cent ou cent cinquante animaux ; on en amène en plus une vingtaine, pour que les acheteurs puissent éliminer les sujets les moins avantageux ; puis le troupeau est conduit sur le rivage. L'embarquement est la grande affaire ; il s'effectue assez promptement, avec un système de câbles des plus compliqués. A bord, quand la traversée dépasse vingt jours, il est rare qu'on ne perde pas un certain nombre d'animaux ; aussi y aurait-il grand profit pour les bâtiments qui font ce commerce à employer la vapeur, car Bourbon et Maurice dépendent entièrement de la grande île sous le rapport du bétail. Sur les divers marchés, les payements se font en dollars, moitié et quart de dollars. Des changeurs sont chargés de couper et de peser ces pièces de monnaie.

Cependant la lettre adressée par M. Ellis à la cour d'Atanarive avant son départ de Maurice était restée sans réponse ; le voyageur renouvela sa demande : on lui fit savoir qu'il fallait qu'elle fût signée en même temps de M. Caméron. Vainement objecta-t-il que son compagnon avait été appelé au Cap et n'avait pu le suivre cette fois. Enfin, comme il insistait, on lui opposa la crainte du choléra. En effet, le fléau sévissait en ce moment à Maurice avec une nouvelle fureur, et les précautions les plus minutieuses étaient prises à Madagascar contre son invasion. Tous les articles importés étaient exposés quarante jours durant à l'air et au soleil; les dollars acceptés en échange du bétail devaient être enterrés pendant un même espace de temps, et tous les bâtiments, de quelque provenance qu'ils fussent, étaient astreints à une quarantaine complète. M. Ellis dut donc cette fois encore renoncer à l'espérance de parvenir jusqu'à la capitale; du moins, pour ne pas borner sa visite à Tamatave, il résolut de faire le long du littoral une excursion à Foule-Pointe.

Ce voyage s'accomplit par le bord de la mer, à l'ombre de ces immenses forêts qui forment à l'île entière comme une ceinture de défense; la puissante végétation des tropiques s'y étale dans toute sa splendeur : des lianes inextricables, des parasites gigantesques, d'énormes fougères s'y enlacent et s'y mêlent aux épaisses et sombres chevelures des pandanus, aux légères couronnes des cocotiers, aux amples et vigoureuses palmes de l'arbre du voyageur. Celui-ci (*Urania speciosa*) sert, comme le baobab, de réceptacle à l'eau des pluies et la conserve dans les lieux les plus arides; mais ce n'est pas son tronc lisse et compacte, ce sont les tiges flexibles de chacune de ses feuilles qui retiennent, comme autant de tuyaux, le précieux liquide; il suffit d'une incision légère pour en faire couler une eau claire et toujours fraîche. A ces puissants feuillages, aux lianes qui montent, retombent et serpentent, se suspendent les fleurs les plus éclatantes et les plus variées. C'est un spectacle d'une beauté sans égale, mais en présence duquel on respire la mort. Quand les nombreuses rivières qui descendent de la chaîne des montagnes intérieures, gonflées par les pluies et refoulées par les sables de leurs barres, se répandent en marécages le long de la côte, les détritus de cette luxuriante végétation exhalent des miasmes mortels, même pour les indigènes ; ceux-ci ne connaissent aucun remède contre la terrible fièvre des bords de la mer, et c'est ce fléau, plus encore que le génie hostile de Ranavalo, qui protége l'indépendance de Madagascar. Ses pernicieuses influences ne se font plus sentir à environ huit lieues du rivage, l'air devient alors parfaitement sain et pur ; mais, comme le littoral seul peut servir de point de départ aux établissements des Européens, l'obstacle subsistera dans toute sa force jusqu'à ce qu'il soit possible d'assainir par des travaux de canalisation et de grands abatis d'arbres des portions de la côte.

Peu d'animaux fréquentent ces forêts : on y voit surtout des oiseaux aux brillants plumages, des lézards jaunes, bruns, rayés, vert émeraude, et des serpents pour lesquels les indigènes ressentent une terreur superstitieuse. Ils ne les tuent pas. M. Provint raconta à son hôte qu'un jour à son réveil, après avoir dormi en plein air, comme il relevait sa natte, il vit avec horreur qu'un serpent long de six pieds et gros comme le bras s'était contourné dessous en spirale, faisant pendant la nuit office de matelas. Il appela ses serviteurs, mais ceux-ci, au lieu de tuer le reptile, se contentèrent de le frapper légèrement avec une baguette, en lui disant : « Va-t'en, serpent, va loin d'ici. » Ces grosses espèces ne sont pas venimeuses et ne s'attaquent guère qu'aux petits quadrupèdes. Les crocodiles, dont les rivières, les lacs et les moindres cours d'eau fourmillent, partagent les bénéfices de la crainte superstitieuse que les reptiles inspirent; souvent leur longueur dépasse quinze pieds; ils peuvent guetter leur proie en toute sécurité. Les indigènes les invoquent comme des êtres surnaturels, et les conjurent à l'aide de talismans; ils semblent même en avoir fait leur animal national, car une mâchoire de crocodile figurée en or est le principal ornement de la couronne hova.

M. Ellis, étendu dans un palanquin suspendu par deux longues perches que soutenaient quatre porteurs, suivi d'une demi-douzaine de serviteurs chargés de son appareil photographique, de sa boîte à thé, de son sac de voyage, des ustensiles de cuisine, cheminait lentement sous les gigantesques ombrages de la forêt, à travers des sentiers à peine tracés, s'arrêtant pour reproduire par un rayon de soleil l'inextricable fouillis des fougères, des grands arbres, des racines et des fleurs enlacés. De loin en loin, dans une éclaircie, on entrevoyait quelque village au bord de la mer, dont les flots venaient expirer au pied de la forêt. Après quelques jours de ce trajet, le voyageur déboucha sur un plateau d'où la vue s'étend au loin et domine de vastes espaces de la forêt et de la mer. Au bas du plateau, sur le rivage, s'étend Foule-Pointe ; naguère c'était un des ports ouverts par Radama au commerce européen, et ce point, comme tant d'autres sur cette côte, depuis la baie d'Antongil jusqu'au Fort-Dauphin, a retenti du nom de la France. C'est là qu'à la fin du dix-huitième siècle l'aventurier Benyovsky, prisonnier des Russes, voyageur en Chine, chef d'une expédition française, vint se présenter aux populations comme le descendant d'un de leurs chefs indigènes, et réussit à régner douze ans sur les tribus de Mahavelona. Des guerres intestines, les misères de la traite ont depuis désolé ce rivage, et ce fut en vain que M. Ellis chercha à évoquer dans la mémoire de ses habitants actuels le souvenir de l'aventurier polonais.

A Foule-Pointe, comme à Tamatave, le missionnaire reçut le meilleur accueil. Il poursuivit quelque peu encore son excursion, complétant sa moisson de plantes et de fleurs ; puis il reprit le chemin de Tamatave, d'où il gagna Maurice et le Cap. C'était seulement dans une troisième visite qu'il allait pouvoir pénétrer jusqu'à la capitale des Hovas, but de ses persévérants efforts.

CHAPITRE XVIII

LES PRINCES ET LA CAPITALE.

Préparatifs de départ pour la capitale. — Un télégraphe électrique.— Cérémonie funèbre en l'honneur du Français M. de Lastelle. — Le trajet. — Respect des indigènes pour les ancêtres. — Domination des Hovas. —Atanarive.— Le palais.— Résidence de M. Ellis.— Le prince Rakout-Radama et la princesse Rabodo. — Fêtes de réception. — Entrevue avec la reine. — Départ du voyageur.

Ce fut à Londres, où il s'était rendu après son séjour au Cap, que M. Ellis reçut la permission, tant de fois sollicitée, de visiter Atanarive. Pour mettre à profit sans retard la bonne volonté de la despotique souveraine, il s'embarqua en mars 1856 sur un *steamer* de la compagnie orientale. Cette fois, au lieu de doubler le Cap, il suivit ce qu'on appelle la route de terre (*overland*), c'est-à-dire la Méditerranée, l'isthme de Suez, et se rembarqua sur la mer Rouge. Vingt-deux jours après il était à Ceylan. De là, retraversant la mer des Indes, il gagna Maurice, et au mois de juillet il revit Tamatave.

La réouverture de ce port lui avait donné une physionomie plus animée que précédemment, et le commerce avait accru le bien-être des habitants, comme il était facile de s'en apercevoir au costume et à la tenue générale. Dans l'intervalle de deux années, des quantités énormes de riz et plus de quatre mille bœufs avaient été exportés dans les seuls ports de Maurice. Cependant cette prospérité venait de subir un fâcheux ralentissement à la suite du bruit qui s'était répandu d'une expédition concertée par la France et l'Angleterre contre Madagascar, et peut-être le désir de se rapprocher de l'Angleterre n'était-il pas étranger à la détermination, prise enfin par la défiante Ranavalo, d'entr'ouvrir les portes de sa capitale. On remit au missionnaire une lettre du prince royal dans laquelle celui-ci lui adressait ses compliments et se promettait un grand plaisir de sa visite; puis le secrétaire du gouvernement de la reine fit donner à M. Ellis un laisser-passer jusqu'à la capitale, accompagné d'un permis de séjour d'un mois.

De son côté, le missionnaire était chargé d'un message d'amitié de son gouvernement et de divers présents, parmi lesquels figurait un télégraphe électrique, qu'il s'était exercé, pendant deux mois de son séjour à Londres, à manier, afin de faire connaître à ses amis de Madagascar, qui l'en avaient souvent sollicité, cette merveilleuse invention. En passant par les mains de la douane Tamatave, l'appareil excita au plus haut point l'intérêt et la curiosité. Le gouverneur s'empressa de prier M. Ellis de vouloir bien faire fonctionner devant lui le télégraphe, et il se rendit, accompagné des principaux de la ville à la demeure de M. Provint, où l'appareil avait été transporté, parce que la foule ne cessait d'encombrer la maison du missionnaire. Le rapport du fil avec les batteries, les propriétés de la pile, le jeu des aiguilles, excitaient l'admiration ; mais l'enthousiasme fut à son comble lorsque, l'instrument dressé, M. Ellis se mit à converser avec le gouverneur à la distance de 50 mètres, et en faisant comprendre qu'il ne faudrait pas plus de temps pour causer d'un bout de l'île à l'autre.

C'était sous l'influence de telles impressions que le voyageur faisait ses préparatifs de départ avec la certitude d'être partout le bienvenu. Il allait quitter Tamatave, lorsque des officiers arrivèrent de la capitale, chargés par Ranavalo de rendre les plus grands honneurs funèbres à M. de Lastelle, notre compatriote, qui venait de mourir. Il y avait vingt-sept ans que ce Français, alors capitaine de la marine marchande de Saint-Malo, s'était fixé à Madagascar, où il avait remplacé une autre de nos compatriotes, M. Arnoux, dans la direction d'une sucrerie établie sur la côte, à Mahéla. Au milieu des vicissitudes du règne de Ranavalo et des persécutions imposées aux étrangers, M. de Lastelle avait dû à son activité et à ses services de se concilier la faveur de la terrible souveraine ; il avait entrepris, de concert avec elle, d'introduire en grand la culture de la canne, et les frais d'établissement, qui s'étaient élevés à plus de dix millions, avaient été compensés par de sérieux profits.

En 1838, on l'avait vu venir échanger à Marseille une cargaison des produits de l'île contre des articles de notre commerce, et il avait entrepris de faire cultiver dans ses plantations nos fruits et nos céréales. Ce Français, qui avait rendu de vrais services à Madagascar et à notre commerce, venait de mourir subitement à la suite d'une trop forte ingestion de chloroforme. La faveur de la reine prétendait le suivre au delà du tombeau, et des ordres avaient été donnés pour qu'on lui rendît les honneurs dus aux premiers sujets malgaches. En conséquence, la veuve du défunt, fille de l'un des anciens chefs héréditaires des Betsimasarakas, accompagnée de tous ses parents en habits unis et grossiers, signe de leur deuil, — les fonctionnaires de Tamatave et les délégués de la reine, ceux-là revêtus de leurs *lambas*, ceux-ci en uniforme bleu, avec épaulettes et galons d'or, se rassemblèrent dans la maison du chef-juge, rendez-vous habituel pour les grandes cérémonies. Plusieurs éloges funèbres furent prononcés ; dans celui de l'orateur envoyé par la reine, on remarquait cette apostrophe, suggérée par les mérites et la haute valeur du défunt : « La souveraine aurait donné 2,000 dollars ; que dis-je ? 3,000 dollars ; que dis-je 25,000 dollars, pour racheter la vie de ce bon serviteur ! » Ensuite des coups de canon et de fusil furent tirés, puis on égorgea six bœufs, on défonça des tonneaux d'arak, et la cérémonie se termina par une orgie du bas peuple et des esclaves, tandis qu'un grand dîner réunissait les résidents anglais, français, allemands, au nombre d'une douzaine, aux fonctionnaires de Tamatave et aux officiers royaux.

La cérémonie funèbre achevée, M. Ellis se mit en route, escorté de plusieurs grands personnages de Tamatave et des provinces voisines qui se rendaient, comme lui, à la capitale. Madagascar n'a pas encore d'autres routes que celles qu'y ont tracées les sabots des bœufs et les pieds nus des indigènes. Ceux-ci n'emploient ni chariots ni bêtes de somme; les bagages étaient donc portés à dos d'homme, renfermés dans les caisses recouvertes de longues feuilles de pandanus liées avec les tiges flexibles d'une espèce de vigne vierge, ce qui leur constitue une enveloppe imperméable, même dans les fortes pluies. Parmi ces caisses, il y en avait une qui était l'objet d'égards particuliers que l'on ne touchait qu'avec le plus grand respect, et sur laquelle s'asseoir eut été un sacrilége; c'était celle dans laquelle le voyageur avait déclaré que les présents destinés à la reine étaient contenus. Une longue file d'esclaves et de serviteurs à gages, les uns avec leurs fardeaux sur les épaules, les autres les portant suspendus à de longs bambous, cheminait lentement, et au milieu de cette caravane s'avançaient dans leurs palanquins les seigneurs hovas et le missionnaire. C'était l'administration qui avait fourni à celui-ci son palanquin, et à cette occasion il avait eu un exemple du système de réquisitions mis en usage par le gouvernement. La grande toile de *rofia* destinée à protéger son véhicule contre la pluie et le soleil avait été oubliée; aussitôt, sur un ordre du gouvernement, deux matrones, suivies de vingt-trois jeunes filles, se présentèrent, et en un moment l'ouvrage fut confectionné.

A neuf milles au sud de Tamatave, le voyageur passa l'Hivondro, large rivière infestée de crocodiles, qui coule à travers des rives plates et boisées; il marchait parallèlement à la mer, et le paysage changeait souvent d'aspect, offrant le spectacle successif de forêts, de lagunes, de plaines de sable, de fougères et de hautes bruyères. La caravane franchit en toute hâte une région désolée: c'était une forêt morte tout entière, et cependant encore debout; les arbres sans feuilles et sans écorce, revêtus d'une teinte blanchâtre, entremêlaient leurs rameaux desséchés; seules des orchidées et quelques fougères, rampant sur les troncs et le long des branches, donnaient signe de vie, et des marais stagnants exhalaient leurs miasmes impurs dans cette atmosphère de fièvre et de mort. La côte entière est insalubre; cependant, de distance en distance apparaissaient quelques villages dont les habitants, qui subsistent de pêche et d'un peu de culture, ne paraissent pas souffrir de ce climat, aussi pernicieux aux indigènes de l'intérieur qu'aux Européens. C'est là que croissent, au milieu des mangroves, des palmistes et des magnolias, le strychnos et le tangène, dont les principes vénéneux ont joué un grand rôle dans le système judiciaire de Madagascar : les accusés buvaient le suc du tangène, et les questions de culpabilité étaient tranchées par cette espèce de jugement de Dieu. Cet usage tend à disparaître, et les applications en soit devenues beaucoup plus rares depuis Radama.

A l'embouchure de l'Iharoka, seize de ces canots taillés dans une souche d'arbre qui servent à la navigation des nombreuses rivières de Madagascar reçurent les bagages et les voyageurs. Ceux-ci, laissant le bord de la mer pour remonter le fleuve pendant quelques milles, se dirigèrent à l'ouest, droit sur Atanarive. A mesure qu'on s'éloigne de la côte, l'air s'assainit ; les villages se pressent davantage, et leurs habitants, plus industrieux, semblent jouir de plus de bien-être. Le terrain s'élève graduellement, formant des lignes successives de hauteurs couronnées d'arbres et de vallées tapissées d'une luxuriante verdure. Çà et là, de larges blocs de quartz gisent sur le sol. Quelques rivières coupaient la route ; on les passait en canot, et des troncs d'arbres jetés sur les ravins et sur les torrents servaient de ponts. Souvent près des villages, sur des hauteurs d'où l'œil embrasse d'immenses horizons, on voyait se dresser des monticules de terre enfermés entre quatre murs de pierre hauts de cinq ou six pieds, et surmontés d'une petite construction en pierre ; ce sont des sépultures hovas. Les Malgaches en général professent un grand culte pour les morts et pour les ancêtres ; d'ailleurs ils n'ont pas de système religieux bien arrêté : des superstitions, quelques idées incertaines de transmigration, voilà tout ce que leur ont apporté leurs ancêtres venus de la Polynésie et de l'Inde, ce qui paraît rejeter vers des temps très-reculés les migrations qui, de ce côté, ont contribué à peupler Madagascar. Un même mot vague sert à désigner la Divinité, les phénomènes surnaturels et tout ce qui passe l'intelligence, le mot *zanahary;* plus d'un indigène le prononça en contemplant les merveilles de la photographie et du télégraphe électrique. En l'absence de divinités bien définies, les chefs ont revendiqué pour eux-mêmes les hommages de la piété publique, prétendant tenir de leurs aïeux un caractère sacré. Ce fait explique la violence des persécutions qui ont frappé le christianisme ; on reprochait à la fois à ses adhérents de trahir l'autorité royale et de renier leurs ancêtres : « Que ces étrangers, disaient les Malgaches rebelles à la religion chrétienne, en parlant des missionnaires, gardent leur ancêtre le seigneur Jésus et qu'ils nous laissent adorer les nôtres. » Aux Arabes, qui ont sillonné Madagascar aussi bien que l'Afrique entière, les indigènes ont emprunté quelques pratiques, par exemple la circoncision, sans s'arrêter à aucun des principes fondamentaux de l'islamisme.

A mesure qu'on approchait de la capitale, les indices de la conquête et de la puissance des Hovas étaient plus apparents. Les villages de cette population belliqueuse et dominatrice étaient perchés sur des hauteurs et entourés de fortifications comme nos manoirs féodaux du moyen âge. Dans les champs, la culture semblait plus généralement abandonnée aux esclaves. L'esclavage, très-répandu dans l'île, n'a pas semblé à M. Ellis aussi oppressif qu'on pourrait le croire : c'est une espèce de domesticité qui n'a, dit le missionnaire, rien de comparable aux horreurs de l'esclavage dans les Indes occidentales; toutefois il n'est pas rare de voir un malheureux allant à sa besogne avec un collier de fer au cou ou une espèce de carcan, en punition de quelque faute. Le prix d'un esclave mâle est de 70 à 100 dollars, et celui d'une femme moitié moindre. On a parlé de cruautés excessives exercées à la côte ouest par les Hovas sur les Sakalaves; la relation du révérend père Ellis ne nous met pas à même d'apprécier le degré d'exactitude de ces faits, et d'autres renseignements ne nous donnent pas lieu d'y ajouter foi. Les Hovas sont certainement une race hautaine, orgueilleuse et despotique; entre Hovas et Sakalaves, il y a eu des luttes acharnées et sanglantes. Un fond d'inimitié subsiste encore; mais ce sont de nobles hommes, et il n'est pas prouvé que des cruautés à froid aient survécu aux ardeurs et aux excès de la guerre.

Après vingt jours de marche et un parcours de trois cents milles, les voyageurs parvinrent à un village assis sur le rebord d'une chaîne de granit et appelé de la couleur de cette puissante base, *Ambatomanga*, le *Rocher bleu*. Ils étaient aux portes d'Antananarive [1]. Trois cavaliers vinrent les prendre pour les introduire dans la capitale, et bientôt la *Cité des mille villages* se déroula sous leurs yeux. Antananarive s'étend sur un

---

[1] Le véritable nom de la capitale est Antananarive. Les précédentes feuilles étaient tirées quand nous avons eu ce renseignement, que nous devons à l'excellent journal publié par M. J. Duval : l'*Économiste*.

plateau ovale, long d'une demi-lieue qui domine la contrée environnante et s'élève à sept mille pieds au-dessus du niveau de la mer. Vers le centre, sur une éminence appelée *Tampombohitra*, ce qui signifie la *Couronne de la cité*, se dresse le palais, construction la plus importante et la plus vaste de la ville. Il a soixante pieds d'élévation, et son toit aigu, sur lequel s'ouvrent trois étages de fenêtres, est surmonté d'un emblème représentant en bois doré un oiseau de proie, espèce de vautour appelé *vozomahery*, littéralement l'oiseau du pouvoir. Une verandah, coupée en deux par un balcon, enveloppe ses murs. A côté de la résidence royale s'élève une construction analogue, mais de moindres proportions : c'est la demeure du prince royal, et des deux côtés, sur la crête de la hauteur, s'alignent les maisons des autres membres de la famille royale et des principaux officiers du gouvernement. Au sommet se dresse le drapeau de Madagascar. Il ressemble à la grande flamme de la marine anglaise, avec une étroite bordure rouge. A l'extrémité se trouve une étoile rouge de huit ou dix pointes. On y a ajouté depuis l'avénement de Radama II cette inscription : Radama II Pmanjaka ny Madagascar. 1861, R. R. II.

En bas s'étendent, sans beaucoup de régularité, les habitations particulières avec leurs toits aigus de chaume et de gazon. L'aspect uniforme de toutes ces maisons, la couleur sombre de leurs murs de bois et la nudité du plateau sur lequel elles sont assises, composent un ensemble sévère qui contraste tristement avec la riche végétation des vallées environnantes. Le feuillage de quelques figuiers épars dans les enclos et l'angle aigu qui termine la toiture du palais rompent seuls la monotonie de la masse de rochers de granit et de maisons de bois qui de loin signalent Antananarive.

Parvenu aux premières maisons éparses au bas du plateau, le voyageur escalada une espèce de rue large, mais inégale et raboteuse, taillée souvent dans le roc vif, et atteignit une porte de pierre qui donne sur une des places de la ville, et en dehors de laquelle étaient postés une douzaine de soldats qui présentèrent les armes aux officiers royaux. On lui fit l'honneur de le conduire jusqu'au Tampombohitra, cette acropole où se dressent, autour du palais, les habitations des grands personnages, et, après avoir traversé un dédale de rues et de ruelles dont les habitants se pressaient sur son passage avec une curiosité bienveillante, M. Ellis s'arrêta devant un enclos assez spacieux, enfermant trois jolies maisons de deux étages; alors un des officiers le prit par la main, l'introduisit dans l'intérieur et lui fit savoir que c'était la résidence qui lui était assignée par le bon vouloir de la reine. L'étage inférieur, qui devait particulièrement servir à l'habitation du missionnaire anglais, se composait de deux pièces d'inégale grandeur, recouvertes l'une et l'autre de nattes épaisses. Le lit, dressé sur quatre pieds et chargé de nattes, était, comme les fenêtres, protégé par des rideaux de mousseline blanche; quatre chaises, un fauteuil, une table recouverte d'un tapis et munie de verres et d'un pot à eau, un miroir suspendu à la muraille, complétaient l'ameublement. Grâce à la sollicitude de l'hospitalité malgache, M. Ellis eût certainement pu se croire dans la chambre d'un petit hôtel garni européen. L'étage supérieur était réservé à ses gens, et des deux autres maisons enfermées dans l'enclos, l'une était destinée à ses bagages, l'autre était occupée par une famille hova indigène qui lui fit offrir l'entière disposition du local, ce qu'il ne fut pas nécessaire d'accepter.

Le lendemain, quatre officiers, couverts de riches *lambas*, vinrent, de la part de la reine, visiter le voyageur, lui apporter un présent de bœuf et de volailles, s'informer de la santé de la reine Victoria, du prince-époux, de l'état de l'Europe et de la prospérité de l'Angleterre; puis, vers le soir, ce fut le prince royal lui-même, Rakout-Radama, qui se fit annoncer. Ce personnage, auquel les circonstances paraissent réserver un rôle décisif dans les destinées de Madagascar, est né en 1830. C'est un homme de petite stature, aux manières ouvertes et franches, le front légèrement en arrière, les cheveux d'un noir de jais, frisant à leur extrémité, le nez aquilin, la lèvre supérieure surmontée d'une moustache, la lèvre inférieure un peu épaisse. Si la photographie rapportée par M. Ellis est bien exacte, nous ne saurions trouver à la physionomie du prince autant d'intelligence que le veut le missionnaire; il est vrai que son air de gêne et de gaucherie résulte peut-être du col droit et du costume ridicule de général européen dont il est affublé.

La conversation s'engagea en anglais et roula sur l'excellence des lois anglaises, l'alliance de la France et de l'Angleterre, la paix qui venait de terminer la guerre de Russie, le christianisme protestant et le catholicisme. Le prince se fit expliquer le sens du mot *protection* appliqué par de grandes nations de l'Europe à certains États ; il s'enquit avec inquiétude des projets que l'on prêtait alors à la France contre Madagascar, témoigna au missionnaire beaucoup de bienveillance personnelle, et déploya dans l'entretien plus de vivacité qu'on ne pouvait s'y attendre d'après le calme de ses manières. Le lendemain, ce fut le prince Ramonja, cousin du prince royal et troisième personnage de Madagascar, qui se présenta chez l'Européen ; l'entretien roula sur les mêmes sujets, et fut également amical. Les visites de bienvenue se succédèrent ainsi durant plusieurs jours, et amenèrent les uns après les autres des dignitaires de tous grades. A Madagascar, les fonctionnaires civils sont classés, de même qu'en Russie, à l'imitation des officiers militaires, et répondent à des catégories définies ; c'est ce que l'on appelle premier, second, dixième, treizième honneur.

Les présents abondaient aussi de la part de Rakout, de sa femme, la princesse Rabodo, nièce de la reine et de Ramonja ; puis le prince royal fit dire à son hôte qu'il voulait lui faire lui-même les honneurs de la contrée environnante, et qu'il mettait à sa disposition un cheval et un palanquin. Un matin donc M. Ellis se rendit au lieu assigné, dans un des faubourgs où se tenait un marché assez semblable à celui que nous avons vu à Tamatave. La population, très-considérable, se pressait pour voir le prince et l'étranger. Des soldats, avec leurs canons montés sur des affûts de bois, formaient la haie, et des officiers portaient une épée d'argent à large poignée que chacun saluait en passant : c'est le *Tsitialinga*, ce qui veut dire *Haine des mensonges*, un des emblèmes du pouvoir auquel on attribue la propriété de révéler les crimes et de faire connaître les coupables. Quand la terrible épée a accusé un homme et qu'on l'a plantée dans sa porte, le malheureux est mis hors la loi, et nul n'oserait lui donner asile.

Le cortége visita plusieurs résidences royales situées dans les environs de la ville, et notamment le palais d'Isoaierana, qui a été bâti pour Radama par un Français, M. Legros. C'est une belle construction, dans le style du pays, mais en bois d'ébène et d'érable, avec de magnifiques lambris, des attiques, un plancher en mosaïque, une double verandah et de riches ornements à la toiture. Autour de la capitale, il y a des routes assez bien entretenues, et on traverse les rivières sur des ponts de construction grossière, mais solide, faits de roches massives, et dont les arches sont inégales. On rentra dans Antananarive par l'Ambohipotsi, qui en est la roche Tarpéienne : c'est un plateau nu de granit, élevé de trois à quatre cents pieds au-dessus du sentier qui contourne la ville, et d'où les criminels sont précipités.

Quelques jours après, le prince proposa de renouveler

cette excursion; sa femme, la princesse Rabodo, devait être de la partie, et il résolut cette fois de se montrer dans toute la magnificence de sa pompe royale. Vers midi, un officier vint prendre l'Européen pour le conduire au palais. En route, il le prévint que, comme c'était sa première entrevue officielle avec des membres de la famille royale, il convenait de leur présenter le *hasina* : c'est une offrande, habituellement d'un dollar, sans laquelle on n'approche pas les souverains. L'avenue conduisant à la porte du palais était encombrée de curieux; deux officiers de rang supérieur, puis le prince et la princesse en palanquin découvert, vinrent à la rencontre de M. Ellis, qui offrit à celle-ci le *hasina*, puis prit sa place dans la procession, et on se mit en marche. Le but de la promenade était une maison de plaisance de feu Ramada Ier, appelée Mahazoarivo.

Le cortége ne tenait pas moins d'un mille et demi. Il s'ouvrait par une douzaine d'officiers montés sur des chevaux assez mal entretenus, mais vifs et vigoureux ; ensuite venaient quatorze palanquins, ornés de draperies de diverses couleurs, portant de hauts dignitaires et escortés des deux côtés par des cavaliers; puis une troupe de dix-neuf musiciens, cinq clarinettes, cinq fifres, un basson, quatre cornes de buffalos, un petit tambour, un triangle, précédaient les palanquins du prince et de la princesse, auprès desquels marchaient plusieurs officiers, l'épée nue. Le prince était vêtu d'une espèce de cotte blanche ornée d'une plaque d'argent, et un large ruban de soie rouge et verte, terminé par une frange d'or, s'étalait sur sa poitrine. La princesse portait un vêtement bleu, de mode européenne, garni de velours violet, avec deux rangées de boutons d'or, un bonnet de satin œillet, orné de fleurs artificielles, un voile et une écharpe de dentelle. Son palanquin était ombragé d'une draperie écarlate, bordé de galons et de franges d'or, et à ses côtés marchaient un officier muni d'une large ombrelle de soie œillet surmontée d'une boule d'or et une douzaine de femmes esclaves drapées dans des *lambas* de coton bleu et blanc.

Dans le palanquin suivant s'avançait une fille du prince Ramonja, jeune personne de seize ans adoptée par la princesse Rabodo, qui est fort affligée de n'avoir pas jusqu'ici d'enfants. Trois derniers palanquins portaient des serviteurs et des femmes du palais ; enfin venait la foule en habit de fête. Les officiers et leurs femmes étaient couverts de joyaux et de chaînes d'or auxquelles étaient suspendues ces petites boîtes à tabac dont il a été question à Tamatave. La plupart d'entre eux avaient eu le bon esprit de ne pas revêtir leurs uniformes, et portaient le costume national : pantalons écarlates et *lamba* blanc, bordé de cinq larges bandes de couleur. Le cortége fit halte à quelque cent mètres du palais, au balcon duquel apparaissaient, sous un grand voile écarlate, quelques figures. C'était la reine, entourée des gens du palais, qui daignait se montrer : elle fut accueillie par l'air national de Madagascar, que

M. Ellis ne trouva pas désagréable. Ensuite on franchit les portes de la ville, et la longue procession se dirigea à travers la campagne.

A son approche, les habitants des villages sortaient de leurs demeures, apportant les uns du riz, les autres du manioc, des fruits, des légumes, qu'ils déposaient aux pieds du prince, et que ses officiers ramassaient. C'est une offrande en nature qu'il est d'usage de présenter aux souverains sur leur passage. Enfin on atteignit Mahazoarivo. En passant sous la porte, chacun se découvrit. Cette habitation est un joli cottage bâti au bord d'une pièce d'eau, et entouré de bananiers et d'allées de vignes qui produisent, dit-on, de bons raisins. Le prince donna la main à la princesse pour descendre de son palanquin, mit le pied sur le seuil, et, se tournant, invita la compagnie à entrer. Des rafraîchissements, consistant en confitures, biscuits, fruits, avec des plats, des couteaux et des fourchettes d'argent, étaient disposés sur une table autour de laquelle on s'assit. La princesse Rabodo est une belle femme, à peu près de la taille de son mari et de quelques années plus âgée que lui. Ses traits sont réguliers, un peu lourds ; sa physionomie respire une grande bienveillance. Elle tenait son mouchoir à la main, comme une Parisienne dans son salon. Le missionnaire prit place à côté d'elle, et elle se plut à l'entretenir avec beaucoup d'affabilité de la reine Victoria, du prince Albert, de leurs enfants. Elle apprit avec intérêt le mariage projeté entre la princesse royale et l'héritier de Prusse. Elle demanda si la reine dansait dans son palais, et si M. Ellis lui-même avait l'habitude de danser.

De son côté, le prince s'informa de la dernière guerre, de la quantité de troupes qui avaient été engagées, du nombre des morts; il s'enquit des chances de durée que pouvait avoir la paix; puis la musique entonna le *God save the Queen*, le *Rule Britannia* et le *Grenadier's March*. La collation achevée, on se leva pour faire un tour de promenade dans le jardin. Le prince accompagnait la princesse, le secrétaire de la reine donna le bras à la fille du prince Ramonja, et M. Ellis offrit le sien à une des *ladies* de la reine, belle femme richement vêtue. La fête se termina par des danses; on causa encore de la France, de l'Italie, de l'Allemagne; puis le prince reconduisit avec beaucoup de courtoisie la princesse à son palanquin et remonta dans le sien.

Ces visites royales et ces fêtes n'étaient que le prélude de l'entrevue dont le voyageur allait être honoré par la reine. Quand celle-ci jugea qu'elle était restée aussi longtemps invisible que le comportait sa dignité, elle fit prévenir officieusement M. Ellis, par un de ses amis hovas, de se préparer, dans la journée du 5 septembre, à paraître devant elle, de revêtir par conséquent son costume de cérémonie, et de se munir d'un souverain et d'un dollar.

M. Ellis mit son habit noir; mais l'ami chargé de servir d'intermédiaire ne le trouva pas assez bien vêtu.

Vainement le missionnaire objecta que c'était en Europe le costume de cérémonie, l'autre demanda à voir sa garde-robe, et, y découvrant une belle robe de chambre vert et pourpre, il le força à s'en revêtir. Quelques instants après arriva le billet suivant : « *Sir*, veuillez suivre le porteur de ce mot; vous allez avoir une audience de Sa Majesté. » Le missionnaire, drapé dans sa robe somptueuse, monta en palanquin, mit pied à terre au premier poste des gardes de la reine, d'où un officier se détacha pour l'annoncer ; puis il pénétra par une porte cintrée dans une large cour, bordée de trois côtés par une ligne de soldats, et dans laquelle la reine, environnée des membres de sa famille et de ses officiers, se tenait assise au premier étage de son palais, sous le balcon de sa verandah. A la vue de la souveraine, le missionnaire et ses guides, s'arrêtant, fléchirent le genou et prononcèrent le salut d'usage : *Tsara, tsara, tompoko!* ce qui veut dire : C'est bien, c'est bien, souveraine! Se tournant vers l'orient, ils firent ensuite une génuflexion devant le tombeau de Radama, petit édifice carré, en pierre, construit dans un coin de la cour, puis ils se dirigèrent vers les places qui leur étaient assignées.

Il y avait alors à Antananarive quatre résidents français : M. Laborde, qui y continue les traditions de M. Lastelle; son fils, jeune homme de vingt ans, qui, après avoir été faire ses études en France, est venu retrouver son père à Madagascar; un prêtre catholique, M. Fenez-Hervier, qui a obtenu de la reine l'autorisation de séjourner dans la capitale, et le père Jouan, chef de la mission de Madagascar, et supérieur du collége des Jésuites de Bourbon, sous l'influence duquel l'éducation du prince Rakout-Radama a été en partie formée. Le père Jouan était absent au moment de l'entrevue.

M. Laborde et le prêtre avaient été invités à assister à la présentation, et ils se tenaient, le premier couvert d'un riche costume arabe, le second en vêtement de soie brodée, près de la place assignée au missionnaire anglais. Celui-ci était en outre entouré d'interprètes qui, après quelques avis préalables relatifs à l'étiquette, lui dirent qu'il avait la parole et l'engagèrent à parler haut. M. Ellis remercia la reine de lui avoir fait l'honneur de l'admettre en sa présence, et, après l'échange des premiers compliments, demanda la permission de lui transmettre son *hasina*; en même temps il remit le souverain dont il s'était muni à un officier. La reine daigna remercier par un léger signe de tête. Ensuite le missionnaire, reprenant son discours, rappela la vieille amitié de George IV et du roi Radama, et affirma que l'Angleterre n'avait jamais changé dans ses sentiments d'affection pour Madagascar, que le ministre de Sa Majesté Victoria, lord Clarendon, l'avait chargé de dire à la reine qu'il ne cessait d'entretenir à son égard des intentions amicales et de porter un vif intérêt à la prospérité de son règne.

Un murmure approbateur de l'assemblée accueillit ces paroles, traduites par un interprète. La reine, se tournant vers son fils Rakout et son neveu, le prince Ramboussalam, les entretint avec beaucoup d'animation, puis elle adressa la parole à un homme de grande taille, à tête grise, qui remplissait auprès d'elle les fonctions d'orateur, car l'étiquette exige qu'elle n'adresse directement la parole qu'à certains personnages. Celui-ci fit savoir que la reine accueillait ces témoignages d'amitié avec bienveillance, ne regardait comme ennemie aucune des nations d'outre-mer, et désirait rester en paix avec la France et l'Angleterre. Après l'échange de ces protestations amicales, le ministre principal prévint le visiteur qu'il était temps de se retirer. M. Ellis s'inclina devant la reine, puis devant le tombeau de Radama, et repartit au bruit des airs nationaux, accompagné des officiers qui l'avaient amené.

Durant cette entrevue, placé dans la cour, vis-à-vis du palais, au premier étage duquel la reine se tenait sur son balcon, M. Ellis eut tout le loisir d'examiner la fameuse Ranavalo-Mangika. C'était alors une femme de soixante-huit ans, vigoureuse, au visage énergique, le front bien fait, les traits réguliers, rien de désagréable dans la physionomie, avec un grand air de commandement. Elle était placée sous un dais écarlate et portait une couronne faite de bandes d'or ornée d'une dent de crocodile, et avait autour du cou une dentelle d'or. Son vêtement, d'une grande simplicité, consistait dans le *lamba* national en satin blanc. Quatre-vingts ou cent personnes l'environnaient; mais son fils, les princes et son orateur avaient seuls le privilége de lui adresser la parole.

Le lendemain, M. Ellis fut invité à un dîner donné au nom de la reine par un de ses ministres, mais auquel Sa Majesté n'assistait pas. Le service en argenterie et en porcelaines fabriquées dans le pays, à l'imitation de celles de France et d'Angleterre, était très-complet; quantité de mets européens, de confitures, de pâtisseries, y figuraient, et l'on porta des toast à la reine et à tous les souverains d'Europe. Un combat de taureaux devait avoir lieu ensuite dans une des cours du palais; le missionnaire refusa d'y assister. Quelques jours après eut lieu la remise des présents. M. Ellis fut prévenu de ne pas parler du télégraphe électrique, la reine ayant déjà déclaré à un de ses résidents français ne pas vouloir faire usage de cette invention. Le reste fut favorablement reçu; c'étaient des étoffes, des bijoux, divers produits de l'industrie anglaise, et les portraits dans des cadres dorés de la reine Victoria et du prince Albert. En retour, le voyageur reçut des bœufs et plusieurs riches *lambas* de soie. Plusieurs fêtes lui furent encore données, et il eut l'honneur d'assister en présence de la reine à des danses sakalaves et européennes.

Toutefois, malgré la faveur avec laquelle il était traité, ce fut en vain qu'il témoigna le désir de prolonger son séjour, pour ne pas regagner la contrée basse dans la saison des fièvres, après les pluies d'août et de septembre. La préoccupation constante de la cour d'Antananarive en ce moment était, malgré les assurances contraires données par le missionnaire, la crainte d'une attaque de la part de la France et de l'Angleterre. Il était question de cette éventualité dans tous les entretiens des membres de la famille royale, et la princesse Rabodo disait un jour à cette occasion : « Nous ne sommes pas des rebelles ou des usurpateurs, nous sommes les descendants des anciens possesseurs de cette terre; pourquoi ne nous laisserait-on pas en paix? »

Conformément aux ordres de la reine, le voyageur dut donc quitter Antananarive, et ce fut au grand regret des nombreux amis qu'il s'était faits par son empressement à soigner de son mieux les malades, à mettre à leur disposition sa petite pharmacie et à manœuvrer son appareil photographique. Plusieurs d'entre eux l'accompagnèrent à une assez grande distance, et le prince lui-même voulut le conduire jusqu'au bas du plateau d'Antananarive. Ce fut le 26 septembre que M. Ellis quitta cette ville, où il avait trouvé une population aisée, intelligente, beaucoup plus policée qu'on ne le croit en Europe et que lui-même ne l'avait pensé d'abord. Dans son chemin vers Tamatave, il rencontra plusieurs étrangers qui se rendaient à la capitale : un commerçant français, M. Soumagne; un autre de nos compatriotes, médecin à Bourbon, mandé pour la cour, et qu'accompagnaient comme aide et comme pharmacien, M. l'abbé Jouan, qui retournait à Antananarive, et M. l'abbé Weber. Notre voyageur s'empressa de franchir la région des marécages et des fièvres; un petit bâtiment qui se trouvait à Tamatave l'emmena à Maurice, et au mois de mars 1857 il revit l'Angleterre.

CHAPITRE XIX

LA FRANCE ET L'ANGLETERRE A MADAGASCAR.

Caractère de la population. — Droits de la France sur Madagascar. — Rôle qu'elle y peut remplir. — Prétentions de l'Angleterre. — Caractère du règne de Ranavalo. — Son successeur Radama II. — Mesures prises auprès de lui par l'Angleterre.

M. Ellis vient de nous montrer sous un aspect nouveau ces Malgaches, que de précédents voyageurs dépeignaient uniquement comme des sauvages cruels et farouches; il ne s'est pas borné à jeter un regard furtif le long des côtes, jugeant, ainsi que tant d'autres l'ont fait, tout un peuple d'après quelques individus dégradés par le contact extérieur et abrutis par l'ivresse : il nous a transportés au centre même de l'île, dans une société encore inculte et même quelquefois grossière, mais organisée, disciplinable, douée d'intelligence et de curiosité. Quel sort prochain est réservé aux hommes qui la composent? Dans le débordement des peuples de l'Europe, au milieu du vaste travail de colonisation et de conquêtes qui s'accomplit de nos jours depuis le centre de l'Afrique jusqu'aux plus lointains archipels de l'Océanie, réussiront-ils à préserver leur île de notre invasion, à échapper au contact mortel qui tue en ce moment les races de l'Australie, qui fait disparaître avec une si étonnante rapidité les beaux sauvages des Sandwich et de la Nouvelle Zélande? Les généraux qu'invoquait Radama, *Hazo* et *Tazo*, forêt et fièvre, la politique sagement méfiante de Ranavalo, sauront-ils prévaloir contre les ardeurs de la convoitise européenne? Telles sont les questions qui se présentent naturellement à l'esprit au sortir d'Antananarive, et ce n'est pas un spectacle dépourvu d'émotions que ce dernier duel du sauvage qui demande à vivre contre l'homme civilisé revendiquant le sol et ses produits au nom de la supériorité de son industrie et de son intelligence. Madagascar semble menacée à la fois de deux côtés : par la France et l'Angleterre. La France se prévaut de droits antérieurs à ceux de toutes les autres nations, et notre pavillon, installé tout autour de l'île, à Bourbon, à Sainte-Marie, à Mayotte, à Nossi-Bé, paraît attendre le moment de s'y planter de nouveau, car le nom de la grande île africaine a eu le privilége de survivre chez nous au naufrage de notre prospérité coloniale et d'y rester populaire. On demande donc que nous installions sur ce territoire, grand comme la France, une large colonisation pour faire concurrence à l'Inde anglaise : la latitude est la même des deux côtés de l'équateur. On trouve en abondance sur cette terre féconde la soie, le coton, le fer, et on peut y cultiver tous les riches produits des tropiques.

Enfin on propose d'envoyer sur ces rivages, non plus le rebut de nos populations, mais des colons actifs, industrieux et bien préparés.

Malheureusement la France semble avoir perdu aujourd'hui, par la faute de ses divers gouvernements et de sa désastreuse administration coloniale, les aptitudes pour la colonisation qu'elle avait manifestées d'une manière si brillante au temps où elle peuplait de l'élite de ses enfants le Canada, Maurice et la Louisiane. Ces temps de prospérité coloniale et commerciale sont-ils destinés à jamais revenir? La France saura-t-elle enfin, dans ce grand mouvement de colonisations, de migrations, de mélanges qui sont le caractère particulier de notre dix-neuvième siècle et qui font la fortune de tant de jeunes sociétés industrieuses et actives, saura-t-elle, cette terre sympathique et féconde, secouer le désastreux engourdissement où elle semble tombée pour faire encore rayonner ses lumières et son influence par le monde? Hélas! le triste spectacle de l'Algérie presque vide de colons français à nos portes, la persistance, malgré d'unanimes réclamations, du désastreux système administratif qui la régit, la condition infime de toutes nos colonies, le Sénégal excepté, ne rendent que trop légitimes les craintes de voir la France demeurer dans son état présent d'infériorité. Cependant l'Angleterre, par les sociétés qu'elle fonde, les terres qu'elle s'annexe constamment; l'Allemagne, par le nombre infini d'individus qu'elle répand, comme une semence vigoureuse, par toutes les régions du globe, agrandissent chaque jour le cercle de leur action, de leurs intérêts, de leur prospérité commerciale. Nous ne sommes plus en un temps où il suffise d'être fort dans les limites de son pays, si puissant, si brillant que ce pays puisse être. Partout à la fois les hommes se sont levés, et au-dessus des barrières de la patrie ils jettent des regards avides et curieux; leur diffusion n'est pas un détriment pour la patrie même; ils en emportent les habitudes, les goûts, les idées, ils la font connaître au loin, et, sur des terres autrefois désertes ou sauvages, ils font revivre un coin de l'Allemagne, de l'Angleterre, de la France.

La France, plus encore que ces nations, a un grand rôle à remplir : l'éducation des races indigènes. Seule elle porte avec elle un esprit de conciliation et des façons affectueuses et bienveillantes qui peuvent aider à rattacher à la civilisation ces races attardées et malheureuses. On sait quels souvenirs son court établissement au milieu des sauvages du Mississipi et du Saint-Laurent a laissés dans le cœur des pauvres indigènes. France est un nom qu'ils redisent avec affection, vers lequel ils reportent peut-être leurs espérances; beaucoup de noms français se sont perpétués dans leurs souvenirs, et la France seule, en effet, pourrait quelque chose pour eux dans le tumulte actuel du monde.

Qu'a fait l'Angleterre, malgré quelques institutions charitables et le dévouement qu'on ne peut mettre en doute d'une partie de ses missionnaires, notamment des Wesleyens? Partout elle a effacé les indigènes. Son contact leur est mortel, c'est la faute de son esprit roide, exclusif, plein du mépris de ce qui ne vient pas d'elle. Quelques mesures que prennent ses comités charitables et ses missions, si l'on regarde partout où elle s'est posée, en Tasmanie, en Australie, dans la Nouvelle-Zélande, on voit ces lieux frappés de mort; les races les plus vaillantes dépérissent et s'éteignent; où passe l'altier et insociable Anglo-Saxon, pas de salut pour les races inférieures. A Madagascar, peut-être l'esprit français trouverait-il une mesure commune avec celui des Hovas, des Malgaches, des Sakalaves. Mais l'Angleterre, qu'y va-t-elle chercher autre chose que la satisfaction de ses besoins mercantiles? On peut dire qu'elle est vraiment redoutable.

Ce qu'elle veut à Madagascar, la relation du révérend Ellis nous l'indique suffisamment, c'est acquérir de l'influence sur l'esprit du souverain et s'en rendre maître, exercer une action analogue à celle des Américains aux îles Sandwich, en un mot établir l'ordre de choses que traduit ce mot protectorat, dont le prince royal cherchait à se faire expliquer le sens. Si les intérêts du commerce de l'Angleterre étaient le seul point à envisager dans cette question, on pourrait peut-être admettre cette politique; mais il faut aussi voir de quel profit elle serait à la race indigène. On lui portera le christianisme, des lois plus judicieuses, nos modernes inventions, et Antananarive, initiée, comme Honolulu, aux avantages d'un régime libéral, aura ses journaux et ses assemblées délibérantes. Par malheur, l'exemple des Sandwich démontre qu'au milieu de ces innovations le sauvage dépérit au lieu de s'élever à notre niveau, et la raison en est fort simple.

Il y a dans la vie des nations aussi bien que dans celle des hommes des périodes de transition qu'on ne peut supprimer, et, pas plus qu'un individu, un peuple ne saurait passer subitement de l'état d'enfance à celui de virilité; les institutions libérales sont donc prématurées pour le sauvage, qui n'en est encore qu'aux rudiments de la vie sociale. Les étrangers lui apporteront les complications de leurs querelles et de leurs intrigues. Sous prétexte de l'instruire et de le protéger, ils en feront l'instrument de leurs intérêts et de leurs passions. Ce n'est jamais à son profit que nos inventions, transportées chez lui, fonctionnent, et, quelles que soient son intelligence et sa bonne volonté, il est jeté sans armes, en face des nations de l'Europe et de l'Amérique, dans les bruyantes mêlées du commerce et de l'industrie.

Telles sont les circonstances qui ont fatalement frappé de mort les indigènes de l'Océanie. Là même, comme par dérision de la justice, des traités ont consacré la spoliation. Les *settlers* et les *squatters* sont venus, des actes de vente à la main, chasser, comme des bêtes malfaisantes, de la terre qu'ils tenaient en héritage de leurs ancêtres, ceux des sauvages qui avaient pu survivre aux maladies, à l'abus des liqueurs, au brusque changement d'existence et de milieu. Quel profond sentiment de haine et de révolte impuissante contre l'injustice doit s'emparer de ces pauvres hommes, traqués, détruits au nom de ce qu'ils entendent nommer la civilisation ! C'est alors que le christianisme pourrait leur être utile pour leur enseigner la résignation, le pardon des injures, et pour leur apprendre à mourir. Quant à leur enseigner plus, nous avons déjà dit qu'il ne le peut pas ; il ne lui est pas possible de s'introduire brusquement dans des esprits grossiers et sans préparation, à cause même de l'élévation de son caractère. Il faut, lui aussi, qu'il s'insinue lentement et par le catholicisme qui parle d'une façon entraînante à l'imagination, plutôt que par les diverses doctrines protestantes qui ne s'adressent qu'à la raison de peuples trop enfants pour la comprendre.

Peu à peu, par ses qualités pénétrantes, l'amour, la charité, le respect du semblable, par cette idée du sacrifice, si touchante pour tous les êtres humains, le christianisme peut se saisir de ces esprits, les tourner vers Dieu, les relever, libérer l'Afrique des plaies telles que l'esclavage, et rendre ses habitants aptes aux enseignements salutaires de la religion, de la morale et de l'intelligence. Ne désespérons pas, prenons confiance : tant de millions d'hommes, tant de races humaines, ne sauraient être définitivement condamnés au dépérissement dont ils semblent frappés aujourd'hui. Mais il faut que la France n'oublie pas que c'est à elle surtout, favorisée par les tendances sympathiques et conciliantes de son esprit, qu'il convient de prendre une part dans cette tâche difficile de salut et de rédemption.

Au milieu de circonstances si défavorables à des races entières et quand des milliers d'êtres humains s'éteignent sans postérité chaque jour, ce n'est pas sans intérêt que l'on voit une de ces familles, plus prudente et mieux favorisée, opposer quelque résistance à nos terribles invasions. La société malgache a d'ailleurs plus d'un titre à notre compassion et même à nos sympathies : non-seulement elle est intelligente et curieuse, mais de plus elle a eu le bonheur d'échapper à l'islamisme ; la polygamie, bien que tolérée en principe, n'y a pas prévalu ; elle n'a pas de harems, et se montre sur tous les points bien supérieure au Ouâday, au Bagirmi, au Bornou, à toutes les sociétés que nous avons vues dans le Soudan. Les femmes y sont traitées avec des égards que l'on ne s'attendrait pas à trouver sur la terre malgache ; les attentions du prince royal pour sa femme, son respect pour sa mère, la tolérance même avec laquelle la farouche Ranavalo laissait son fils témoigner ses prédilections pour le christianisme, sont autant de traits remarquables qui indiquent des instincts de dignité et d'élévation.

L'imitation de l'Europe n'est pas tombée non plus dans une grossière parodie, et il y a là une société encore enfantine, mais non pervertie, chez laquelle le temps, si on le laisse faire, pourra accomplir son œuvre aussi bien qu'il l'a fait ailleurs. Un jour, dans un de ses entretiens avec le prince royal, M. Ellis lui disait que l'Angleterre fut jadis moins civilisée que ne l'est aujourd'hui Madagascar, et que c'était graduellement, dans une longue série de siècles et à travers de laborieuses vicissitudes, qu'elle était montée au rang qu'elle occupe aujourd'hui. Le missionnaire avait raison : il y eut un temps, qui n'est pas bien éloigné, où cette Europe si fière de sa civilisation était inculte et grossière. Il suffit de se reporter à douze siècles en arrière dans notre propre histoire, au temps où les Germains se partageaient les lambeaux de l'empire, et abaissaient la civilisation de Rome au niveau de leur barbarie. Ces hommes cependant sont nos ancêtres, et c'est le temps qui les a graduellement relevés. De tels exemples devraient nous rendre plus indulgents et plus patients à l'égard des pauvres sauvages, surtout quand ils témoignent à la fois de l'intelligence et de la bonne volonté.

Ranavalo a été la femme des circonstances; elle a eu, comme par intuition, le sentiment de la politique qui convient à Madagascar. Radama Ier avait plus d'aménité, plus de penchant vers l'Europe; c'est lui qui a aboli la traite : il a imposé des lois de tempérance, et il accueillait avec une grande faveur les inspirations du dehors; mais là même était le danger : il allait se jeter sans défiance dans les bras de maîtres qui font payer chèrement leurs leçons. Le futur héritier, Rakout-Radama, si, d'après M. Ellis, nous avons bien saisi les traits de son caractère, peut inspirer les mêmes craintes. Et que l'on ne pense pas qu'en excluant les étrangers, Ranavalo ait pu fermer son île à de salutaires influences de développement intellectuel et d'amélioration sociale. La civilisation, ainsi comprise, se répand avec une force irrésistible, et va par un courant régulier, comme le *gulf stream*, chauffer les plus lointains rivages ; mais il faudrait qu'elle y pût pénétrer graduellement, et en se mettant pour ainsi dire à la température de l'atmosphère environnante. Ranavalo ne le voulût-elle pas, ses procédés, ses avantages, s'infiltrent lentement autour d'elle, et à ce travail la France prend une part utile et retrouve son rôle civilisateur mieux que si elle envoyait ses vaisseaux de guerre. Elle n'agit pas collectivement, mais quelques-uns de ses enfants travaillent pour elle : c'est ainsi que le jour où M. de Lastelle entrait dans Marseille avec une cargaison amenée de Tamatave et remportait nos produits jusque dans Antananarive, il faisait plus pour les relations de la France et de l'île africaine qu'une expédition militaire. Sans doute les marchands et les aventuriers, qui jettent des regards de convoitise partout où il y a une terre à conquérir et de l'argent à gagner, trouveront ce procédé lent et peu profitable ; ils lui préféreraient la conquête expéditive, qui, après la Tasmanie, dépeuple la Nouvelle-Zélande ; mais ils ont assez abusé, pour leurs satisfactions égoïstes, des mots progrès et civilisation, nous avons mieux en ce moment à envisager que les intérêts de leur trafic : il s'agit du salut de la race humaine qui possède Madagascar.

Depuis que ces pages ont été écrites, la reine Ranavalo est morte au mois de septembre 1861. Le prince

Rakout-Radama lui a succédé sous le nom de Radama II, après avoir réprimé l'opposition et les tentatives hostiles de son cousin, l'ambitieux prince Ramboussalam, qui s'appuyait sur le parti de l'exclusion et des vieilles idées. Par un exemple de clémence qui semblera certainement remarquable et surprenant dans cette île de Madagascar, trop réputée sauvage, ce révolté qui attentait à la vie du souverain, surpris au milieu de sa rébellion, n'a pas été mis à mort. Radama II, fidèle aux salutaires enseignements de charité chrétienne que ses maîtres européens lui ont donnés, s'est borné à chasser son envieux cousin de Madagascar.

Le nouveau souverain est, comme nous l'avons vu, avec M. Ellis, un esprit bienveillant, relativement instruit, peut-être un peu faible; il a montré dès son début d'excellentes dispositions pour les étrangers. Maurice en a profité; l'administration anglaise lui a tout de suite dépêché une ambassade pour le complimenter et régler les conditions des relations entre les deux îles. Le compte rendu de cette ambassade a été donné par l'*Économiste* de M. J. Duval. La France, au contraire, est demeurée entièrement inactive; l'administration coloniale de Bourbon a même interdit aux journaux la question de Madagascar; notre île assiste passive aux démarches fructueuses de sa voisine anglaise. Qu'est-ce que cela peut signifier? Il n'est pas vraisemblable que le gouvernement de l'Empereur, partout ailleurs si soigneux de l'honneur et des intérêts de la France, fasse un complet abandon de ses droits à Madagascar, terre depuis deux cents ans française, de l'aveu même de l'Angleterre. La France entière attend, car elle a pris l'habitude de s'intéresser à la grande île qu'elle s'est jadis annexée. Sans doute d'ici à peu elle verra prendre quelque mesure utile et honorable. Mais l'attente est cependant pénible, et il n'est personne soucieux de nos intérêts et de la dignité nationale qui ne la voie cesser avec une vive satisfaction.

CHAPITRE XX

CONDITION ET AVENIR DES INDIGÈNES.

Esquisse de l'histoire géographique de l'Afrique. — Les nègres sont-ils susceptibles de civilisation? — État intellectuel du nègre. — Légendes de malédiction. — Moyens d'amélioration. — Rôle de la France en Afrique.

Nous venons de voir combien ces nombreux voyageurs qui se sont pressés en Afrique pendant ces dernières années, l'interrogeant par tous les bouts à la fois, ont fait avancer les questions longtemps obscures que nous présentait ce continent vaste et mystérieux. Après avoir écouté leurs récits et suivi les vicissitudes de leur vie aventureuse, il ne sera pas sans intérêt de faire un retour vers ce qui a été fait, de regarder ce qui reste à faire, et d'en peser, autant qu'il est permis, les résultats présents et futurs.

L'ensemble des tentatives qui se sont proposé pour but la connaissance de l'Afrique intérieure peut être partagé en trois périodes. La première s'étend de l'antiquité à la fin du dix-huitième siècle; c'est un temps d'exagérations, de merveilles et de fables, où le peu de notions utiles et estimables que l'on ait possédées procédait encore d'Hérodote, de Strabon et de Ptolémée, car rien n'égale l'incurie des Portugais, indignes successeurs des anciens sur cette terre où ils ont trouvé leur ruine pour n'en avoir voulu tirer que des profits matériels. Si l'on interroge ceux de leurs missionnaires qui ont écrit des relations et si on leur demande des renseignements positifs sur les régions dans lesquelles ils ont eu la faveur de vivre, ils répondent merveilles et miracles, racontant qu'il y a des montagnes d'argent, des lacs de bitume, et qu'une reine du Congo jetant ses filets dans une rivière en a retiré quatorze monstres moitié femmes et moitié poissons. Cette période de l'Afrique fabuleuse et primitive a son expression dans la carte du savant d'Anville, sur laquelle à côté de grandes places blanches s'allongent quelques chaînes de montagnes indécises, quelques cours d'eau incertains, et se dressent presque autant de points d'interrogation que de légendes.

Mais Bruce se voue à la recherche des sources du Nil; Houghton précède Mungo-Park dans les régions de la Haute-Gambie et du Niger; Hornman s'élance dans ces profondes et sombres contrées du Soudan où il doit trouver la mort : une ère nouvelle s'ouvre pour l'Afrique, ère féconde que Clapperton et Lander ont fermée, il y a trente ans en nous faisant connaître l'existence du Tchad et les embouchures du Niger.

A la suite de ces voyageurs, de leurs compagnons et de tant d'autres, dont la longue liste est connue, se présentent les explorateurs de la période actuelle, dont nous avons essayé de retracer les travaux en les montrant appliqués à rechercher les sources du Nil, à reconnaître les monts jetés sous l'équateur, à suivre les vallées du Haut-Zambèse, du Niger, du Shari. Ils sont partis munis des instruments de la science et nous ont rapporté des notions exactes et précises, propres à redresser nos erreurs en ce qui concerne la topographie de l'Afrique : le Sahara est un plateau entrecoupé de vallées et de montagnes, le Soudan est en partie le lit d'une ancienne mer. De l'autre côté de l'équateur s'étend une série de lacs, entre lesquels l'Unyamwezi et le N'gami tiennent les premières places. Voilà pour les conquêtes géographiques. Elles sont considérables. Cependant il reste beaucoup à faire aux futurs explorateurs pour compléter la connaissance topographique de tout le continent. Sans parler des sources du Nil, dont nous approchons, mais sans encore les toucher, et de beaucoup de points obscurs dans les régions mêmes qui viennent d'être parcourues, il y a entre le 8ᵉ parallèle nord et le 10ᵉ parallèle sud environ une masse compacte dont le centre est entièrement inexploré. Sur sa lisière orientale se sont révélés les pics Kenia, Kilimandjaro, Amboloba; à son rivage, du côté de l'Atlantique, viennent déboucher le Zaïre, le Couanza et dix autres grands fleuves, mais sans qu'on sache jusqu'où et dans quelle direction ces montagnes se prolongent, ni de quels sommets découlent ces fleuves. Si le Niam-niam, cet homme à queue dont l'existence a été l'objet de discussions très-sérieuses, n'est pas un mythe, si la nature garde encore quelques échantillons ignorés des monstres qu'elle enfanta jadis dans ses convulsions, c'est dans cette zone inconnue, sous l'équateur africain, qu'il faut les aller chercher. C'est là qu'aujourd'hui se trouve la dernière grande lacune de nos cartes d'Afrique.

Puis, quand le sentiment de curiosité qui nous promène à travers tous les recoins de notre domaine terrestre aura obtenu, même en Afrique, une entière satisfaction, quand nous aurons délimité et inscrit toutes les divisions topographiques de ce continent, après l'œuvre géographique viendra celle non moins considérable qui est réservée au commerce et à la civilisation; car, dans le vaste échange de services que les hommes sont appelés à se rendre en se mêlant d'une extrémité de la terre à l'autre, si l'Afrique promet à nos diverses industries des débouchés, et fournit, par la variété de ses produits, un aliment inépuisable à notre commerce, elle a droit en échange à ce que nous fassions de consciencieux efforts pour introduire au milieu des peuplades barbares qui l'habitent des éléments salutaires de morale et de civilisation. En Amérique et en Australie, les races européennes se sont établies dans les plus riches parties du sol après avoir anéanti ou refoulé les peuplades indigènes. Aujourd'hui il n'en saurait être de même, notre temps répugne à ces immolations d'une race à l'autre; d'ailleurs, les populations sont trop serrées et trop compactes dans les régions fertiles de l'Afrique pour que, en s'établissant sur leur territoire, on ne soit pas obligé de compter avec elles.

Mais ici se présente une question très-grave et très-controversée : les nègres sont-ils susceptibles de civilisation ? Si pour juger cette question on prenait pour exemples les peuplades anarchiques du Mozambique, du Congo, ou même Haïti, le principal lieu où les nègres, livrés à eux-mêmes, aient prétendu s'organiser à l'image des sociétés européennes, la décision ne se ferait pas attendre ; il serait seulement à craindre qu'elle ne fût pas juste. Les nègres du Congo et du Mozambique, ces malheureux dont le type est aussi hideux que leur moral est d'ordinaire perverti, ont été corrompus par le contact des Portugais et du rebut des Européens, aventuriers, négriers et matelots, qui s'en allaient leur enseigner tous les vices, leur donner le goût des boissons fortes, et les exciter, dans la pensée de faire prospérer le commerce des esclaves, à s'entre-déchirer et à se vendre les uns les autres.

Quant à Haïti, il est vrai que cette île, depuis que la population noire s'y trouve livrée à elle-même, présente le spectacle d'une hideuse et sanglante parodie ; mais il faut se rappeler que les nègres, comme de grands enfants, sont ce que l'éducation sait les faire : d'esclaves, ceux de Haïti sont devenus libres tout à coup ; ils ont joui sans préparation d'une liberté que leurs maîtres, en abusant de toutes les jouissances brutales, leur avaient eux-mêmes appris à confondre avec les dérèglements de la licence. Il s'est produit dans l'esprit de ces hommes, devenus subitement maîtres du sol qu'ils cultivaient en esclaves, une folle réaction qui dure encore contre les habitudes et les lourds devoirs imposés par l'esclavage. Il faut donc se détourner de ce spectacle affligeant sans en rien conclure contre les aptitudes de la race noire, et reporter les yeux, en Afrique même, à l'extrémité occidentale de la Guinée, vers cette côte des Graines où la philanthropie des quakers de Pensylvanie a fondé les établissements du Libéria. Aujourd'hui ces établissements comptent trente-six années d'existence. Le but des fondateurs, outre le désir d'arrêter aux États-Unis l'accroissement des noirs, était d'étudier sur eux les résultats que peut produire une éducation libérale. Or la colonie a vu se développer d'année en année sa prospérité agricole et commerciale. Les délits commis par les noirs, qui seuls y obtiennent droit de cité, n'ont pas été graves ou fréquents. Ces hommes, originaires de tous les points de l'Afrique, sont parvenus par leur travail et leur persévérance, deux qualités dont leur race semble peu susceptible, à surmonter les difficultés que leur opposaient à la fois et le climat, qui n'est guère moins défavorable sur cette côte aux noirs venus de loin qu'aux blancs eux-mêmes, et l'inimitié des tribus indigènes, hostiles d'abord à leur installation. Ces obstacles ont été patiemment surmontés, et la plupart des voisins du Libéria ont fini par subir les influences salutaires que leur apportaient ces pauvres nègres qu'avait expatriés l'esclavage, et que l'humanité et la civilisation rendaient affranchis à leur terre natale.

Toutefois, jusqu'en 1847, le Libéria n'ayant jamais

cessé de vivre sous la tutelle immédiate de l'Union américaine, sa prospérité n'avait encore rien de décisif, car elle pouvait être attribuée à la vigilante administration de la métropole; mais depuis dix ans son indépendance a été proclamée, et il jouit d'un gouvernement entièrement composé d'hommes de couleur, sans que cette expérience ait nui à l'ordre et à la prospérité de la jeune colonie. Quelques hommes intelligents se sont manifestés au milieu des noirs nés et élevés en Afrique, si bien que le Libéria semble destiné à s'accroître et à prospérer lors même que les États-Unis cesseraient de lui envoyer des hommes et de l'argent. L'aspect de ce petit État, composé de noirs actifs qui s'efforcent de copier avec intelligence l'organisation des sociétés blanches dont ils reconnaissent la supériorité, plaît à l'esprit et le repose au milieu du chaos et du dévergondage des sociétés africaines livrées à elles-mêmes.

Ainsi le nègre ne possède pas la force d'initiative et les instincts naturels qui ont permis aux autres hommes, jetés comme lui nus sur la terre, de se développer et de s'améliorer; mais, également facile aux bonnes et aux mauvaises impressions, d'un naturel en général doux et bienveillant, il se prête volontiers à l'éducation qu'on lui apporte. Les autres hommes peuvent jouer à leur gré auprès de lui le rôle de bon ou de mauvais génie : le nègre subit toutes les influences sans les discuter, avec une conscience en quelque sorte touchante de son infériorité. Cette infériorité, ses traditions la constatent; elles sont pleines du lointain souvenir d'une malédiction divine.

Au Mozambique, il y a une puissante peuplade, celle des A'Makuas, qui a accepté et naturalisé chez elle la légende biblique de Cham, le fils maudit de Noë. On y raconte que dans le principe les Africains étaient aussi blancs et aussi intelligents que les autres hommes; mais un jour Muluku (le bon Dieu), s'étant enivré, tomba dans le chemin les vêtements en désordre : les Africains qui passaient le raillèrent de sa nudité; les Européens, au contraire, eurent honte et pitié de l'état de Muluku; ils cueillirent des feuilles et l'en couvrirent respectueusement pour que d'autres passants ne le vissent pas. Dieu punit les Africains en leur ôtant leur esprit et en leur donnant une peau noire. Et partout, au Congo, à la Guinée, dans l'intérieur, des traditions et des récits originaux nous montrent les Africains châtiés pour leur désobéissance ou leur révolte et condamnés à une condition abjecte. Muluku, maltraité, trahi par les hommes au milieu desquels il s'était présenté en bienfaiteur, se retire, laissant le monde livré à Mahoka, le mauvais principe. Les Hottentots, ces pauvres êtres si profondément déshérités de tous les biens de la nature, qui traînent une vie misérable sans souvenirs et sans espérances, racontent que les premiers parents, ayant offensé Gounja Ticquoa, le bon génie, ont été condamnés par lui avec leur postérité. Certes il y a quelque chose de profondément touchant dans cette résignation de toute une portion de la famille humaine qui connaît son infériorité, et qui l'accepte en châtiment d'une faute dont elle n'a qu'un lointain et vague souvenir.

L'éducation et le mélange, tels sont, d'après les démonstrations de l'expérience, les principaux moyens d'améliorer la race noire. Le mélange sera la conséquence naturelle de l'établissement des Européens en Afrique. Quant à l'éducation, il se pourra qu'elle prenne dans beaucoup d'États noirs une forme analogue à la tutelle que les États-Unis exercent sur le Libéria, ou qu'elle soit aidée par le concours des missionnaires; mais, de quelque façon qu'elle procède, il ne faut pas s'attendre à lui voir produire de prompts résultats. En Afrique, il n'y a pas seulement des nègres, il y a de plus les Arabes, en générale nomades et commerçants, les Berbères, dont M. Barth nous a montré dans le désert les turbulentes tribus, et les Fellani, qui ont conquis en partie le Soudan. Or tous ces hommes, d'origine sémitique ou malaisienne, sont actifs, belliqueux, avides de domination. C'est sous leur influence que se sont formés les sociétés et les États grossièrement ébauchés qui se partagent le Soudan; ils y ont apporté ces rudiments d'industrie que MM. Baikie et Barth signalent dans les villes situées sur les bords du Binué, dans Agadès, dans Katsena, Kano, etc, etc.; à l'idolâtrie ils ont substitué l'islamisme, ce qui est un progrès; enfin ils ont remplacé la barbarie complète par une civilisation relative.

Les conquêtes qu'ils ont faites ainsi, il faut s'attendre à les leur voir défendre énergiquement contre les empiétements des Européens, et dans les luttes qui pourront un jour s'engager entre eux et nous, il faut bien reconnaître que nous aurons plus d'une cause d'infériorité : à savoir le climat, la distance et jusqu'à l'élévation de notre morale religieuse, qui choque profondément les habitudes des indigènes en interdisant la polygamie et l'esclavage.

Quelle que soit la période de temps nécessaire à la réalisation de ces lointaines espérances, les découvertes de nos voyageurs ont d'autres résultats lucratifs et immédiats, qui sont la juste récompense de leurs travaux et comme le payement anticipé de l'assistance que prêtera l'Europe à l'Afrique. L'heure est venue pour les nations commerçantes et industrieuse de planter leur drapeau sur les points qu'elles veulent exploiter dans le vaste marché que l'Afrique va leur offrir. L'Angleterre, qui les a toutes devancées, s'est fait une large part : les voies nouvelles que le Binué, le Niger et le Zambèze ouvrent dans l'intérieur de l'Afrique lui appartiennent; elle a un consulat à Kukawa, elle a noué des relations avec Kano, Sokoto et toutes ces riches contrées du centre du Soudan qui produisent le coton, l'indigo, le sorgho, le sucre et tant d'autres denrées précieuses. Du Cap, elle peut, grâce aux conquêtes de MM. Anderson, Livingstone et autres, étendre son influence sur les meilleures régions de l'Afrique australe.

Dans ce continent, la France doit aussi prendre sa part : nous possédons la terre fertile qui fut un des greniers de Rome, et trente-deux ans de lutte et d'efforts ont reculé notre domination jusqu'aux limites du désert; en outre, nos couleurs flottent sur le Sénégal et plus loin, à l'embouchure de l'Assinie. Déjà le gouvernement a songé à relier Tombouctou à ces deux centres coloniaux. L'influence française portée en Égypte par la conquête s'y est maintenue à travers mille vicissitudes. Méhémet-Ali s'entourait d'ingénieurs et d'officiers français. C'est sous une direction en grande partie française que s'accomplissent les études qui doivent aboutir au percement de l'isthme de Suez, fait immense, dont notre commerce plus que tout autre doit tirer profit.

En effet, l'Abyssinie parcourue dans tous les sens par nos voyageurs, Mayotte, colonie récente, Madagascar destinée à redevenir française, Bourbon, dernier vestige de notre puissance dans les mers de l'Inde, ne seront plus qu'à une courte distance de Marseille et de nos ports du Midi. La France, voisine de l'Afrique, l'enserre à l'est, à l'ouest, au nord. Nous avons des points de départ heureusement choisis, des foyers d'où la civilisation, l'industrie, le commerce, tout ce qui fait la force et la grandeur des peuples peut rayonner jusque dans l'intérieur du continent. En un mot, nous sommes à même plus que personne de faire notre profit des découvertes que viennent d'accomplir ces hommes, missionnaires et voyageurs, qui ont confondu dans une œuvre commune leur nationalité, et dont la plupart ont payé de leur vie leurs pacifiques et glorieuses conquêtes.

CHAPITRE XXI

EXPÉRIENCES SUR LES NOIRS. — LE LIBERIA.

Expériences en faveur des noirs. — Fondation de la république libérienne. — Population. — Mouvement commercial. — Une exposition de l'industrie à Monrovia. — Griefs de la France contre Liberia. — Affaire de la *Regina-Cœli*. — M. Stephen-Allen-Benson, président. — Le Maryland-in-Liberia.

De toutes les questions agitées au sujet de l'Afrique, celle qui a le plus d'intérêt et d'importance est la question de l'esclavage. Le noir est-il capable de s'élever à une vie sociale plus complète et plus régulière que celle où nous le voyons misérablement végéter? peut-il être relevé à la dignité d'homme par le respect de son semblable, et mettre un jour un terme aux luttes quotidiennes, aux inimitiés sans cesse renaissantes qui ont pour cause les enlèvements de femmes et d'enfants, à ces expéditions guerrières dont l'unique but est d'alimenter le marché d'esclaves?

De trop rares expériences se sont faites de nos jours, et encore dans ce petit nombre en est-il une qui a semblé donner tout à fait tort à la race nègre et décider qu'elle est incapable de bien se diriger elle-même. C'est Haïti. Cette terre, une des plus riches du monde, si prospère sous la colonisation française, est retombée dans le chaos, l'anarchie; elle est redevenue improductive dès que les noirs en sont devenus propriétaires. Il est vrai qu'à cela il y a peut-être quelques causes particulières, telles que la trop grande rapidité de la réaction qui d'une terre servile a fait, sans transition, une terre libre; les excès de dureté auxquels s'étaient trop souvent laissés aller les anciens maîtres, et qui n'étaient pas faites pour améliorer la nature farouche des noirs et leur donner quelques principes d'une éducation humaine. Cependant cet exemple d'Haïti ne doit pas être concluant et décisif, parce que nous en avons un autre à lui opposer à la côte même d'Afrique : c'est le Liberia, qui, sans donner encore des résultats de civilisation et de société très-complets, nous fait cependant nettement voir quelle influence et quels avantageux résultats une salutaire éducation, un développement intellectuel et moral bien entendus, de sages exemples et une direction bienveillante peuvent produire sur la race noire.

C'est à une idée toute philanthropique qu'est due la fondation du Liberia. Profondément touchés de la misère des esclaves noirs, et de la difficulté que ceux qui avaient pu se libérer trouvaient à vivre aux États-Unis, quelques-uns des propriétaires les plus éclairés et les plus riches de l'Amérique du Nord se réunirent, il y a une cinquantaine d'années, avec l'intention de chercher les moyens d'améliorer la condition des noirs. Ce fut en 1810 qu'eut lieu, au capitole même de Washington, le premier meeting où fut publiquement débattue cette question, et une Société s'organisa pour la colonisation des hommes de couleur libres des États-Unis ; mais tant de circonstances paralysèrent la bonne volonté des fondateurs de la Société, que leurs desseins ne revêtirent une forme réalisable qu'en 1820. Il fut décidé alors qu'une ville serait fondée sur la côte occidentale d'Afrique, et destinée à devenir le centre de l'État dans lequel devait être tentée une épreuve et jugée une question qui intéressait une branche entière de l'humanité : les noirs sont-ils susceptibles d'être civilisés par l'éducation ?

Quatre-vingts noirs et des agents américains furent envoyés à la côte des Graines. Une mortalité terrible réduisit d'un tiers cette première expédition ; on ne se découragea pas cependant : l'Afrique tropicale et la côte la plus rapprochée de l'Amérique pouvaient seules convenir aux projets de la Société de colonisation. A la fin de 1821, le territoire qui environne le cap Mesurada, dans une étendue de cent trente milles de côtes et de quarante milles de profondeur, fut acquis des chefs indigènes, et la Société en devint propriétaire aux termes d'un traité régulier conclu par ses agents avec quelques petits rois de la côte. Ce n'était pas tout cependant que d'avoir conclu un contrat, il s'agissait de le faire respecter par les nombreux principicules nègres qui n'avaient pas eu le bonheur de traiter avec les Américains. Aussi, quand les convois de noirs émancipés arrivèrent pour prendre possession du sol qui venait d'être acquis, quand ils se mirent à abattre les grands bois qui couvraient ce littoral pour bâtir les premières huttes de la ville nouvelle, plusieurs chefs indigènes se jetèrent sur eux à la tête de leurs tribus pour faire acheter leur amitié. Tout en défrichant, tout en construisant, il fallut combattre.

De 1822 à 1829, il y eut ainsi une période de difficultés sans cesse renaissantes qui ne furent surmontées que par l'énergie, la persévérance et le dévouement des agents de colonisation, notamment de J. Ashmun, homme de couleur qui succomba en 1828 aux fatigues de la tâche qu'il s'était imposée. Du moins ce fondateur du Liberia put-il voir en mourant que sa peine ne serait pas stérile, car à cette date commençait à s'élever sur le cap Mesurada, avec des maisons de pierre, des chapelles, des écoles, un hôpital, un petit fort, une véritable ville à laquelle fut donné le nom de Monrovia, en l'honneur du président Monroë, qui s'était montré un des plus chauds partisans de la Société de colonisation.

Désormais l'existence du Liberia était assurée; une imprimerie fonctionnait à Monrovia et y fondait le *Liberia-Herald*, organe des intérêts coloniaux, qui depuis n'a pas cessé de paraître. Des missionnaires américains avaient visité la jeune colonie et constataient la moralité des noirs et leur louable émulation à bien faire; parmi les nègres libres des États-Unis, tous ceux qui avaient la force de secouer l'indolence native et qui sentaient s'éveiller en eux le sentiment de la dignité humaine prenaient le chemin du Liberia. La colonie s'étendait en même temps, par de nouvelles acquisitions de territoire, au delà des limites étroites qui, primitivement, lui avaient été assignées. Un chef de la côte, nommé Bah-Grey, se montra, par une heureuse exception, très-disposé à favoriser les idées américaines, et deux nouveaux comptoirs, deux petites villes, Edina et la colonie du cap Monte, s'élevèrent, l'une au sud, l'autre au nord de Monrovia. Quelques chefs indigènes favorisèrent les nouveaux établissements; ceux qui se montrèrent hostiles furent repoussés.

En 1835, la Société particulière de colonisation de l'État de Pensylvanie créa, vis-à-vis d'Edina, sur la rivière Saint-Jean, une nouvelle ville, Bassa-Cove, qui, après quelques vicissitudes, prospéra comme ses voisines. En 1839, les règlements institués par la grande Société de colonisation furent convertis en système général d'organisation politique, applicable aux diverses colonies et centralisant le pouvoir à Monrovia : un gouvernement, assisté d'un conseil, sorte de corps législatif, reçut le droit d'édicter des lois subordonnées à l'assentiment du conseil de colonisation. Le territoire était divisé en deux comtés : le premier, composé des districts de Monrovia, Caldwell, Millsbourg et New-Georgie, prenait le nom de comté de Mesurada; le second, comté de Bassa, comprenait Bassa-Cove, Marshall, Bexley et Edina. Les deux comtés devaient envoyer au corps législatif, celui-ci quatre, celui-là six représentants.

Ce règlement assurait à la société naissante le jugement par le jury; il interdisait l'esclavage et tout trafic d'esclaves. Aucun blanc ne pouvait devenir propriétaire foncier en Liberia. Cette organisation nouvelle trouvait la colonie dans un état très-prospère : Liberia comptait neuf villes, quatre imprimeries, deux journaux, vingt églises, dix écoles. Le gouverneur, Joseph Roberts, placé en 1841 à la tête du petit État, eut le mérite et le bonheur de se concilier la plupart des chefs du littoral et de conclure un traité d'alliance intime avec les puissants Kroomen, qui s'étendent des confins du Liberia au cap Palmas, dans la direction du sud. Le chef Bah-Grey, qui s'était constamment montré fidèle ami des Libériens, menacé par des chefs de l'intérieur qui l'accusaient de leur porter préjudice par la suppression du trafic des esclaves, annexa ses États à la communauté libérienne. L'agriculture, le commerce, l'industrie, se développaient. Enfin, en 1847, l'état de la colonie était tel, que la Société de colonisation jugea le moment venu de frapper un grand coup et de compléter l'expérience qu'elle avait entreprise en déclarant le Liberia digne de s'administrer lui-même et en proclamant sa liberté politique. Une circonstance hâta cette détermination; les bâtiments anglais qui venaient commercer sur les côtes de la colonie refusaient de s'y soumettre à aucune taxe, sous prétexte qu'elle n'était pas un État, mais le comptoir d'une société particulière. Ce fut alors qu'une constitution fut rédigée, déclaration d'indépendance envoyée aux peuples civilisés, et que le pavillon national libérien, aux bandes blanches et rouges longitudinales alternées, se dressa sur Monrovia et sur toute la côte libérienne, le 24 août 1847.

Voici quels furent les principes fondamentaux de la constitution libérienne : le pouvoir législatif était confié à un sénat et à une chambre des représentants; les deux anciens comtés, auxquels en avait été adjoint, depuis l'accession de Bah-Grey, un troisième nommé Sinou, devaient envoyer chacun deux membres au sénat. Pour être sénateur, il fallait résider dans le pays depuis trois ans, avoir au moins trente-cinq ans, et posséder un revenu d'environ onze cents francs; pour être représentant, vingt-trois ans d'âge, deux ans de résidence, un capital d'environ six cents francs, étaient exigés. Mesurada élisait quatre députés, Bassa trois, Sinou un; en outre, un député serait élu par mille âmes d'augmentation dans la colonie. Enfin, le pouvoir exécutif était dévolu à un président, âgé de trente-cinq ans au moins, ayant cinq ans de résidence et possédant de trois à quatre mille francs de revenu.

Ce fut à Joseph Roberts que l'élection donna la présidence; sa magistrature devait durer deux ans. Aussitôt il se rendit en Europe pour se mettre en rapport avec les gouvernements des principaux États maritimes; il se présenta en France, au milieu de 1848, et y fut très-amicalement accueilli. Une frégate française se rendit en rade de Monrovia, au commencement de l'année suivante, et y vint saluer le pavillon libérien; puis les bâtiments de notre station navale aidèrent le président à détruire les établissements négriers qui étaient les principaux foyers de la traite sur la côte de Guinée.

Durant tout le cours de son administration, le président Roberts a beaucoup contribué au bien-être et au développement de la colonie. L'instruction publique, l'agriculture, l'industrie, le commerce, l'abolition de la traite dans le voisinage du Liberia, les rapports avec les chefs de la côte, les institutions ou les réformes utiles, ont attiré sa sollicitude. Le Liberia a considérablement agrandi son territoire primitif; il a étendu son influence sur des peuplades indigènes qui ensemble ne forment pas une population de moins de trois ou quatre cent mille âmes, parmi laquelle le christianisme a pénétré en se mélangeant sans doute à bien des croyances grossières; mais ce mélange même est déjà un progrès.

Quant à la population du Liberia, les derniers recensements ne la portent qu'à environ quinze mille âmes; depuis cinq ou six ans, elle s'est peu accrue par l'immigration américaine, parce que la plupart de ceux d'entre les nègres libres qui se sentaient l'énergie de tenter les destinées nouvelles avaient dès longtemps pris le chemin du Liberia, et qu'il n'était guère resté aux États-Unis que ceux qui n'avaient pas le courage de secouer leur apathie.

Cependant la Société de colonisation, qui continue

de surveiller avec sollicitude le développement de l'État qu'elle a créé, a résolu de tenter de nouveaux efforts. Le parlement libérien, dans sa session de 1857-1858, a dû, répondant à une demande de la Société, rechercher à quelles conditions la république pourrait s'engager à recevoir et à défrayer, dans les premiers mois de leur établissement, les émigrants qui lui seraient envoyés. Une des conditions réclamées par les Chambres du Liberia, en vue d'un nouvel envoi d'émigrants, a été le concours du gouvernement même des États-Unis à l'œuvre entreprise par la Société; des négociations ont été commencées, et si, comme on peut l'espérer, elles aboutissent à un résultat favorable, il en pourra résulter une nouvelle impulsion vers le Liberia et de nouveaux développements de cet État nègre.

Les ressources actuelles du Liberia consistent en une taxe de six pour cent sur les marchandises importées, une surtaxe pour certains articles, tels que, armes à feu, tabac, spiritueux, et un droit de patente sur les négociants; ce droit produit 100 ou 120,000 fr. par an. Le développement de la frontière maritime est de près de six cents kilomètres, sa profondeur de quatre-vingts. L'État noir s'étend de la rivière de Manna au nord à la colonie émule de Maryland-in-Liberia, qui s'est fondée sur le cap Palmas. Sa force militaire est de douze à treize cents hommes, elle est aujourd'hui assez puissante pour tenir en respect les indigènes. Le commerce, qui n'y manque pas d'une certaine activité, a pour objets les produits du sol, riz, huile de palmier, ivoire, écaille de tortue, cire, café, or, bois de teinture; il y a presque toujours des navires américains ou européens en rade, et il n'y a pas moins de mouvement dans les rues de Monrovia que dans certaines petites villes maritimes des États-Unis. Les produits manufacturés y viennent d'Europe et d'Amérique; mais il est à remarquer que les habitants font de très-sérieux et très-louables efforts pour donner de l'extension à l'industrie locale. Ainsi, une loi de la dernière session législative institue une exposition annuelle des produits de l'agriculture, de l'industrie manufacturière et des arts des citoyens de la république ou des aborigènes. Cette exposition s'est tenue en 1858 à Monrovia. Les suivantes se tiendront alternativement dans les chefs-lieux de comtés, et les juges du concours doivent décerner des prix, dont la valeur varie depuis un demi jusqu'à 20 dollars (de 2 fr. 50 cent à 100 fr.), aux producteurs des meilleures denrées, sucre, coton, café, etc., et aux fabricants des meilleurs produits manufacturés. Ce fait mérite qu'on s'y arrête.

Il y a quarante ans, quand les bâtiments de nos stations à la côte occidentale d'Afrique parcouraient le littoral de Guinée, quel spectacle y trouvaient-ils? Une région presque déserte, partout des bois et des marécages. Quand ils pénétraient dans des anses reculées, dans les embouchures des petits cours d'eau, ils avaient à détruire quelques établissements où les chefs indigènes entassaient des malheureux amenés du fond de l'Afrique, en attendant que les bâtiments négriers pussent en sécurité y venir charger leur cargaison humaine. Sur toute cette côte, les hommes étaient aussi barbares que la nature y paraissait inculte et sauvage. Aujourd'hui, des ports y ouvrent leur refuge, la traite a presque entièrement disparu; des villes se dressent avec leurs magasins, leurs hôpitaux et leurs autres établissements d'utilité publique; nombre de petits bâtiments entretiennent entre elles un commerce actif et leurs portent les produits mutuels de leurs industries. Voilà ce qu'en peu d'années sont devenus, sous la tutelle de quelques philanthropes américains, de malheureux nègres qui végétaient dans l'abjection et la misère sur le pavé des grandes villes de la confédération. Et là même ne se borne pas le bienfait : en dehors du Liberia proprement dit, il y a une nombreuse population indigène qui subit d'une façon plus ou moins directe l'influence de cet État. Des mœurs moins farouches, une certaine tendance toute nouvelle vers l'industrie, dont ces noirs commencent à apprécier les avantages, la suppression des débouchés de la traite; ce honteux trafic remplacé par un commerce d'échanges honnête, et non moins profitable aux blancs qu'aux indigènes, des dispositions à la civilisation, sinon la civilisation même, tels sont les résultats directs et indirects qui, en 1858, peuvent déjà ressortir de la fondation du Liberia. Le président actuel de la république est M. Stephen-Allen-Benson, qui a remplacé Roberts en 1856.

La France toutefois, en ce qui la concerne particulièrement, n'a pas eu à se louer de ses relations avec ce petit État, auquel cependant elle avait témoigné sa bienveillance à plusieurs reprises. Le gouvernement libérien s'est refusé à délivrer des passe-ports aux émigrants libres que la France recrutait, à de très-justes conditions, pour le travail dans ses colonies. C'est à la suite d'une contravention à l'ordre de ne plus s'adresser désormais à ce point de la côte d'Afrique que le capitaine de la *Regina-Cœli* a vu massacrer tout son équipage, moins le chirurgien du bord. Il est d'ailleurs juste de reconnaître que les nègres qui se sont révoltés ont massacré les blancs à la suite d'une querelle, et sans obéir à des suggestions venues de la côte, ainsi qu'on l'a constaté. Le grief de la France envers Liberia se borne heureusement, pour l'État nègre, à lui reprocher les entraves que celui-ci, obéissant sans doute à des suggestions étrangères, met à l'engagement des noirs pour nos colonies. Cette situation, qui, il faut l'espérer, ne se prolongera pas, ne saurait nous rendre injustes à l'égard du Liberia, et nous empêcher de reconnaître les services que la Société de colonisation a rendus à l'humanité en fondant cet État noir.

Tandis que le gouvernement libérien s'oppose à l'engagement des nègres libres pour nos colonies, des citoyens du Liberia sont accusés de se prêter sous main à la traite. Dès 1851, un officier anglais, M. Frédéric Forbes, affirmait, dans l'*Anti-Slavery-Reporter*, que certains d'entre eux entretenaient des esclaves. Le président Roberts nia le fait avec une extrême indignation dans le *Liberia-Herald;* mais, fût-il réel et complétement démontré, on ne saurait en rendre responsable le Liberia tout entier et tirer de là un argument contre l'institution de cette république. Est-ce parce qu'entre les quinze mille noirs et mulâtres qui s'agitent et qui vivent sur ce sol, il en est qui ont conservé quelque chose de l'indolence primitive, est-ce même parce qu'il y en aura quelques-uns qui se seront faits complices de la traite, qu'il faudra les condamner tous? S'il est vrai que les hommes de couleur qui forment le noyau de la Société libérienne ont senti en eux se développer des aptitudes nouvelles, des instincts de travail et d'ordre; s'il est vrai qu'ils forment une Société régulière et respectable, que leur établissement ait été l'occasion de l'abolition de la traite sur presque toute la côte de Guinée, de tels faits justifient la création du Liberia et expliquent sa raison d'être. Pour ce qui concerne l'éducation complète, la civilisation absolue de la Société libérienne et des noirs sur lesquels elle peut réagir, ne soyons pas trop impatients; il n'y a pas si longtemps que l'expérience est commencée; elle est en bonne voie, laissons à l'avenir le soin de la compléter.

La république libérienne a déjà son satellite, le Maryland-in-Liberia. La Société de colonisation particulière de Baltimore, après avoir, dans l'origine, envoyé des contingents au Liberia, avait résolu, à la suite de quelques difficultés administratives, en 1831, de fonder une colonie particulière à côté de celle du cap Mesurada. Elle choisit pour créer cet établissement le cap Palmas, où s'élevèrent par ses soins deux bourgades. Après quelques années de vicissitudes et d'épreuves semblables à celles que le Liberia avait dû surmonter dans ses commencements, Maryland atteignit, vers 1837, un degré de prospérité convenable. Cette colonie vit aujourd'hui dans des conditions semblables à celles de sa voisine, si ce n'est que, fondée par un État soumis au régime de la tempérance, elle ne peut introduire chez elle ni rhum ni spiritueux. Sa population d'émigrants s'élève actuellement à mille ou douze cents hommes, et se recrute chaque années d'une soixantaine d'hommes de couleur. En 1854, elle a obtenu de vivre indépendante, comme le Liberia depuis 1847. A plus d'une reprise il a été question de l'annexer à ce dernier État; mais on ne s'est pas entendu encore, parce que le Liberia désire se l'adjoindre comme comté, tandis que le Maryland veut s'unir à titre d'État fédéré. Le commerce y porte sur les mêmes objets que l'État voisin. Dans l'année 1854-1855, les exportations se sont élevées au chiffre de 7,725 dollars, les importations à près de 30,000 dollars, et les droits de douane, c'est-à-dire le principal revenu public, à 2,242 dollars. Ces chiffres suffisent à témoigner de la prospérité et même de l'importance du Maryland-in-Liberia.

CHAPITRE XXII

HISTOIRE ET CHRONOLOGIE DES ÉTATS DU SOUDAN

Le royaume d'Ahir ou Asben. — Invasion des Fellani. — Résultats de leur conquête. — Le Bornou. — Le Bagirmi. — Le palais du souverain. — Les rois du Bagirmi. — Origine du Waday. — Ses rois. — Le Darfour et les États du Soudan oriental.

Il ne sera pas inutile, pour compléter cette série d'études sur l'Afrique, de réunir quelques notions sur l'histoire et sur la condition présente des États du Soudan. Ces renseignements ont été extraits des plus récentes relations de voyage, surtout de celle de Barth, qui a passé, comme nous l'avons vu, trois années au cœur de l'Afrique et pénétré dans les capitales des régions les plus centrales du Soudan, depuis l'Ahir jusqu'au Bagirmi.

AHIR OU ASBEN. — C'est aux limites du désert et du Soudan que se trouve situé le royaume d'Ahir ou Asben, dont la connaissance est pour ainsi dire une révélation nouvelle due aux explorations de Barth et de Richardson. On sait que le Sahara, qui forme un plateau et non une dépression entre les montagnes du littoral et le Soudan, est coupé d'oasis dont plusieurs ont une vaste étendue : de ce nombre sont le Fezzan, dont nous n'avons pas à parler, puisqu'il est une dépendance politique du Tripoli, et l'Ahir. Cet État, dont il n'y pas dix ans on ne connaissait guère que le nom, a été visité par Barth ; ce voyageur a pénétré dans sa capitale, Agadès, et y a noué des relations avec le souverain actuel, le sultan Abd-el-Kader. L'Ahir s'étend environ du 20° au 15° degré de latitude nord ; après Agadès, la ville principale est Tintellust, située plus au nord, et il faut sept jours à une caravane pour faire le trajet qui les sépare. Ce pays présente une succession alternative de riches vallées et de montagnes rocheuses, et les pluies torrentielles au mois de septembre indiquent qu'il appartient autant à la région du Soudan qu'à celle du désert. Les bœufs, les antilopes y abondent. On y voit en grand nombre des singes, des chacals, des lièvres, des pigeons, des cygnes. Les lions y sont de petite taille et sans crinière. Le sol est fertile : on y trouve des palmiers, des figuiers gigantesques, toutes les productions de l'Afrique intertropicale, et çà et là quelques champs de blé.

La capitale, Agadès, rendez-vous des caravanes qui vont des riches régions du Soudan, soit au Maroc, soit au Fezzan et au Tripoli, a joui d'une grande prospérité dont elle est déchue en grande partie aujourd'hui. Elle a été bâtie vers le quatorzième siècle par les Berbères, qui en firent l'entrepôt d'un commerce florissant avec

Tombouctou, Gogo, et plusieurs autres villes situées sur le Niger; mais les Touâregs, ces terribles hôtes du désert, ont ravagé toute la région, intercepté souvent les caravanes, et peu à peu ruiné la prospérité commerciale de la plupart des villes africaines. La population d'Agadès ne peut guère être évaluée aujourd'hui qu'à sept ou huit mille âmes; elle a dû être beaucoup plus considérable, si l'on en juge par l'étendue des quartiers aujourd'hui déserts et par ses soixante-dix mosquées, doit soixante sont abandonnées maintenant.

Le sultan d'Ahir, suzerain des Touâregs qui l'ont ruiné, est élu par ces turbulents vassaux, mais toujours pris dans une famille qui passe pour être originaire de Stamboul. Le souverain actuel, Abd-el-Kader, s'est montré peu favorable aux ouvertures que M. Barth lui fit de la part de l'Angleterre; il reçut le voyageur avec bienveillance, mais il refusa d'entrer en relation avec le gouvernement anglais. L'industrie de la ville consiste en objets de cuir, de sellerie, en menus ustensiles de bois d'un travail très-délicat; c'est le millet et diverses espèces de grains qui servent d'intermédiaire pour les échanges. Ce royaume d'Ahir, par sa situation dans le désert, entre les régions du Soudan et celles de la côte, peut un jour prendre un rôle important dans les relations que l'Europe est destinée à jouer avec l'Afrique, et l'empire des Fellani.

Fellani. — La portion du Soudan qui s'étend entre le Sénégal et les régions situées au sud du lac Tchad était occupée par divers royaumes, lorsqu'au commencement de ce siècle une race d'hommes, en partie étrangers par leur origine à l'Afrique, et qui depuis un temps immémorial, pasteurs et guerriers, vivaient confinés vers la côte occidentale, entre les sources du Sénégal et celles du Niger, déborda les régions qu'elle habitait et conquit successivement le Tombouctou, le Songhay, le Sokoto, l'Adamawa, et beaucoup d'autres pays de la même région. C'était sous l'impulsion de l'islamisme, auquel ils étaient récemment convertis, que ces hommes appelés Fellani, Fellatahs, Fulbé, Pulo, et de vingt autres noms, accomplissaient ces conquêtes, qui, contenues par les divers États voisins du Tchad, semblent arrivés à leur dernière période.

D'où sont venus ces hommes que leurs traits réguliers, leur teint bronzé plutôt que noir, ne permettent pas de confondre avec les indigènes africains? Ils se sont incorporé un grand nombre de tribus de l'Afrique occidentale, ainsi qu'on peut le voir par l'analyse ethnologique, et comme ces tribus, en s'amalgamant dans un commun ensemble, ont cependant conservé quelques restes d'individualité et vécu selon des fortunes diverses, il en résulte parmi les Fellani des divisions de castes. De ces tribus, quelques-unes forment une aristocratie dominante; les autres exercent diverses industries, celles de charpentiers, de cordonniers, de tailleurs, de chanteurs. Les tribus dominantes présentent d'assez remarquables rapports avec ces Yolofs de la côte que leur proximité avec notre colonie du Sénégal nous a fait bien connaître; mais d'où viennent-elles? L'ethnologie, s'appuyant sur quelques analogies de langage assez peu voisines et assez peu nombreuses, songeait à les identifier avec les races malaisiennes, qui, après avoir franchi la mer des Indes et Madagascar, auraient traversé tout le Soudan. Ce n'est là qu'une hypothèse fort douteuse; si ces hommes sont venus de l'est, c'est à une époque si ancienne, qu'il ne subsiste aucune trace de leurs migrations. La question d'origines est bien loin d'être résolue, et nous devons nous borner à étudier l'action présente des Fellani en Afrique.

État de Melli ou de Tombouctou. — Grâce à l'impulsion communiquée par l'enthousiasme religieux, cette action est aujourd'hui considérable. Lorsque les Fellani, débordant des lieux qu'ils occupaient, s'avancèrent en conquérants de l'ouest à l'est, ils rencontrèrent le puissant État de Melli ou de Tombouctou, qui a fait partie du Songhay. La ville célèbre qui en est la capitale, située sur un bras du Niger dans un terrain fertile, n'est pas fort ancienne; bâtie vers le douzième siècle de notre ère, elle conquit une grande importance commerciale cent cinquante ans après, lorsqu'un chef des tribus mandingues, qui s'étendent sur le haut Sénégal et le haut Niger, en eut fait la capitale de ses États. Les tribus bambaras, situées plus à l'est que celles des Mandingues, puis, à la fin du dix-septième siècle, un empereur marocain, s'en emparèrent successivement. Enfin, au commencement de ce siècle, les Fellani la conquirent. Toutefois les Maures défendirent assez vaillamment leur ancienne conquête : chassés pour un temps, ils firent un retour offensif à la suite duquel une sorte de compromis est intervenu entre les anciens et les nouveaux maîtres. Ceux-ci ont conservé le pouvoir politique, mais c'est parmi les premiers qu'est choisi le chef religieux. Il en résulte une rivalité permanente qui est une source de désordre et qui a beaucoup nui à la prospérité de la ville.

Toutefois sa belle situation sur le chemin des caravanes qui vont au Maroc, aux confins de l'Algérie, au Sénégal, dans tout le Soudan, lui assure encore une assez grande importance commerciale. Sa population a été estimée par Barth, son dernier visiteur, à vingt mille âmes. On sait que le gouvernement français désire vivement relier cette grande ville à nos possessions du Sénégal et de l'Algérie; mais ce n'est pas là une entreprise facile, car le chef fellani et le chef maure qui la gouvernent, ainsi que toute la population, paraissent avoir conçu de la France une grande crainte et sont peu disposés à donner accès à notre influence. Cependant, deux voyageurs français, MM. Duveyrier et Mac-Carthy, sont séparément partis dans l'intention de reconnaître le terrain; les dernières nouvelles les montraient l'un et l'autre aux confins du désert. Nous avons vu qu'un autre Français, M. Lejean, a pris aussi le chemin du Nil, avec l'intention de remonter jusqu'aux sources du fleuve.

A l'est de Tombouctou, en descendant le Niger et en

remontant son affluent le Binué, les Fellani ont conquis les anciens royaumes de Songhay, de Libtaka, de Sokoto et d'Adamawa; les villes ou marchés principaux de ces royaumes, qui ont dans leur dépendance des provinces et des tribus dont nous n'entreprendrons pas l'énumération, s'appellent Dore, Korsa, Sebba, Gogo, Say, Sokoto, Vourno, Gober, Gando, Katsena, Kano, Tasawa, Yacoba, Yola; les unes sont en décadence et appartiennent en partie à l'histoire du passé; les autres, au contraire, sont en pleine prospérité, car rien ne naît et ne meurt plus facilement que ces villes africaines.

Le chef de tout l'empire fellani, le sultan, qui a cru pouvoir prendre le titre ambitieux d'émir Al-Moumenim, s'appelle Aliyou; il est fils de ce Bello qu'ont fait connaître, il y a trente-cinq ans, les relations des voyageurs Denham et Clapperton, prédécesseurs de Barth et d'Overweg dans ces régions. C'est à Vourno, sur un affluent du Niger, et un peu à l'est de Sokoto, que ce sultan a fixé sa résidence, au grand détriment de cette dernière ville, qui, après avoir été longtemps, avec Kano, le premier marché de tout le Soudan, est aujourd'hui en décadence. Cependant elle compte encore vingt-cinq mille habitants, et son marché, situé dans une position centrale et communiquant avec celui d'Agadès au nord, et avec tout le bas Niger au sud, est encore très-richement approvisionné. Kano, située à peu près à égale distance entre le Niger et le lac Tchad, également favorisée par une admirable position, paraît être, sous le rapport commercial, la ville la plus florissante de tout l'empire; elle a hérité de l'importance que possédèrent longtemps Gaber, Katsena, et plusieurs autres villes de cette région que la guerre a en partie ruinées. Sa population, son activité, son industrie, l'extension donnée à l'écoulement de ses produits, n'ont cessé de se développer. Elle est située dans un pays fertile, alternativement couvert de bois et de riches cultures, où les villages populeux sont serrés les uns contre les autres. L'étendue de la ville est considérable à cause des champs et des cultures qui entourent les maisons ; celles-ci sont bâties en argile, de forme carrée, avec un étage surmonté d'une terrasse ; il y a aussi des huttes circulaires surmontées d'un toit conique. Le marché de Kano est abondamment fourni d'esclaves, de poudre d'or, d'ivoire, de sel, de natron, d'ouvrages en cuir, de coton, d'indigo ; la principale industrie de ses habitants consiste dans le triage du coton et dans la teinture. La population habituelle est de trente mille âmes, et elle est doublée de janvier en avril, dans la grande période d'activité commerciale, lorsque les caravanes affluent à Kano de toutes les parties du Soudan.

Dans les royaumes qu'ils occupent, les Fellani constituent une sorte d'aristocratie très-puissante qui s'est adjugé les emplois politiques et administratifs, plus une partie du territoire. Ils ont d'ailleurs laissé à la population indigène sa liberté et la faculté de s'enrichir par le commerce. Dans plusieurs contrées, notamment dans celles dont les populations étaient encore idolâtres, ils ont établi l'esclavage sur une très-large échelle. C'est ainsi que dans l'Adamawa, région particulièrement agricole, les riches propriétaires comptent leurs esclaves par milliers, et les grandes villes comme Yola qui possède environ douze mille habitants, sont entourées de forts villages autour desquels les esclaves cultivent le sol, élèvent des troupeaux; ils ont des chefs qui les dirigent et les surveillent.

État de Sokoto. — L'empire fellani ne forme pas un État compacte; les royaumes longtemps distincts et indépendants qui le composent sont séparément administrés par des gouverneurs, sorte de grands vassaux qui jouissent d'une liberté d'action presque complète, mais que cependant un lien hiérarchique rattache à l'émir Al-Moumenim de Sokoto. La conquête fellani a-t-elle été un bien pour toute la portion du Soudan occidental qu'elle s'est assujettie? C'est une question assez controversable, et qui peut-être demanderait, pour être résolue, des éléments que nous ne possédons pas encore; toutefois, en considérant le peu que nous pouvons entrevoir de ces régions lointaines, il semble que l'action de ces conquérants a dû être très-différente, selon les pays où elle s'est imposée : à ceux qui, avec l'islamisme, avaient déjà pris quelques rudiments de bien-être et de civilisation, elle a dû causer un sérieux préjudice, témoin la décadence de Gober, de Katsena, et de plusieurs villes jadis prospères; à ceux, au contraire, qui étaient plongés dans la plus complète barbarie, comme les idolâtres de l'Adamawa, peut-être a-t-elle apporté un peu d'amélioration relative.

Quoi qu'il en soit de l'influence exercée par ces hommes, on peut affirmer que, si l'Afrique intérieure ne trouve pas d'autre instrument de civilisation qu'eux et l'islamisme, elle est destinée à demeurer en retard. Le sultan Al-Moumenim a accueilli avec quelque faveur les ouvertures qui lui étaient faites par les voyageurs anglais et allemands pour nouer des relations avec l'Europe, et il a autorisé la résidence d'agents anglais à Kano et à Sokoto.

Bornou. — En s'avançant dans l'est, l'invasion fellani s'est arrêtée devant le royaume de Bornou, qui est parvenu à la repousser. Le Bornou a aujourd'hui pour capitale Kouka ou Koukawa. C'est l'État de l'Afrique centrale que nous connaissons le mieux, grâce aux relations de Clapperton et de Barth. Son souverain actuel prend simplement le titre de cheikh et s'appelle Omar. Sa famille, qui porte le nom générique de Kanemi, et qui succède aux dynasties des Kanuris, des Bulala, doit la haute position qu'elle a conquise a ses succès dans la guerre contre les Fellani : c'est elle qui les a repoussés du sol national; mais le cheikh Omar est bien loin de valoir son père Mohammed, qui fut le héros de cette guerre d'indépendance. C'est un prince de peu d'énergie, et il n'est pas impossible que d'ici à quelques années de nouvelles révolutions intestines ensanglantent le Bornou. En ce qui les concerne, les Européens n'ont eu qu'à se louer de ses procédés à leur égard; il les a accueillis avec une grande faveur, et il n'a cessé de les aider dans leurs entreprises[1].

BAGIRMI. — Il n'en est pas de même du souverain de cet État qui s'étend au sud-est du lac Tchad et sur la rive droite des grandes rivières Shary et Serbenel. Abd-el-Kader, c'est le nom de ce sultan, n'admit que très difficilement dans sa capitale, Maséna, M. Barth, le seul visiteur européen qui en soit jamais revenu. Cette ville n'occupe pas une circonférence moindre de sept milles; mais la moitié seulement de ce vaste espace est habitée; le reste, comme dans la plupart des villes africaines, est occupé par des jardins, des terrains vagues, et même par des lagunes qui tarissent ou débordent suivant la saison, et sont une cause permanente d'insalubrité. Le principal quartier est au centre de la ville et s'étend à l'est et au nord du palais du souverain.

Cette résidence consiste simplement en un groupe de huttes enclos d'un mur d'argile; cependant il y a une différence assez notable entre elle et les constructions analogues des autres villes soudaniennes : c'est que le principal mur d'enceinte est bâti en briques cuites au four, et non en briques séchées au soleil. Tout le palais n'est pas d'une date fort ancienne, la construction n'en remonte pas au delà d'une centaine d'années. Il a de

---

[1] Nous avons donné dans le chapitre XI une esquisse plus étendue de l'histoire du Bornou.

quinze à seize mille mètres de circonférence; à l'entrée se trouve une vaste cour découverte, avec une construction oblongue en argile, du côté de l'est, qui sert de salle d'audience; auprès se dresse une hutte où loge une sorte de gouverneur du palais; puis viennent les constructions composant les appartements particuliers du sultan. Toute la portion sud-est de l'enceinte du palais est consacrée aux femmes, qui, paraît-il, ne seraient pas moins de trois ou quatre cents; quelques beaux tamarins ombragent la cour au fond de laquelle se déroule l'entassement des huttes de toutes formes qui leur servent de demeures. Ces maisons d'argile recouvertes de nattes ne sont pas d'un vilain aspect; mais elles présentent si peu de sécurité dans la saison des pluies, que la plupart des indigènes préfèrent alors de simples cabanes de paille et de roseaux. Le marché n'est pas couvert; il est d'une petite étendue et assez mal approvisionné; la capitale du Bagirmi est bien loin d'avoir le mouvement, l'activité commerciale de Kano et des grandes villes africaines situées sur le Niger.

Le Bagirmi est un État de fondation assez récente. L'islamisme paraît avoir pénétré dans le Soudan au commencement du seizième siècle. A l'époque où Léon l'Africain visita la partie occidentale de cette région, les chefs, sinon les populations, l'avaient déjà adopté. Dans le courant de ce même siècle, une puissante nation païenne, les Tyniurs, sortant du Darfour et du Dongola, s'étendirent jusqu'à la rive orientale du lac Tchad, opposant à l'islamisme une barrière momentanée. Quand cet empire, qui dura peu de temps, vint à se morceler, trois royaumes en sortirent : le Bagirmi, dont le territoire avait autrefois dépendu du Bornou, le Waday et le Darfour. Ce fut à la suite d'une immigration nouvelle, conduite par le chef Dokhengé, et venue, disent des traditions, de l'Yemen, mais, originaire, suivant toute vraisemblance, de contrées africaines peu éloignées du Bagirmi, que cet État prit une grande extension. Deux des fils du chef Dokhengé, Mala et Abd-Allah, se disputèrent le trône ; celui-ci, après diverses vicissitudes, resta victorieux ; il se convertit à l'islamisme, et fut le premier prince musulman. Voici les noms de ses successeurs : Wonsa, Laweni, Bugomanda, Mohammed-el-Osmin, le chef le plus glorieux de cette dynastie. Il accomplit un pèlerinage à la Mecque, se fit respecter de ses voisins, conquit plusieurs provinces et, ce qui est bien plus rare dans ces contrées, mérita d'être loué pour sa justice. Cette prospérité ne dura pas; son fils Abd-el-Rhaman, au milieu de dissensions intestines compliquées de guerres extérieures, fut obligé d'admettre la suprématie du Waday et de payer au terrible Sabim, tous les trois ans, un tribut de cent esclaves mâles, trente belles esclaves femelles, cent chevaux, mille derketus, sorte de tunique en usage dans ce pays.

Mohammed-el-Kanemi, le fondateur de la dynastie actuelle du Bornou, pensa alors que le moment était favorable pour reconquérir l'ancienne suprématie que le Bornou avait jadis possédée sur les territoires qui forment le Bagirmi, et il ravagea tout le nord-ouest de ce royaume. Malgré tant de revers, Othman parvint à repousser, vers le même temps, une invasion des Fellani et à laisser le trône à son fils, le sultan actuel Abd-el-Kader. Il avait été sanguinaire, et on dit qu'il prit pour femmes une de ses filles et une de ses sœurs. Le nouveau souverain a commencé à régner en 1844; il a été obligé de confirmer le traité qui subordonne le Bagirmi au Waday, et de plus il paye un tribut annuel de cent esclaves au cheikh Omar, le chef du Bornou. Ainsi assuré sur ses frontières de l'est et de l'ouest, le sultan Baghirmien s'occupe à chercher des compensations dans le Sud; il fait la guerre aux nations païennes, leur impose des tributs d'esclaves. Il paraît plus raisonnable et plus juste que son père, mais fort peu libéral. Le peuple du Bagirmi ne supporte qu'avec la plus grande impatience la sujétion qu'il subit vis-à-vis de ses deux voisins, surtout du Waday, et il est bien probable que de nouvelles guerres ne tarderont pas à ensanglanter les bords du Tchad et à troubler l'équilibre soudanien.

WADAY. — Nous venons de dire comment l'empire païen de Tyniur, en se dissolvant, donna naissance au Baghirmi, au Waday et au Darfour. Ce fut vers le milieu du dix-septième siècle que les régions qui ont formé le Waday se détachèrent, et c'est un nommé Wada qui passe pour le fondateur de cette nationalité. Son petit-fils, Abd-el-Kerim, embrassa l'islamisme et étendit beaucoup sa puissance. Le fils et successeur de celui-ci, Kharus, bâtit la capitale actuelle au Waday-Wara, nom qu'elle doit à sa position et qui signifie « la ville entourée de hauteurs. » Après lui régnèrent Kharif, Yakuf-Arus, qui tenta une expédition malheureuse contre le Darfour; puis un second Kharus, qui régna quarante ans dans la paix et la prospérité. Vient ensuite Yeda, dit Kharif-el-Tunan, surnommé Sulé (le Sauveur), parce qu'il délivra son pays d'une invasion qui faillit l'anéantir. A partir de ce moment, le Waday, respecté et puissant, prit encore un autre nom : celui de Dar-Suley. Kharef-el-Tunan conquit sur le Bornou la province de Kanem, qui est située au nord du Tchad; son fils, Saleh, dit Derret, fit périr un grand nombre d'ulémas, dont l'influence lui semblait menaçante pour son autorité. Son fils, Abd-el-Kerim, dit Sabun, se révolta, le tua et se mit à sa place. Cet événement se passait vers 1805.

Ce nouveau chef, qui montait sur le trône souillé du sang de son père, fut cependant, au dire des traditions locales, un des plus sages et des plus glorieux souverains de ces régions; il battit les Bagirmiens, qui étaient beaucoup plus avancés en civilisation que leurs voisins, les rendit tributaires, leur enleva des vêtements, de l'argent et du corail de quoi faire la charge de cinq chameaux, puis il tenta d'ouvrir des communications entre le Waday et les ports de la Méditerranée. A sa mort, survenue en 1825, ses fils se disputèrent son héritage : Ysuf, dit Psharefagin, demeura en possession du trône. Sa mère le tua vers 1830, pour lui substituer un enfant qui ne vécut pas. Alors la royauté échut a une branche latérale. Le nouveau souverain, Abdul-el-Aziz défit, à la grande bataille de Burtay, la puissante tribu de Kondonga ; mais le vainqueur ne tarda pas à mourir de la petite vérole, laissant un fils en bas âge qui fut détrôné, et un nommé Mohammed-Saleh, se prétendant frère du glorieux Abd-el-Kerim-Sabun, s'empara du pouvoir avec l'aide du sultan de Darfour, en 1842. Il a transporté le siége du gouvernement de Wara à Abeshr, localité peu considérable, située à vingt milles plus au sud. Son règne a été rempli par des guerres extérieures et intestines ; il a tenté une entreprise contre le Bornou, dont le grand cheikh Mohammed-el-Kanemi avait ressaisi la province de Kanem. Vainqueur d'abord, il a subi une double défaite à Pusuré et sur les bords du Shari. En 1852, l'aîné de ses fils, Mohammed, s'est révolté ; il a battu en 1853 son père et ses frères, massacré beaucoup des principaux du pays, et s'est de la sorte installé sur le trône. C'est chez cette brute que le malheureux Vogel a pénétré et qu'il a, suivant toute probabilité, trouvé la mort. Aucun Européen ayant entrepris de visiter Wara n'en est encore revenu.

DARFOUR.—Nous sommes bien loin d'avoir sur cet État les mêmes renseignements historiques que sur le Waday, dont il est limitrophe. Nous savons qu'il est, comme ses deux voisins de l'ouest, sorti d'un démembrement de l'empire des Tyniurs, et ce fut la partie qui s'en détacha la première; un certain Pruro battit les conquérants, secoua leur joüg, et fonda la dynastie des rois fôriens vers le milieu du dix-septième siècle. Son deuxième successeur fut le premier roi musulman de cet État, et il fut lui-même remplacé par Musa, qui, dans un âge avancé, repoussa une invasion des Wadayens. Le sultan qui aida Mahomet-Saleh à s'emparer du pouvoir au Waday, en 1842, s'appelait Mahomet-Fadhl; on ignore s'il règne encore aujourd'hui. Les places connues du Darfour sont Probeyh et Tendelty; cette dernière, qui est la capitale, a été visitée il y a une vingtaine d'années par un voyageur musulman, le cheikh Mahomed-el-Tounsy. Elle est devenue résidence royale à la fin du dernier siècle, sous le sultan Abd-el-Rhaman-el-Yatim. C'est une assez grande place, située dans une plaine sablonneuse que traverse un torrent, les huttes, faites de tiges de plantes et de branches d'arbres, ont une forme cylindrique ou conique, et elles sont entourés de haies épineuses destinées à les protéger contre les bêtes sauvages. Le palais du sultan est un amas de huttes, entourées de fortes haies et de murs. D'ailleurs, c'est la même physionomie que pour les villes africaines que nous avons déjà décrites.

Le Kordafan, le Sennaar, le Dar-Fertit, la Nubie et les autres régions qui bordent les deux Nils, dépendent de l'Égypte; quant à l'Abyssinie, elle est trop connue aujourd'hui, grâce à ses nombreux visiteurs, pour que nous ayons à raconter son histoire. Le roi actuel de Tigré et de Gondar s'appelle Théodore. On l'appelle en Afrique le Charlemagne du Soudan. Cependant sa domination n'est pas partout solidement assise, car une correspondance d'Aden, datée de juillet 1859, signalait un envoi clandestin de vingt mille fusils du Caire dans l'intérieur de l'Abyssinie, destiné, selon toute probabilité, à favoriser les insurrections. Les relations viennent d'être renouées par le gouvernement français avec ce souverain. Notre compatriote, M. Guillaume Lejean, dont nous avons mentionné le voyage au Nil, s'apprête à aller se fixer auprès du roi abyssin en qualité de consul de France.

CHAPITRE XXIII

L'ISTHME DE SUEZ

Intérêt qu'y trouveront la France et l'Angleterre. — Leur rivalité sur ce sujet. — Ancienne histoire de l'isthme. — Les Pharaons. — Les Lagides. — Les califes. — Les pèlerins du moyen-âge, les chars du Pharaon et les greniers de Joseph. — Premiers essais de M. de Lesseps. — Mauvais vouloir. — Péripéties de trois années. — Succès prochain et manifeste.

Parmi toutes ces questions relatives à l'Afrique, à son passé, à son état présent et à son avenir. Il y en a une qui domine toutes les autres : c'est le percement de l'isthme de Suez, grande entreprise accomplie autrefois par les Pharaons et les Phéniciens, reprise ensuite par les Lagides, et de plus en plus riche en promesses qui ne sauraient être déçues. Une lutte, à demi cachée, mais persistante, s'est engagée, à son sujet, dans ces dernières années, et dure toujours entre les deux nations que leur commerce, le rayonnement de leur industrie et de leur civilisation intéressent le plus à cette question dans le monde.

L'Angleterre, cette vaste et puissante maison de commerce, merveilleusement organisée pour l'absorption de tous les grands marchés du globe, dirigée par une collection d'associés qui souvent se détestent, mais qui savent que la première condition d'une bonne maison est la sérieuse entente et la solidarité des marchands unis par de communs intérêts, l'Angleterre, qui voit ses grandes îles jetées dans un coin de l'Europe relativement reculé, tandis que Gênes, Trieste, Marseille surtout, qu'elle exècre, seront sur l'isthme même, sacrifie volontiers le temps qui, de nos jours, est si précieux, et l'argent qu'elle aime avec passion, pour empêcher les autres de s'enrichir.

Cependant que d'intérêts vastes et puissants elle-même n'a-t-elle pas dans l'accomplissement de ce grand travail! Le voici réalisé, et elle est à brève distance de l'Inde, rapprochée de Maurice, du Cap, de Ceylan, de la Chine et surtout de son Australie et de sa Nouvelle-Zélande. Pauvres indigènes, eux seuls n'y gagneront pas, et l'isthme pourra devenir un instrument plus actif encore pour hâter leur destruction. Le percement de l'isthme transporte l'île anglaise au milieu du Pacifique et de la mer des Indes. Qu'on perce ensuite l'isthme américain et, de ses deux mains, elle touche les deux bouts du monde. Quelques jours suffisent à la traversée du globe, et alors quel prodigieux débit de coton, de nouveautés de Birmingham et de Manchester! Les machines anglaises en grincent de joie.

Cette entreprise, que l'Angleterre détourne et repousse, c'est la France qui la protége, et à cela rien que de simple et de naturel : quand une grande idée se produit par le monde c'est à la France qu'elle revient de droit, elle est sa part. Outre cela, son désintéressement n'est pas complet. Ces avantages, que l'Angleterre trouve en si grande abondance, elle les partage, certes à un degré infiniment moindre. Mais Marseille, ses autres ports de la Méditerranée, l'Algérie sont mis en contact immédiat avec l'extrême Orient; la Réunion est à ses portes, et aussi la grande île jadis française, Madagascar; ses nouvelles possessions de Cochinchine, les intérêts qu'elle développe en ce moment en Chine et au Japon, l'Australie, avec laquelle elle fait un grand commerce de laines, le monde entier est là devant elle, ouvert.

La France, intelligente et courageuse, a senti cela quand, en 1859, elle a couvert presque à elle seule la liste de souscriptions que M. Ferdinand de Lesseps, le hardi entrepreneur, le persévérant ouvrier de cette grande tâche, trompé par l'Égypte, repoussé par la Porte, entravé par l'Angleterre, a ouverte à tout ce qui pense et regarde autour de soi à travers le monde.

Avant de nous arrêter à cette entreprise, qui, peu à peu, surmonte tous les obstacles, parlons de ce que fit à Suez l'antiquité. Ce fut le Pharaon Néchao qui conçut le dessein, 615 ans avant J. C., d'unir les eaux rouges du golfe Arabique aux flots bleus de la Méditerranée, à ces confins où l'Afrique et l'Asie mêlent leurs sables. Il fit entreprendre un canal qui devait joindre la ville de Suez au bras le plus oriental du Nil. Près d'accomplir son œuvre, il écouta les prêtres de l'Égypte, qui vinrent lui dire que les eaux de la mer Rouge, bien supérieures de niveau à celles de la Méditerranée, se précipiteraient sur le Delta, inonderaient les champs fertiles, bouleverseraient ses villes, et feraient périr l'Égypte sous un effroyable cataclysme.

Darius, fils d'Hystaspes, fut moins circonspect; il ouvrit le canal, et les eaux de la mer Rouge se précipitèrent à travers les trente lieues du désert, portant le commerce, l'industrie, la vie, et n'inondant rien. Le vieil Hérodote, ce curieux charmant qui visita toutes les merveilles, ce délicieux narrateur de tant de grands voyages, navigua sur le détroit, où passaient, rames dehors, deux trirèmes. On mettait quatre journées à faire le trajet. Le point de jonction avec la branche du Nil qui passe à Péluse se trouvait à l'ancienne Bubaste, un peu au nord de l'emplacement actuel du Caire, sur la rive orientale du Nil, *Bubasteis sacra*.

Les Lagides reconstruisirent ce canal, qui avait été délaissé et comblé par les sables sous les derniers rois persans. L'empereur Adrien le restaura au deuxième siècle de notre ère. Les tourbillons de sable entraînés par le vent le remplirent de nouveau, et il resta intercepté jusqu'à la conquête de l'Égypte par Amrou, lieutenant d'Omar. Ce fut ce calife, dans le désir pieux d'établir de fréquentes relations entre la sainte Mecque et la vallée du Nil, qui entreprit le rétablissement de l'œuvre des Pharaons. Cette fois, son point de jonction avec le Nil fut rapproché du Caire, alors Babylone, pour accroître la pente et le volume des eaux qui devaient l'alimenter, et il subsista pendant un siècle et demi sous le nom de *canal du Commandeur des croyants*. Ces travaux furent insuffisants encore à le protéger contre les sables qui l'avaient tant de fois détruit. Le calife Almanzor y fit interrompre la navigation pour empêcher qu'on ne portât des vivres à Mohammed-ben-Abdoullah, chef des Alides révoltés en Arabie, l'an 762 de notre ère. L'œuvre restaurée par Omar fut tellement anéantie, les vestiges de canal s'effacèrent si complétement que son existence a pu être discutée et qu'elle serait demeurée incertaine sans les textes et les traditions de l'antiquité.

Il semble cependant que cette ruine n'ait pas été complète encore au sixième siècle de notre ère. Un texte de Grégoire de Tours rapporte qu'à l'extrémité d'un bras de la mer Rouge qui se terminait en étang se trouvait une ville appelée Clysma, bâtie dans ce coin reculé, non pour la fertilité du sol, car il n'en est pas de plus stérile, mais à cause de l'opportunité de son port, qui reçoit les marchandises de l'Inde et les distribue par toute l'Égypte. Il est vrai que notre chroniqueur n'établit pas précisément que ces marchandises naviguassent de la mer Rouge jusqu'à la Méditerranée.

Nombre de pèlerins, à ces temps du moyen âge, venaient visiter l'étroit passage qui de l'Égypte mène en Palestine ; ce qu'ils y venaient chercher, ce n'étaient pas les vestiges du canal qui avait uni deux mondes ; ils venaient regarder d'un œil croyant, les traces des roues du char de Pharaon, nettement imprimées encore sur le sable au fond de la mer, et admirer ces grands greniers que Joseph, fils de Jacob, avait fait bâtir au bord du Nil dans sa sage prévoyance, pour y entasser du blé, pendant les sept années de la disette.

C'était à notre âge de civilisation et d'immense extension commerciale qu'il appartenait de reprendre cette œuvre puissante des anciens jours. M. Ferdinand de Lesseps, qui s'est dévoué à cette tâche, obtint en 1854, de Saïd-Pacha, vice-roi d'Égypte, un firman lui accordant le pouvoir exclusif de constituer et de diriger une compagnie pour le percement de l'isthme de Suez, au moyen d'un canal de navigation se reliant au Nil. Le vice-roi ajoutait seulement que la concession devait être ratifiée par le sultan. Pendant deux années le temps se consuma en négociations pour obtenir cette concession à laquelle l'Angleterre, jalousement cachée derrière le sultan, s'opposait. Voici quelles étaient les objections de lord Palmerston, qui s'est fait avant tous le défenseur de cet esprit d'exclusion : influence exclusive, presque occupation de l'Égypte par la France; indépendance de l'Égypte par rapport à la Turquie; menaces pour les Indes anglaises; impossibilités matérielles, ruine complète des actionnaires.

Il était sans doute très-touchant de voir l'Angleterre prendre tant à cœur les intérêts des actionnaires. Mais M. de Lesseps est en train dans ce moment même de lui démontrer que les impossibilités matérielles du moins sont une objection qui n'a pas la plus petite valeur. Palmerston défendit devant le parlement ses raisons avec une vive énergie ; lord John Russel et sir Gladstone le combattirent en vain, la majorité lui donna raison par un vote de 290 voix contre 60. En même temps sir Henri Bulwer, ambassadeur auprès de la Porte, encourageait la résistance du gouvernement ottoman.

Alors M. de Lesseps en appela au public : il ouvrit une souscription de 20,000,000 francs qui fut, pour la plus large part, couverte par des capitaux français. Un matériel considérable fut acquis et expédié en Afrique avec un nombreux personnel d'ingénieurs, d'administrateurs, d'ouvriers. Le gouvernement français, qui jusque-là s'était tenu entièrement neutre, voyant de grands intérêts nationaux engagés, crut devoir veiller à leur protection, et M. de Lesseps ouvrit les travaux avec solennité, le 25 avril 1859.

Alors intervint la guerre d'Italie ; la Porte, au début, se rapprocha de l'Angleterre, se montra de plus en plus hostile aux projets de la France. L'Angleterre envoya sa flotte à Alexandrie. Cependant les travaux continuèrent comme études préparatoires. Survinrent les préliminaires de Villafranca ; cette nouvelle rattacha le sultan à la France, et l'escadre anglaise quitta avec un vif désappointement Alexandrie, pour retourner à Malte.

Mais voici que, sur un retour offensif de sir Bulwer, le vice-roi déclare absolument, le 1ᵉʳ novembre, qu'il s'oppose au percement, qu'il faut évacuer l'isthme, et qu'on enlève les chantiers ou qu'il les fera supprimer de force. L'administration protesta contre cette décision, qui l'entraînait dans des pertes de matériel considérables. Heureusement le gouvernement français intervint, les affaires se rétablirent peu à peu. Depuis, les travaux ont subi de fréquentes interruptions, ils ont marché au milieu d'alternatives incessantes de cessation et de reprise. Enfin, les voici qui viennent d'aboutir à un excellent résultat : le canal d'eau douce indispensable à l'activité des travaux comme à l'alimentation des travailleurs vient d'être achevé et ouvert ; il part du Nil et aboutit à la mer Rouge. C'est un pas immense. M. de Lesseps et les administrateurs l'ont célébré dans un banquet où ils ont bu à l'ouverture du monde, aux progrès toujours croissants de l'industrie, à la France qui a entrepris et qui poursuit courageusement l'entreprise, à l'Empereur qui la protége. Un an ou deux encore, et nous naviguerons sur le détroit qui porta jadis les Pharaons, les rois perses et les califes musulmans ; le monde s'ouvrira largement à l'Europe. Nous aimons à fermer notre livre sur cette perspective d'une union si prochaine entre les éléments les plus lointains des civilisations, à travers cette Afrique, si compacte, si obscure, si mal découpée, si longtemps sauvage, qu'un tel progrès rapprochera des autres grandes parties du monde.

FIN

TABLE DES CHAPITRES

Préface.. 1

CHAPITRE PREMIER
LE NIL BLEU

Bruce et le Nil Bleu. — Khartoum. — Expéditions de Méhémet-Ali. — Le Sennaar. — Le voyageur français Cailliaud. — Le Fazogl. — Hospitalité sennâarienne. — La rivière Toumat. — Les voyageurs Kovalewski, Rochet d'Héricourt, Th. Lefebvre. — L'Abyssinie. — Les Gallas. — Les derniers explorateurs allemands.. 7

CHAPITRE II
LE NIL BLANC

Les frères d'Abbadie. — Expéditions de Selim-Bimbachi, de M. d'Arnaud. — Les Berry, les Bary, et les autres peuplades riveraines du Nil. — Les affluents du haut Nil. — Derniers explorateurs : le docteur Peney. — Tentatives du vice-consul anglais Petherick. 31

CHAPITRE III

LES MONTAGNES NEIGEUSES DE L'ÉQUATEUR

La côte de Zanzibar. — Stations du culte évangélique. — Les montagnes du Tagga. — Le Kilimandjaro. — Le Kénia. — Le roi d'Ousambara. — Dernières explorations. — Le docteur Peney. — M. G. Lejean. 48

CHAPITRE IV

L'AFRIQUE AUSTRALE

Les chasseurs — Les missionnaires. — Premières explorations de Livingstone. — Le lac N'gami. — La mouche tsé-tsé. — Peuples de ces régions. — Le haut Zambèse. — Le voyageur Andersson. — Animaux. — Le désert de Kalahari. — Les Bushmen. — Productions et topographie de l'Afrique australe.. 68

CHAPITRE V

DERNIÈRES EXPLORATIONS DANS L'AFRIQUE AUSTRALE

Le Zambèse. — Produits de ses bords. — Le lac Shirwa. — L'ancien lac Maravi ou Nyassa. — La rivière Shiré. — La cataracte Victoria. — Le Rowuma. — Le Suédois Andersson dans l'Okavango. — Les voyageurs Hahn et Rath sur l'Owampo.. 95

CHAPITRE VI

LE NIGER ET LA TCHADDA

L'expédition de la Tchadda ou Binué. — Les royaumes noirs. — Entrevue avec le roi d'Igara. — Les Fellatahs ou Pulo. — La ville d'Ojogo. — Les sauvages Mitshi. — Le pays d'Hamaruwa. — Retour de la *Pleiad*. — La ville sainte d'Aro. — Croyances indigènes. — Nouvelle expédition du docteur Baikie en 1859 et 1860 sur le Niger. 102

CHAPITRE VII

LA TERRE DE LA LUNE ET SES HABITANTS

Les capitaines Burton et Speke se préparent à pénétrer dans l'Afrique intérieure. — Excursions le long de la côte. — Le fleuve Pangani. — — Peuples divers. — Départ pour l'intérieur. — Les Ghâtes africaines. — La ville de Kazeh. — L'Unyamwezi, terre de la Lune. — Histoire. — Climat. — Sa population. — Le *tembé*. — *L'ivanza*. — Le *pombé*. — Variété des aliments. — Passion des indigènes pour la chair et pour le sucre.. 125

CHAPITRE VIII

LES INDIGÈNES DES BORDS DU LAC — L'ESCLAVAGE

Faune africaine. — Le singe *mbéga*. — Aspect du lac Tanganyika. — Ujiji. — L'esclavage. — Rapt des enfants. — Les Wajiji. — Les races de l'Unyamwezi, les Wakimbu et les Wanyamwezi. — Industrie. — Usages. — Le mariage. — Funérailles. 144

CHAPITRE IX

LES LACS TANGANYIKA ET NYANZA

Difficultés de l'exploration du lac. — Les embarcations indigènes. — Le pays d'Urundi. — Wafanya. — Populations anthropophages. — Le nord du lac. — L'Uvira. — Le lac Nyanza. — Retour des voyageurs. — MM. Roscher et de Decken. — Le voyageur du Chaillu à la côte occidentale. 162

CHAPITRE X

LE DÉSERT

Anciennes explorations. — La régence de Tunis. — Excursion autour de Tripoli. — Monuments romains. — Les wadis. — Aspect du désert. — Une église romane dans l'oasis de Mizda. — Les Touaregs. — Danger que court Barth. — L'oasis de R'at. — L'État d'Agadés. — Le sultan Abd-el-Kader.. 177

CHAPITRE XI

LE LAC TCHAD

Hausas et Kanuris. — Séparation des voyageurs. — La ville de Katsena. — Kano. — Industrie indigène. — Conquêtes des Pulo — Mort de

Richardson. — Le Bornou et sa capitale. — Kukawa. — Le sultan et son vizir. — Le lac Tchad. — Histoire du Bornou. 210

CHAPITRE XII

LES RÉGIONS CENTRALES DU SOUDAN

L'Adamawa et sa capitale Yola. — Le Binué et le Faro. — Leur utilité prochaine pour les relations de l'Afrique intérieure. — Entrevue de M. Barth avec le cheikh d'Adamawa. — Retour au Bornou. — Exploration des bords du Tchad. — Produits de ces contrées. — Chasse aux esclaves dans le Mandara. — Les affluents du Tchad. — Voyage au Bagirmi. — Mort d'Overweg. 228

CHAPITRE XIII

LE NIGER ET TOMBOUCTOU

État des connaissances sur le Niger à l'arrivée de Barth. — La ville de Sokoto. — Villes riveraines du Niger. — Arrivée à Tombouctou. — La ville au seizième siècle et aujourd'hui. — Séjour du voyageur. — Retour au Bornou. — Arrivée de Vogel. — Sa mort. — Recherches du comte Heuglin. 251

CHAPITRE XIV

DE L'ALGÉRIE AU SÉNÉGAL PAR TOMBOUCTOU

Essais de M. Duveyrier. — Son exploration à R'adamès. — L'interprète Bouderba à R'at. — Le Sénégal. — Améliorations produites par le gouverneur Faidherbe. — Extension de la domination française. — Explorations des régions environnantes. — Le Gabon et la Haute-Cazamance. 268

CHAPITRE XV

TAMATAVE ET LA CÔTE MALGACHE

Droits de la France sur Madagascar. — Isolement de cette grande île. — But du voyageur Ellis. — La société indigène. — L'*ouvirandra fenestralis*. 281

CHAPITRE XVI

L'ILE DE FRANCE

Port-Louis. — Population. — Variété des habitants. — Les enseignes françaises. — La tombe de Paul et de Virginie. — Les coolies. — Les Chinois. — Satisfaction accordée à la reine Ranavalo. — Réouverture de Madagascar. . . . \. 293

CHAPITRE XVII

LE LITTORAL

Retour de M. Ellis à Tamatave. — Le renouvellement de l'année. — Banquet solennel. — Usage de la photographie. — Le marché de Tamatave. — L'aye-aye. — Produits indigènes. — Le bétail de Madagascar. — Forêts et marécages du littoral. — Voyage le long de la côte. . 303

CHAPITRE XVIII

LES PRINCES ET LA CAPITALE

Préparatifs de départ pour la capitale. — Un télégraphe électrique.— Cérémonie funèbre en l'honneur du Français M. de Lastelle. — Le trajet. — Respect des indigènes pour les ancêtres. — Domination des Hovas. —Atanarive.— Le palais.— Résidence de M. Ellis.— Le prince Rakout-Radama et la princesse Rabodo. — Fêtes de réception. — Entrevue avec la reine. — Départ du voyageur. 317

CHAPITRE XIX

LA FRANCE ET L'ANGLETERRE A MADAGASCAR

Caractère de la population. — Droits de la France sur Madagascar. — Rôle qu'elle peut y remplir. — Prétentions de l'Angleterre. — Caractère du règne de Ranavalo. — Sa mort. — Son successeur Radama II. — Mesures prises auprès de lui par l'Angleterre. 340

CHAPITRE XX

CONDITION ET AVENIR DES INDIGÈNES AFRICAINS

Esquisse de l'histoire géographique de l'Afrique. — Les nègres sont-ils susceptibles de civilisation?... — Haïti. — Le Liberia. — État intellectuel du nègre. — Légendes de malédiction. — Moyens d'amélioration. — Rôle de la France en Afrique. 352

CHAPITRE XXI

EXPÉRIENCES SUR LES NOIRS — LE LIBERIA

Expériences en faveur des noirs. — Fondation de la république libérienne. — Population. — Mouvement commercial. — Une exposition de l'industrie à Monrovia. — Griefs de la France contre Liberia. — Affaire de la *Regina-Cœli*. — M. Stephen-Allen-Benson, président. 363

CHAPITRE XXII

HISTOIRE ET CHRONOLOGIE DES ÉTATS DU SOUDAN

Le royaume d'Ahir ou Asben. — Invasion des Fellani. — Résultats de leur conquête. — Le Bornou. — Le Bagirmi. — Le palais du souverain. — Les rois du Bagirmi. — Origine du Waday. — Ses rois. — Le Darfour et les États du Soudan oriental. 377

CHAPITRE XXIII

L'ISTHME DE SUEZ

Intérêt qu'y trouveront la France et l'Angleterre. — Leur rivalité sur ce sujet. — Ancienne histoire de l'isthme. — Les Pharaons. — Les Lagides. — Les califes. — Les pèlerins du moyen-âge, les chars du Pharaon et les greniers de Joseph. — Premiers essais de M. de Lesseps. — Mauvais vouloir. — Péripéties de trois années. — Succès prochain et manifeste. 395

FIN DE LA TABLE

LIBRAIRIE ACADÉMIQUE DIDIER ET Cie

35, QUAI DES GRANDS-AUGUSTINS

BIBLIOTHÈQUE ACADÉMIQUE
Format in-12.

GUIZOT.

Œuvres de M. Guizot, 23 vol.	80 50
Histoire de la révolution d'Angleterre. Nouvelle édition, 6 vol. en 3 parties, comme suit :	
— Histoire de Charles Ier, depuis son avènement jusqu'à sa mort, précédée d'un discours sur la Révolution d'Angleterre. 2 vol.	7 »
— Histoire de la République d'Angleterre et d'Olivier Cromwell. 2 vol.	7 »
— Histoire du Protectorat de Richard Cromwell et du rétablissement des Stuarts. 2 vol.	7 »
Monk, *chute de la République*, nouvelle édition. 1 vol.	3 50
Portraits politiques des hommes des divers partis de la Révolution d'Angleterre. Nouv. édit. 1 vol.	3 50
Sir Robert Peel, étude d'histoire contemporaine. Nouv. édition. 1 vol.	3 50
Histoire des origines du gouvernement représentatif et des institutions politiques de l'Europe. Nouv. édit. 2 vol.	7 »
Essais sur l'histoire de France. 10e édition. 1 vol.	3 50
Histoire de la civilisation en Europe et en France. Nouvelle édition. 5 vol.	17 50
Histoire de la civilisation en Europe depuis la chute de l'Empire romain jusqu'à la Révolution française. 1 vol.	3 50
Méditations et études morales. Nouvelle édition. 1 vol.	3 50
Corneille et son temps, étude littéraire. Nouvelle édition. 1 vol.	3 50
Abailard et Héloïse. Essai historique par M. et Mme Guizot, suivi des Lettres, trad. d'Oddoul. 1 vol.	3 50
Études sur les beaux-arts en général. Nouvelle édition. 1 vol.	3 50
Discours académiques, suivis d'autres Discours et d'Essais littéraires. Nouvelle édition. 1 vol. in-12 (*Sous presse*).	
Histoire de Washington et de la Fondation de la République des États-Unis, par M. C. de Witt, avec une Introduction par M. Guizot. Nouvelle édition. 1 fort vol., avec carte.	2 50
Ménandre. Étude historique et littéraire sur la Comédie et la Société grecques. *Ouvrage couronné par l'Académie française*, 1 vol. avec portr.	3 50

BARANTE.

Histoire des ducs de Bourgogne, de la maison de Valois. Nouvelle édition, *illustrée* de 40 jolies vignettes. 8 vol.	28
Tableau littéraire du XVIIIe siècle. Nouvelle édition. 1 vol.	3 50
Études historiques et biographiques. 3e édit. 2 vol.	7 »
Études littéraires et historiques. 3e édit. 2 vol.	7 »
Vie politique de M. Royer-Collard, ses discours et ses écrits. Nouvelle édition. 2 vol. (*Sous presse*).	

MIGNET.

Charles-Quint, son abdication et sa mort, etc., 4ᵉ édit., 1 vol 3 50
Histoire de la Révolution française depuis 1789 jusqu'en 1814.
    8ᵉ édit. 2 vol .... 7 »

VILLEMAIN.

Œuvres de M. Villemain. 14 vol .... 49 »
La République de Cicéron, traduction accompagnée de Discours
    et de Suppléments historiques. Nouvelle édition. 1 vol 3 50
Choix d'études sur la littérature contemporaine, et
    Rapports académiques. Nouvelle édition. 1 vol 3 50
Discours et mélanges littéraires. Nouvelle édition. 1 vol 3 50
Études de littérature ancienne et étrangère. Nouvelle édit. 1 vol. 3 50
Études d'histoire moderne. Nouvelle édition. 1 vol 3 50
Tableau de l'éloquence chrétienne au IVᵉ siècle, précédé
    d'une Étude sur la décadence du Polythéisme. Nouvelle édition. 1 vol. 3 50
Cours de littérature française. 6 vol .... 21 »
— Tableau de la littérature au XVIIIᵉ siècle. 4 vol .... 14 »
— Tableau de la littérature du moyen âge. 2 vol .... 7 »
Souvenirs contemporains d'Histoire et de Littérature. 2 vol ..... 7 »
— 1ʳᵉ partie : M. de Narbonne, etc. Nouvelle édition. 1 vol 3 50
— 2ᵉ partie : Les Cent-Jours. Nouvelle édition. 1 vol 3 50

V. COUSIN.

Du vrai, du beau et du bien. 8ᵉ édit. 1 vol 3 50
Introduction à l'histoire de la philosophie (cours de 1828).
    Nouvelle édition. 1 vol 3 50
Histoire générale de la Philosophie (cours de 1829). Nou-
    velle édition. 1 vol 3 50
Philosophie de Locke (Cours de 1829). Nouvelle édit. 1 vol 3 50
Fragments philosophiques. 5 vol 17 50
— Fragments de philosophie ancienne : *Xénophane, Zénon d'Élée,
    Socrate, Platon, Eunape, Proclus, Olympiodore,* 1 vol 3 50
— Fragments de philosophie du moyen âge : *Abailard, G. de Cham-
    peaux, Bernard de Chartres, saint Anselme,* etc. 1 vol 3 50
— Fragments de philosophie cartésienne : *Vanini, le cardinal de Retz,
    Malebranche et Mairan, Leibniz,* etc. 1 vol 3 50
— Fragments de philosophie moderne : *Descartes, Malebranche, Spi-
    noza, Leibniz et Nicaise, le P. André.* 1 vol 3 50
— Fragments de philosophie contemporaine : *Dugald-Stewart, Buhle,
    Tennemann, Laromiguière, Degérando, Maine de Biran,* etc. 1 vol.. 3 50
Des Principes de la Révolution française et *du Gouverne-
    ment représentatif,* suivis des *Discours politiques.* 1 vol 3 50
**Études sur les femmes illustres et la Société du XVIIᵉ
siècle.**
— Jacqueline Pascal. Premières études. 5ᵉ édition. 1 vol. (*Sous presse.*)

SILVESTRE DE SACY.

Variétés littéraires, morales et historiques. Nouv. édit. 2 v. 7 »

CH. DE RÉMUSAT.

Critiques et Études littéraires. *Passé et Présent*, etc. Nouvelle édition considérablement augmentée. 2 vol........................ 7 »
L'Angleterre au XVIII⁰ siècle. Études et portraits : *Bolingbroke, H. Walpole, Junius, Burke, Fox*, etc. 2 forts vol..........
Bacon, sa vie, sa philosophie et son influence, etc. Nouv. édit. 1 vol. 3 50
Channing. Étude sur sa vie et ses œuvres, avec une nouvelle Préface de M. Ch. de Rémusat. 2ᵉ édit. 1 vol............................. 3 »

J.-J. AMPÈRE.

Littérature et Voyages, suivis de poésies. Nouv. édit. 2 vol. 7 »
La Grèce, Rome et Dante. Études littéraires d'après nature. Nouvelle édition. 1 vol.. 3 50

A. DE FALLOUX.

Madame Swetchine, sa vie et ses œuvres, publiées par M. de Falloux. Nouvelle édition. 2 vol. in-12........................... 7 »

MONTALEMBERT.

De l'Avenir politique de l'Angleterre. 6ᵉ édit., corrigée et augmentée. 1 vol.. 3 50

V. DE LAPRADE.

Questions d'art et de morale. Nouv. édit. 1 vol............ 3 50

H. DE LA VILLEMARQUÉ.

Les Romans de la table ronde et les Contes des anciens Bretons. 3ᵉ édit. 1 vol.. 3 50

BARTHÉLEMY SAINT-HILAIRE.

Le Bouddha et sa religion. Nouv. édit. revue. 1 vol. (*Sous presse.*)

STANISLAS JULIEN.

Les Deux Jeunes Filles lettrées, roman traduit du chinois. 2 vol.. 7 »

ALFRED MAURY.

La Magie et l'Astrologie dans l'antiquité et au moyen âge. 2ᵉ édit. 1 v. 3 50

CASIMIR DELAVIGNE.

Œuvres complètes. 4 vol., comprenant le *Théâtre*, 3 vol., et les *Poésies*, 1 vol. Ensemble....................................... 14 »

AMÉDÉE THIERRY.

Histoire des Gaulois, depuis les temps les plus reculés jusqu'à l'entière domination romaine. 5ᵉ édit. 2 forts vol................. 7 »
Récits de l'Histoire romaine au Vᵉ siècle. Nouvelle édition. 1 vol. (*Sous presse.*)

N. DE SALVANDY.

Histoire du roi Sobieski et du *royaume de Pologne*. Nouvelle édition entièrement refondue. 2 forts vol......................... 7 »
Don Alonso ou *l'Espagne*. Histoire contemporaine. Nouvelle édition. 2 forts vol... 7 »

P. CLÉMENT.

Portraits historiques : *Suger, Sully, d'Argenson, Law, Paris, Machault d'Arnouville, le duc de Gaëte, Mollien,* etc. 1 vol. 3 50

Enguerrand de Marigny, *Beaune de Semblançay et le chevalier de Rohan.* — Épisodes de l'histoire de France. Nouvelle édition. 1 vol. 3 50

E. GÉRUZEZ.

Histoire de la Littérature française, depuis ses origines jusqu'à la Révolution. (*Ouvrage couronné par l'Académie française* : PRIX GOBERT). Nouvelle édition. 2 vol. .... 7 »

LÉON FEUGÈRE.

Caractères et portraits littéraires du XVIe siècle. 2e édit. 2 vol. 7 »
Les Femmes poëtes au XVIe siècle, etc. 2e édit. 1 vol. 3 50

CH. L. LIVET.

Précieux et Précieuses. Caractères et mœurs littéraires du XVIIe siècle. Nouv. édit. 1 vol. 3 50

BOUCHITTE.

Le Poussin, sa vie, son œuvre. (*Ouvrage couronné par l'Académie française.*) Nouvelle édition. 1 vol. 3 50

E. J. DELÉCLUZE.

Louis David, son école et son temps ; souvenirs. Nouv. édit. 1 vol. ... 3 50

L'ABBÉ BAUTAIN.

La Conscience ou la *Règle des actions humaines.* 2e édit. 1 vol. ... 3 50
L'Esprit humain et ses facultés, ou *Psychologie expérimentale.* Nouvelle édition revue. 2 vol. .... 7 »
Philosophie des lois au point de vue chrétien. 2e édit. 1 vol. 3 50

F. NOURRISSON.

Histoire et Philosophie. Études suivies de pièces inédites. 1 vol. 3 50
Tableau des progrès de la pensée humaine depuis Thalès jusqu'à Leibniz. 2e édit. 1 vol. 3 50
Le cardinal de Bérulle ; sa vie, ses écrits, etc. 1 vol. 3 50

ANT. RONDELET.

Du Spiritualisme en économie politique. (*Ouvrage couronné par l'Académie des Sciences morales et politiques.*) 2e édit. 1 vol. ... 3 50
Mémoires d'Antoine ou *Notions populaires de morale et d'économie politique.* (*Ouvrage couronné par l'Académie française.*) 2e édit. revue et corrigée. 1 vol. .... 2 »

ERNEST DESJARDINS.

Le Grand Corneille historien. Nouv. édit. 1 vol. (*Sous presse.*)

Mme A. TASTU.

Poésies complètes. Nouvelle et très-jolie édition *illustrée* de vignettes de JOHANNOT. 1 fort vol. 3 50

ROSELLY DE LORGUES.

Christophe Colomb. Histoire de sa vie et de ses voyages. 2ᵉ édit. revue. 2 vol. .... 7 »

L'ABBÉ COGNAT.

Polémique religieuse. Quelques pièces pour servir à l'histoire des controverses de ce temps. 1 vol. 3 50

ALAUX.

La Raison. Essai sur l'avenir de la philosophie. 1 vol. 3 50

J. CAILLET.

L'Administration en France sous le ministère du cardinal de Richelieu. 2ᵉ édit. refondue. 2 vol. 7 »

CH. DE BROSSES.

Le Président de Brosses en Italie. Lettres familières écrites en 1739 et 1740, etc. 2ᵉ édition *authentique*, la seule revue sur les manuscrits, avec une étude par M. R. COLOMB. 2 vol. .... 7 »

GUSTAVE MERLET.

Le Réalisme et la fantaisie dans la littérature. 1 vol. 3 50

LANNAU-ROLLAND.

Michel-Ange poëte. 1ʳᵉ traduct. complète de ses poésies, etc. 1 v. 3 50

PAGANEL.

Histoire de Scanderbeg ou *Turks et Chrétiens au XVᵉ siècle.* 1 fort vol................ 3 50

ROMAIN CORNUT.

Les Confessions de madame de La Vallière, écrites par elle-même et corrigées par BOSSUET, etc. 2ᵉ édit. revue et corrigée, et donnant à part le texte primitif des *Réflexions sur la Miséricorde de Dieu*. 1 vol. 3 50

Mᵐᵉ DE SÉVIGNÉ.

Lettres choisies, avec une Étude par Mᵐᵉ TASTU (*Ouvrage couronné par l'Académie française*). 1 vol. 3 »

FÉNELON.

Aventures de Télémaque, avec une notice de M. VILLEMAIN. 1 vol. *illustré* de 24 vignettes. 1 vol. 3 »

LE TASSE.

Jérusalem délivrée. Traduction du Pʳ. LEBRUN. 1 vol. *illustré* de 20 vignettes. 1 vol. .... 3 »

SÉGUR.

Histoire universelle. 9ᵉ édit. Ouvrage adopté par l'Université. 6 vol. .... 18 »
— Histoire ancienne. 9ᵉ édition. 2 vol. .... 6 »
— Histoire romaine. 9ᵉ édition. 2 vol. .... 6 »
— Histoire du Bas-Empire. 9ᵉ édit. 2 vol. .... 6 »

Galerie morale, précédée d'une Notice sur M. DE SÉGUR par M. SAINTE-BEUVE. 5ᵉ édit. 1 vol. ..... 3 »

GERMOND DE LAVIGNE.

Le don Quichotte de F. Avellaneda, traduit de l'espagnol et annoté par M. G. DE LAVIGNE. 1 vol... 3 50

LAJOLAIS (Mˡˡᵉ DE).

Éducation des Femmes. *Ouvrage couronné par l'Académie française.* 2ᵉ édition. 1 vol. .... 3 »

ÉDOUARD FLEURY.

Saint-Just et la Terreur. 2 vol. .... 6 »
Camille Desmoulins et Roch Marcandier. 2 vol..... 6 »

PLUTARQUE.

Œuvres morales, traduct. Ricard. 5 vol. .... 15 »

CASS ROBINE.

Odes d'Horace. Nouvelle traduction, avec texte et notes. 1 vol... 3 50

Mᵐᵉ DE LA TOUR DU PIN.

Les Ancres brisées, nouvelles. 1 vol.................. 3 50

OUVRAGES DE NAPOLÉON LANDAIS
ET DE SES COLLABORATEURS.

Grand Dictionnaire général des Dictionnaires français, résumé de tous les dictionnaires, par N. LANDAIS, 12ᵉ édit., revue et augmentée d'un *Complément* de 1200 pages. 3 vol. réunis en 2 vol. gr. in-4 de 3000 pages.......... 40 »

> Ce dictionnaire contient la nomenclature exacte des mots *usuels* et *académiques*, *archaïques* et *néologiques*, *artistiques*, *géographiques*, *historiques*, *industriels*, *scientifiques*, etc., *la conjugaison de tous les verbes irréguliers*, *la prononciation figurée des mots*, *les étymologies savantes*, *la solution de toutes les questions grammaticales*, etc.

Complément du grand Dictionnaire de Napoléon Landais, par une société de savants sous la direction de MM. D. CHÉSUROLLES et L. BARRÉ. 1 fort vol. in-4 de près de 1200 pag. à 3 colonnes............................... 15 »

> On trouve dans ce *Complément* : 1o les *mots nouveaux* que l'usage a adoptés, et les mots de notre vieille langue littéraire; — 2o ceux qui se trouvent déjà dans le *Dictionnaire*, mais qui ont reçu de *nouvelles acceptions*; — 3o tous les termes qui résultent des progrès des *sciences physiques et morales*, des *arts* et de *l'industrie*; — 4o des *rectifications* nombreuses et importantes; — 5o la nomenclature complétée des *mots*, des *noms* et des *faits* qui appartiennent à *l'histoire*, à la *géographie* et à la *mythologie*; — enfin, en outre et à part : un *Dictionnaire biographique* renfermant les noms des hommes célèbres de tous les temps et de tous les pays, un *Dictionnaire des Rimes*, des *Dictionnaires des Homonymes*, *Paronymes*, *Antonymes*.

Grammaire générale des Grammaires françaises, présentant la solution de toutes les questions grammaticales, par NAPOLÉON LANDAIS, 6ᵉ édit., 1 vol. in-4 à 2 colonnes.... 10 »

Petit Dictionnaire des Dictionnaires français, par NAPOLÉON LANDAIS. Ouvrage *entièrement refondu*, et offrant, sur un nouveau plan, la nomenclature complète, la prononciation nécessaire, la définition claire et précise, et, *pour la première fois* dans un Dictionnaire portatif, l'*étymologie* vraie de tous les mots du vocabulaire usuel et littéraire, et de tous les termes scientifiques, artistiques et industriels de la langue française, par M. D. CHÉSUROLLES (*édition galvanoplastique*). 1857. 1 très-joli vol. in-32 de 600 pages..................... 2 »

Dictionnaire des Rimes françaises, disposé dans un ordre nouveau d'après la distinction des rimes en *suffisantes*, *riches* et *surabondantes*, etc., précédé d'un *Traité de Versification*, etc., par N. LANDAIS et L. BARRÉ. 1 vol. in-32, 1855......... 2 »

Petit Dictionnaire biographique des personnages célèbres de tous les temps et de tous les pays, *extrait du Dict. de Napoléon Landais*, par M. D. CHÉSUROLLES. 1 fort vol. grand in-32 de 600 pages, 1855............................. 2 »

Dictionnaire classique de la langue française, avec l'*étymologie* et la *prononciation figurée*, etc., contenant tous les mots du Dictionnaire de l'Académie et un grand nombre d'autres adoptés par l'usage. Nouv. édit. 1 vol. in-8, 1855.

DICTIONNAIRE DE MÉDECINE USUELLE

A l'usage des gens du monde, des chefs de famille et des grands établissements, des administrateurs, des magistrats et des officiers de police judiciaire, et enfin de tous ceux qui se dévouent au soulagement des malades; avec une introduction exposant le plan de l'ouvrage et pouvant servir de guide pour son usage;

Par une Société de membres de l'Institut et de l'Académie de médecine, de Professeurs, de Médecins, d'Avocats, d'Administrateurs et de Chirurgiens des hôpitaux dont les noms suivent:

Andrieux, Andry, Bailly, Baugrand, Baude (J.-P.), Bricheteau, Blache, Blandin, Bouchardat, Bourgery, Caffe, Capitaine, Caron du Villard, Chevalier, Cloquet (J.), Colombat, Comte (A.), Cottereau, Couverchel, Cullerier (A.), Dalmas, Deslandes, Deleau, Devergie, Donné, Dumont, Falret, Fiard, Furnari, Gerdy, Gilet de Grammont, Gras (Albin), Guersent, Hardy, Larrey (H.), Lagasquis, Landousy, Lelut, Leroy-d'Etioles, Lesueur, Magendie, Marc, Marchesseaux, Martinet, Martins, Miquel, Olivier (d'Angers), Orfila, Paillard de Villeneuve, Pariset, Petit, Plisson, Poiseuille, Sanson (A.), Royer-Collard, Toirac, Trébuchet, Velpeau, Vee, etc.

Publié sous la direction du docteur BEAUDE, Médecin-inspecteur des établissements d'Eaux minérales, membre du Conseil de salubrité du département de la Seine. 2 forts vol. in-4. 30 »

LE CORPS DE L'HOMME

Traité complet d'Anatomie et de Physiologie humaines, suivi d'un précis des systèmes de *Lavater* et de *Gall*, ouvrage à l'usage des Gens du Monde, des Médecins et des Élèves, par le docteur GALET. 4 vol. in-4 *illustrés* de plus de 400 figures, dessinées d'après nature et lithographiées. 80 »
—LE MÊME OUVRAGE, avec les 400 figures coloriées avec le plus grand soin... 140 »

DIVISION DE L'OUVRAGE.

ANATOMIE.	PHYSIOLOGIE.
1er volume. Appareils digestif, absorbant et respiratoire.	1er volume. Fonction digestive, absorption et respiration.
2e Appareil circulatoire.	2e Circulation du sang.
3e Appareil locomoteur (ostéologie, arthrologie et myologie).	3e Locomotion. Mécanisme des mouvements volontaires. Système de Lavater.
4e Appareil nerveux. Appareil de la génération.	4e Innervation. Système de Gall. Génération. Embryologie

---

DICTIONNAIRE DE TOUS LES VERBES

De la langue française tant *réguliers qu'irréguliers*, ENTIÈREMENT CONJUGUÉS, sous forme synoptique, précédé d'une THÉORIE DES VERBES et d'un TRAITÉ DES PARTICIPES, etc., d'après l'Académie, Laveaux, Trévoux, Boiste, Napoléon Landais et nos grands écrivains, par MM. VERLAC et LITAIS DE GAUX, professeur, membre de la Société grammaticale de Paris, etc. 1 beau vol. in-4.. 10 »

Cet ouvrage embrassant, par ordre alphabétique, l'universalité des verbes français entièrement conjugués est un manuel vraiment pratique renfermant dans un seul volume la matière de vingt in-octavo ordinaires. A l'aide d'un mécanisme qui a toute la simplicité d'une table de multiplication, on peut conjuguer tous les verbes français, au nombre d'environ huit mille, en trois cents pages d'impression.

NOUVELLE COLLECTION DES MÉMOIRES RELATIFS A L'HISTOIRE DE FRANCE
Par MM. Michaud et Poujoulat,
Avec la collaboration de MM. Champollion, Basin, Moreau, etc.

34 volumes grand in-8 Jésus à 2 col., illustrés de plus de 100 portraits sur acier. Prix: 389 fr.

TOME I.
G. DE VILLEHARDOUIN. — H. DE VALENCIENNES. P. SARRAZIN. — SIRE DE JOINVILLE. — Sur le règne de saint Louis et les Croisades (1198-1270).
DU GUESCLIN. — Mémoires (13...-1380).
CHRISTINE DE PISAN — Le Livre des faits, etc., du roi Charles V. (1336-1372).

TOME II.
CH. DE PISAN. — Le Livre des faits, 2ᵉ part. (1375-1380).
EXTRAITS DES CHRONIQUEURS, sur les règnes de Philippe le Hardi, etc., jusqu'à Jean II.
JEAN LE MAINGRE dit BOUCICAUT (1368-1421).
J. DES URSINS (1380-1422). — P. DE FENIN (1407-1427).
ANONYME. — Journal d'un bourgeois de Paris sous Charles VI (1409-1449).

TOME III.
MÉMOIRES sur Jeanne d'Arc (1422-1429).
G. GRUEL. — Hist. d'Artus de Richemont (1413-1457).
ANONYME. — Journal d'un bourgeois de Paris sous Charles VII (1422-1449).
O. DE LA MARCHE. — J. DU CLERCQ (1435-1489).

TOME IV.
PH. DE COMINES. — Mém. (1464-1498).
JEAN DE TROYES. — Chronique (1460-1483).
G. DE VILLENEUVE. — Mém. (1494-1497).
J. BOUCHET. — Panég. de la Trémouille (1460-1525).
LE LOYAL SERVITEUR. — Hist. du bon chevalier Bayard (1476-1524).

TOME V.
LA MARK, seign. de Fleurange. — Hist. des règnes de Louis XII et de François Iᵉʳ (1499-1521).
LOUISE DE SAVOIE. — Journal (1476-1522).
MARTIN et G. DU BELLAY. — Mém. (1513-1547).

TOME VI.
F. DE LORRAINE, duc de Guise. — Mém. (1547-1561).
L. DE BOURBON, prince de Condé (1559-1564).
A. DU PUGET. — Mémoires (1561-1596).

TOME VII.
B. DE MONTLUC. — FR. DE RABUTIN. — Commentaires (1521-1574).

TOME VIII.
SAULX-TAVANNES. — Mémoires (1515-1595).
SALIGNAC. — Le siége de Metz (1552).
COLIGNY. — Le siége de S.-Quentin (1557).
LA CHASTRE. — Mémoires du duc de Guise en Italie, etc. (1556-1557).
ROCHECHOUART. — ACH. GAMON. — J. PHILIPPI. — Mémoires (1497-1590).

TOME IX.
VIEILLEVILLE. — Mém. (1527-1571). — CASTELNAU. (1559-1570). — J. DE MERGEY (1554-1589). — FR. DE LA NOUE (1562-1570).

TOME X.
B. DU VILLARS. — Mém. (1559-1569). — MARG. DE VALOIS. (1569-1582). — PH. DE CHEVERNY. (1553-1582). — PH. HURAULT, év. de Chartres. (1599-1601).

TOME XI.
DUC DE BOUILLON. — Mém. (1555-1586). — CH. DUC D'ANGOULÊME (1589-1593). — DE VILLEROY. Mém. d'État (1581-1594). — J.-A. DE THOU (1553-1601).
J. CHOISNIN. — Mém. sur l'élection du roi de Pologne (1571-1573).
J. GILLOT, L. BOURGEOIS, DUBOIS. — Relations touchant la régence de Marie de Médicis, etc.
MATH. MERLE et S.-AUBAN. — Mém. sur les guerres de religion (1572-1587).
M. DE MARILLAC et CLAUDE GROULART. — Mém. et voyages en cour (1588-1600).

TOMES XII-XIII.
P.-V. PALMA-CAYET. — Chronol. novenaire (1589-1598). — Chronologie septenaire, etc. (1598-1604).

TOMES XIV-XV.
P. DE L'ESTOILE. — Registre-journal d'un curieux, etc. (1574-1589), publié d'après le manuscrit autographe presque entièrement inédit, par MM Champollion. — Mém. et journal (1569-1611.)

TOMES XVI-XVII.
SULLY. — Mém. des sages et royales œconomies d'Estat, etc. (1570-1628).
MARDAULT, secrétaire de Duplessis-Mornay. — Remarques inédites sur les Mémoires de Sully.

TOME XVIII.
JEANNIN. — Négociations (1598-1609).

TOME XIX.
FONTENAY-MAREUIL (1609-1647). PONTCHARTRAIN Mém. (1610-1620). — M. DE MARILLAC. — Relation exacte de la mort du maréchal d'Ancre. — ROHAN. Mém. sur la guerre de la Valteline, etc. (1610-1629).

TOME XX.
BASSOMPIERRE (1597-1610). D'ESTRÉES (1610-1617).
TH. DU FOSSÉ. — Mémoires de Pontis (1597-1652).

TOMES XXI-XXII.
CARDINAL DE RICHELIEU. — Mémoires (1600-1635).

TOMES XXIII.
C. DE RICHELIEU. — Mém. et Testam. (1635-1658).
ARNAULD D'ANDILLY — Mém. (1610-1636).
ABBÉ ANT. ARNAULD (1634-1675).
GASTON, duc d'Orléans (1608-1636).
DUCHESSE DE NEMOURS. — Mémoires.

TOME XXIV.
Mme DE MOTTEVILLE. — LE P. BERTHOD (1615-1666).

TOME XXV.
CARD. DE RETZ. — Mémoires (1648-1679).

TOME XXVI.
GUY JOLY. — Mém. (1648-1665). CL. JOLY. — Mém. (1650-1655). — P. LENET. — Mém. (1627-1659).

TOME XXVII.
BRIENNE (1615-1661). — MONTRÉSOR (1632-1637).
FONTRAILLES. — Relation de la cour, pendant la faveur de M. de Cinq-Mars (1641).
LA CHATRE. — Mém. (1642-1643). — TURENNE. Mém. (1643-1659). — DUC D'YORK. Mém. (1652-1659).

TOME XXVIII.
Mlle DE MONTPENSIER. — Mémoires (1627-1686).
V. CONRART. — Mém. (1652-1661).

TOME XXIX.
MONTGLAT. — Mém. sur la guerre entre la France et la maison d'Autriche (1635-1660).
LA ROCHEFOUCAULD. — Mém. (1630-1652).
GOURVILLE. — Mémoires (1642-1698).

TOME XXX.
O. TALON. — Mém. (1630-1653). — CHOISY (1644-1724)

TOME XXXI.
HENRI, duc de Guise. — Mém. (1647-1648). — GRAMONT. — Mém. (1604-1677). — GUICHE. — Relation du passage du Rhin. — DU PLESSIS. — Mém. (1622-1671). M. DE *** (de Brégy). — Mém. (1613-1680).

TOME XXXII.
LA PORTE. — Mém. (1624-1666).
CHEVALIER TEMPLE. — Mém. (1672-1679).
MME DE LA FAYETTE. — Hist. de Mme Henriette d'Angleterre. — Mém. de la cour de France (1688-1689).
LA FARE. — Mém. (1661-1693). — BERWICK. Mém. (1670-1734). — CAYLUS. — Souvenirs. — TORCY. — Mém. p. servir à l'hist. des négociat. (1697-1713)

TOME XXXIII.
VILLARS. — Mém. (1672-1734). — FORBIN (1677-1710). — DUGUAY-TROUIN. — Mémoires (1689-1710).

TOME XXXIV.
DUC DE NOAILLES. — Mém. (1663-1756). — DUCLOS. — Mém. secrets, etc. (1710-1725).
Mme DE STAAL-DELAUNAY. — Mémoires.

www.ingramcontent.com/pod-product-compliance
Lightning Source LLC
Chambersburg PA
CBHW051834230426
43671CB00008B/955